1958年，党的八大二次会议通过的社会主义建设总路线及其基本点，其正确的一面是反映了广大人民群众迫切要求改变我国经济文化落后状况的普遍愿望，其缺点是忽视了客观经济规律。在这次会议前后，全党同志和全国各族人民在生产建设中发挥了高度的社会主义积极性和创造精神，并取得了一定的成果。但是，由于对社会主义建设经验不足，对经济发展规律和中国经济基本情况认识不足，更由于毛泽东同志、中央和地方不少同志在胜利面前滋长了骄傲自满情绪，急于求成，夸大了主观意志和主观努力的作用，没有经过认真的调查研究和试点，就在总路线提出后轻率地发动了“大跃进”运动和农村人民公社化运动，使得以高指标、瞎指挥、浮夸风和“共产风”为主要标志的“左”倾错误严重地泛滥开来。

“大跃进”亲历记

王梦初　编

人民出版社

目 录

一、
河北徐水县“大跃进”亲历记

刘　炼

1958年，我当时所在的北京农业大学（今中国农业大学）根据农业部的决定下放到当时全国知名的“跃进县”——河北省徐水县。那时真是雷厉风行，决定下达一周后就要我们出发。为响应毛主席的号召，我克服了家中的一切困难，怀着昂扬奋进的心情，加入了402人的农业大学下放大队，于1958年8月28日上午10时45分在永定门上火车，经过1小时零9分钟到达徐水。万万没有想到，

徐水報

第34期
1958年8月26日

中共徐水县委員会
關于加速社會主義建設向共產主義迈進的規劃草案（全文）
（一九五八年八月二十二日 不另行文）

一、工業

二、農業

三、交通

中共徐水县委通知

1958年8月，中共河北徐水县委在规划草案中提出要在1963年进入共产主义。

我在这个著名"跃进县"所亲历的一切，竟使我如坠五里雾中，终于从原来的狂热中清醒过来，成为自己人生道路上的一个转折点。

"共产主义"的神话

徐水原是个贫穷落后的小县，群众生活很苦，十年九旱，解放前下关东的很多，要饭的也很多。解放后有所改善，但一直是缺粮县，吃过全国28个省的粮食，1957年在河北省还是"黑旗"县、"三类"县。在"大跃进"头几个月内它改变了面貌，更因毛主席来这里视察而饮誉全国。县城街头画了许多壁画：高大的玉米直插入云，大如牛的肥猪挤破了圈，小孩坐在大南瓜上玩耍。我们到的当天晚上，县委副书记王天章给我们做报告，大家听了既惊奇又感到鼓舞。

"卫星田"的稻穗竟能托住一位小姑娘。这是当时发表的照片。

他介绍说：从1957年11月起，全县人民苦战3个月，实现了农田水利化，治理了27座山头，打了5000眼井，挖了500多里水渠，用工8万个，挖了2400万土石方。这些土石方如果铺成1米厚、3米宽的路，可以从北京通到武汉。现在徐水已做到旱涝保收，这年大旱，夏收作物产量超过上年1.5倍。秋种80万亩，有35万亩是密植甘薯，每亩4000株，晚薯准备达到7万株。目前农作物长势很好，出现一些"卫星田"，玉米一棵结了8个穗，白薯一株一二十斤，棉花平均每株结60个棉桃，多达100个。听到这里，许多农业专业的教师都发出咋舌声。

在讲到未来计划时，王天章信心十足地说：徐水要创造五大奇迹，即养出4000斤重的猪，亩产10万斤的谷子，单个重100斤的南瓜，亩产25000斤的高粱和100万斤的甘薯，等等。

接着他激动地向我们介绍了毛主席视察徐水的情况。毛主席在这年8月4日下午3点钟来到徐水，晚上7点钟才离开。他来到大寺各庄一片植株密得几乎走不进人的棉田，特别仔细地看了一棵结了上百个棉桃的“丰产棉花”（这棵棉花后来被公社挂上了红布条，还发动群众献布，给这棵棉花缝了个大棉被，搭了个大棚子）。毛主席听县里汇报说徐水今年计划生产粮食12亿斤，夏收已收到9千万斤，很高兴，便问县干部：粮食打多了怎么办？有的说换机器，有的说做酒精（收的粮食主要是甘薯）。毛主席不以为然地摇摇头说：各地各县都丰收怎么办？最后他说，可以多吃嘛！一天吃5顿。也可以少种些粮食，半天干活，半天学习文化科学知识，搞文化娱乐，办学校，等等。事后县委立刻研究毛主席的倡议，决定扩大细粮生产，把放甘薯“卫星”的计划改为放小麦“卫星”。当晚又召开全县电话会议，传达了毛主席视察徐水的指示。全县30多万人沸腾了，欢呼雀跃，通宵达旦。各乡纷纷宣誓，保证小麦亩产超过两千斤，并要使各条战线放出的“卫星”，把“天上的星星都遮没”。在第二天召开的全县“共产主义思想文化跃进大会”上，便宣布要成立人民公社。

“今年的麦子比去年高多哩。叔叔，你看……”

于是，在这年6—7月间刚由全县250个合作社合并成的100多个大合作

人民公社实行集体出工。广东省广州市三元里人民公社社员出工前在点名。

社，一夜间又合成7个人民公社。实行“一大二公”，生产资料全部公有，取消自留地，社员衣食住行均由公社包起来，小孩从出生到上学都由公社负担。老人住幸福院，婴幼儿入托儿所，人人吃食堂。按军队营连建制进行生产劳动。8月6日，中央农村工作部副部长陈正人（他和谭震林是最早发现徐水这个“跃进县”的中央领导人）带来消息说，中央要把徐水搞成向共产主义迈进的重点试验县。8月22日，县委在中央、省、地工作组的具体帮助下，制定了《关于加速社会主义建设向共产主义迈进的规划（草案）》，提出的目标是：1959年基本完成社会主义建设，1960年实现全县电气化，1963年进入共产主义。

王天章最后说，现在还有不少人反对办食堂，这是阶级斗争的动向，因为反对者多是地主富农。为此全县开展大辩论，把2000多地主富农分子集中训练，打击了他们的反动气焰。现在共办了1545个食堂，全县32万人有31万人参加了食堂。但不久前发生了两起放毒事件，有500多人中毒，有的富裕农民把井填了，把石磨石碾藏起来，杀鸡宰鸭甚至杀耕牛。他说，这些都是值得注意的阶级斗争……

我们一进徐水便听到如此鼓舞人心的消息，特别是想到我们即将在这里进行中国的共产主义试验，马克思的理想已不是遥远无期的未来，大家都很兴奋，认为机会难遇。可是对于报告中提到的那些高产指标，我们当中的许多农业专家私下里不能不表示怀疑，认为还要到基层去观察了解。

徐水的现实

刘少奇视察河北省徐水县遂城人民公社的棉花田。

我们这个下放大队安顿好以后，第一个活动就是组织大家到大寺各庄去参观丰产田。这个丰产田确实惊人，有“粪堆白薯”（在粪堆上插秧），“宝塔萝卜”（培起十几层高的土堆，每层种一圈萝卜形似宝塔），“密植谷子”（密如韭菜，用竹竿竹蔑搭成架子以防倒伏，计划亩产3万斤）等等。但经了解，这些高产田都是超常规地几倍几十倍施肥“制造”出来，供人参观的。大田完全不是这样，也根本做不到。我们还参观了大寺各庄的一个展览室，陈列着8月4日毛主席坐过的一张红木椅，上面贴着“主席坐过，请勿乱动”的字条。

我们还去看了毛主席抚摸过的两株棉花，都拴上了红布条。讲解员说，当时这些棉花高及主席肩部，如今已有1.8米高了。这两棵棉花果然高大，我认真数了一下，一棵有七八十只棉桃，一棵上百个，这也是超常规施肥的“成果”。我悄悄钻进密植的棉田中去察看，到处密不透风，根部全然见不到阳光，株茎高大却细瘦，没有一个棉桃。当时我的第一个念头就是：毛主席，您老人

农民在表决心。

家受骗了！您为什么只看路边这两棵而不进去看看呢？

接着，我们开始参加大田劳动了。第一项农活是捉白菜地里的菜青虫。在这个很快要“进入共产主义”的新农村，我们还要用手捉虫。女生们常被那肉乎乎软绵绵的虫子吓得尖叫。植保系的学生问：为什么不用农药杀虫？村干部说没有农药。就这样，我们大队人马一连捉了好几天虫子。接着是秋耕种麦，根据上级指令，土地要深翻三尺，动员农大师生夜宿田间，奋战两周，翻地如同挖水沟。农学系教师提出疑问：这样把生土翻上来怎么行？队干部说：加大施肥。可是学生们挖完了全村厕所，把粪尿一桶桶挑到地里，掺上黄土，一亩地也只有三四堆，而且等不到成熟就要使用。再加上还要密植，下种量超过常年四五倍，天知道明年会有什么收成！师生们在大田里连夜劳动，有的干着干着就躺在地上睡着了。我不由得想：这样的瞎指挥就是大跃进吗？

9月7日，我们听了北戴河中央政治局扩大会议公报的传达，总的精神是还要进一步大跃进。这次会议的主要内容，一个是通过了《关于在农村建立人民公社问题的决议》，其中印象最深的一句话是：“共产主义在我国的实现已不是什么遥远的将来的事情了。”另一个是中央认为农业发展有巨大成绩，工业上不去，决定党委书记抓工业，要生产1070万吨钢，这就是所谓的“钢铁元帅升帐”。

中央的决策和现实的差距就是如此之大。我们没有看见农业发展的巨大成绩，只看见小面积试验田毫无推广价值的“丰产”，而大田仍是最原始的耕作手段，手抓虫，人挑粪，根本谈不上什么农业已经过关，这同共产主义相距何其远也。那么，王天章报告中那些高产丰产指标是怎么得来的呢？我在参加劳动中得知了这个秘密。原来所谓的“丰产”是算盘上打出来的。一次收白薯，队长来计算产量，见我们挖出的有一棵长了好几个大白薯，一称有十几斤，他便问这亩地插了多少棵薯秧，回答说4000株。他便噼哩啪啦打了一通算盘：4000×20，亩产8万斤的产量就这样算出来了。可是因为过度密植，田里还有成片的一个白薯都不结的空垄，这便不在他的计算之内了。计算棉花产量也是如此。看见这种情况，我便不能不怀疑王天章报告的真实性了。我十分担忧地想，这些基层干部如此普遍地严重谎报，党和国家的领导人是否就是根据这些谎报的数字得出了“农业发展有巨大成绩”的结论呢？

但是真相被掩盖，假相依然流布全国。徐水作为先进的典型依然“阔步前进”，并且受到中央的高度重视和大力支持。8月份毛主席到这里视察过后，9月，中组部部长安子文也来到徐水，要求进一步缩小差别，实行供给制。9月20日，县委就正式发布了《关于人民公社实行供给制的试行草案》，实行“十包”：从生老病死到吃穿用品，甚至洗澡、理发、看戏等等，一切都由公社包下来。同时取消粮票，让大家放开肚皮吃。每人发一张券到供销社去领同等数量的布料，结果一夜之间全县供销社的布全被“领”光，迟到者就没有了。

9月9日，中央高级党校副校长艾思奇等来到徐水说：“徐水是理论工作者最好的课堂，应该都下来看看，向徐水人民学习。”10月1日，中宣部副部长周扬也来到徐水，特地到商庄公社给农业大学师生做了一次报告。根据后来的统计资料：从1959年3月初到10月底，先后有40多个国家的930多名外国人和3000多个国内单位派人来徐水参观，使徐水在国内外名声大振。

为了给徐水这个中央直接抓的“向共产主义迈进”的重点试验县制造舆论，种种阐释中央精神的理论观点广为流布：“这是中国的特点，可以先一步建成低水平的共产主义”，“生产关系可以先行于落后的生产力”，“共产主义可以首先在一国胜利”等等，不一而足。至于实践中出现的矛盾和问题，则统统归咎于“阶级斗争”、“农民觉悟低”和“干部水平差”等等。一批号称马克思主义理论家、理论工作者（包括我自己在内）的政治目光，在“共产主义”的神话面前迷离了。

如此炼铁

在这年9月传达了中央政治局扩大会议关于生产1070万吨钢的号召后，徐水县委又紧急行动起来，在县城建立起许多土高炉，开始了大炼钢铁运动。为配合这一中心任务，10月下旬，农大下放大队任命我为县炼铁工地的宣传队长。但正当我组织部分师生准备出发时，又接到县委通知，调我去县里参加共产主义教育工作。因为炼铁工地也在县城，大队就让我把两项工作都兼起来。于是，我先到工地安排好宣传队的工作，然后即去县委共产主义教育办公室报到。办公室负责人是中央高级党校党建教研室主任许邦仪，其他工作人员有高级党校、新华社和清华大学的下放干部。根据当时发现的问题，许邦仪切中要害地指出，徐水的工作存在高指标和浮夸风倾向。当他听了我们的汇报后告诉我们，对存在这些问题的县委干部，一要保护，二要适当批评，但不可泼冷水，发现什么问题要及时汇报，可以作为共产主义教育的活教材。他要求我们分头下去工作，调查研究，结合实际办流动党校。根据我的具体情况，他分配我去炼铁工地和商庄公社（农业大学下放点）开展工作。

当天，我回到位于徐水车站附近的工地，看到这里人声鼎沸，小高炉林立，工人几乎都是壮小伙子。我们宣传队住在指挥部旁一个大席棚里，大家都是席地而卧，实际上一天也只能和衣而“卧”三四个小时。一走进这热火朝天的世界，我的血液也沸腾起来了。徐水有许多虚假的东西，但人民的干劲却是真实的，他们的确是无条件地听党的话，服从命令听指挥。经了解，起初的情况并不是这样，这个炼铁工地的建立也经过了一番曲折。早在8月间，这里已经开始炼铁了，当时，各公社都把这视为额外负担，不肯调精壮劳力来，工地只有二十多个妇女，有的村甚至派来十几岁的孩子凑数。工地上只有平地垒起的一种土炉式闷炉，生产“墩炉铁”。工人们自带粮食、炊具，住在树间搭起的席棚里，条件十分艰苦。然而，到了9月，在大张旗鼓地宣传贯彻北戴河会议精神后，听说是党中央的决定，毛主席的号召，徐水人民就迅速行动起来，各公社都派出精壮劳力到县里参加大炼钢铁运动。

整个工地按公社划分为若干战区，开展劳动竞赛。各战区都建起了颇像样的小高炉，由本公社负责提供“铁引子”（废铁）和焦炭。没有技术人员，就从外县请来几位曾经炼过铁的师傅作指导，把本县一些打农具、做马掌的工匠都组织起来。小高炉没有鼓风机，就用人力拉风箱……

我作为菱角村下放师生的小队长，在那里真切地看到了当时是怎么“找”废铁的。一天，我正在劳动，一位同学叫我去接待一个区里来的干部，记得对方姓郑。我到了队部，只见他正向队干部发脾气。他说，县里的小高炉已经建立起来了，你们公社的高炉急需“铁引子”，再不送去就要停火了，要立刻组织力量找废铁送到工地去，否则后果自负。队干部解释说，各户送来的废铁早已全部送到工地去了，各家已经没有了。这位区干部说，今天我就让你们看看怎么“找”废铁。他让队干部带上几个大筐、绳子和木杠，他自己事先准备好了一个大铁锤，一起在村里挨家挨户敲门。当时村里的壮劳力全出去干活了，各户除了有老太婆看家的以外，大都掩门挂锁（锁是虚挂的，时谓“夜不闭户”）。这位区干部打开门查看，房子里的确没有任何废旧铁器。于是，他走到灶台前，挥起铁锤就把大铁锅砸了一个大洞，说：“这就是废铁，搬走！”在场的队干部一个也不敢吭声。我忍不住说：“这明明是一口好锅嘛！”他看看我，知道我是下放干部，态度稍有缓和地说：“都吃食堂了，小锅灶没有用啦”。说完他径直朝第二家走去。就这样，在全村走了一圈，“废

北京市居民将自己家中的铁制用具送去炼钢。

铁"装满了好几筐。每见他砸一锤，我的心就紧缩一下。好几次我要上前阻拦，队干部就在后面轻轻拉我的衣角，伏在我耳边悄悄地说："老刘，别说了，说了也没用，村村都这么干。听说有一位大学教师因为提意见，还挨了批斗"。最后，各家的锅砸完了，一称还不够他小本本上的数字，扭头又回来要砸队里的水车。我终于忍不住了，上前阻拦说："水车可是生产工具，浇麦时要用的，砸不得的"。他冷冷地看了我一眼，说："你来当我这区干部试试?"我一时竟不知作何回答。他扭头对身边的队干部说："砸!"这样连砸了三部水车才凑够了数。他命令立刻把"废铁"送到工地，也不打招呼就气冲冲地奔下一站"找""铁引子"去了。

看看小高炉旁堆积如山的"废铁"，想到它们的来历，我的心情很不平静。我到其他村调查了解他们搜集"铁引子"的情况，几乎全是这样"找"来的。我意识到，这完全是上面下达的死任务、死命令造成的。下面的干部如果因为送不够"铁引子"造成小高炉灭火，上面就要查战区负责人的政治责任，要"拔白旗"，甚至要批斗。没有办法，各级干部只得用这种手段，对广大农民进行了一场公开的破坏性的大掠夺。

"铁引子"可以用"砸"的办法取得，焦炭和煤怎么办呢？这在农户家里是找不到的，只能到钢铁厂去"找"。听说各战区都秘密组织人力到当地或邻县的钢铁厂去"捡"或"借"。开始时，土高炉有焦炭供应，还真的炼出一点铁水来，于是士气大振，敲锣打鼓向县委报喜。我们也及时做宣传报道，进行现场采访，还编了快板书和活报剧在工地巡回表演。我采访了一位50多岁的老中农，他为了多炼铁，两天两夜坚持在高炉旁，说一定要守到铁水流出来。问他为什么这么拼命干，他说："为了多出铁水淹死美国鬼子！为了共产主义人人都要拼命

毛泽东在中南海看机关干部炼钢。

干”。一位复员军人几天几夜不离炉，炉子风口堵了，他戴着湿手套进去掏砖，烧伤了手仍继续干……人民的干劲确实鼓足了，但中央决策者不切实际发动的“大跃进”、大炼钢铁所造成的恶果，却严重伤害了人们的积极性。土高炉流了几天铁水后，焦炭告罄，而且也无处去“找”了，于是，指挥部决定改用木柴和煤。到了 11 月份，炉内温度不够，铁熔化不足，铁水流不出来，结果塞了炉。热情高昂的建设者们还硬要顶牛向科学宣战，炉长带头披着浇湿的棉被，钻进热气逼人的炉膛去砸塞炉的铁块，每个人砸几下就得撤下来，把结在炉内的煤铁混合块撬出来，各战区就把这样的东西上交。在徐水火车站上，这样的“怪物”堆积如山，也不知道送到钢铁厂有什么用，而这个“战绩”又将计入当年的钢铁产量中去了。

后来在庐山会议上，彭德怀因批评大炼钢铁“有得有失”而受到毛主席的严厉批评，指责他是有意说成“有失有得”，以否定这场运动。但依我在徐水的所见所闻，干脆应当说是“一无所得”，还造成了人力和物力的巨大浪费和损失。这笔得失账该怎么算呢？

办流动党校和“过关”

在共产主义教育办公室的理论宣传工作中，我思想上产生了巨大的困惑和无奈。理论上的 ABC 和现实中的种种问题经常冲突，使我言不由衷或无言以对，真是苦恼极了。

我把在钢铁工地上了解到的情况向许邦仪作了汇报后，他告诉我，现在炼铁工地集中了不少各公社的领导干部，正是办流动党校的大好时机。他让我在工地试办一两期，取得经验再推广。我回到工地后立刻组织起流动党校，并确定了密切结合学员工作和思想实际进行教育的原则，先后讲了 4 次课，内容包括党员的权利义务，什么是共产主义，党的群众路线等。讲课主要利用晚上或劳动空隙时间，学员是从各战区抽调出来的党员干部。给他们讲课真是困难极了。最多讲十来分钟主持人就要高喊：“嘿，醒醒啦！”他们劳动一天实在是太累了。但当我联系到谎报产量、砸锅、毁水车和强迫命令等问题时，听众立刻清醒了，纷纷交头接耳谈论起来。我抓住时机提出问题，让大家自由发言。在这里没有什么压力，大家也就敢讲真话，几乎异口同声反映上级定的指标太高，完不成要么“插白旗”，要么撤职，没办法只好谎报，谎报了还有奖励。针对这种情况，我分析说，上级下达不切实际的高指标是客观原因，但主观上我们做干部的不应只考虑个人得失，而忽略了群众的利益和党的整体利益。谎报了产量虽能插上“红旗”，但上级根据你所报产量调拨粮食支援穷困县怎么办？现在整天吃白薯粥就是谎报的恶果。大家都同意我的意见，但又问我：“你讲得很好，很在理，可任务下来怎么办呢？”我硬着头皮激动地说：“一个共产党员，不论面对多大的压力，都应把保护人民利益放在第一位，向党讲真话；多少先烈就是这样做的”。我只能用这完全正确的原则回答他们了。我自感在当时如火如荼的“大跃进”形势下，理论工作者在现实面前却如此无能为力。

横扫五气（水泥设计院技术经济科的全体共青团员用大字报向机关领导提意见）。

这期流动党校受到了许邦仪的表扬，说办得很有特色，提高党员干部的觉悟是根本的，是长期起作用的，鼓励我继续办下去。他安排下一期流动党校教育的主要内容是宣传过好“十关”即：劳动关、集体关、家庭关、分配关、能为官能为民关、等级关、生活习惯关、道德关、差别关、听党的话关。他说，公社化引起社会生活各方面的巨大变化，产生许多新问题新矛盾，不从思想上解决这些问题，社会主义是建不成的，更谈不上过渡到共产主义。他强调说，这“十关”不单是针对农村干部，对我们知识分子干部也是严峻的考验。

我按照这“十关”对干部的思想进行了调查，并结合自己的体会准备党课教材。比如“劳动关”，我调查了一位女劳模的情况，让她现身说法讲移栽大白菜的技术，借以说明“大跃进”不光是盲目拼体力，更重要的是善于学习科学知识；关于“集体关”，我在调查中了解到不少干部认为“一切归公”就是集体化了，我则说明私有观念产生的基础是私有制，可以一夜之间实现集体化，但私有观念却不能在一夜之间消除，要加强主观努力；“家庭关”的调查和自省最令我难堪，我深感自己远未过关，只要一见到当地幼儿园的孩子在泥土地上滚爬，我就想起自己丢在北京的幼儿们。母亲来信不断告急：大儿子误食蓖麻子中毒，二儿子患脑膜炎在医院抢救，小儿子患严重的蛔虫病等等。我却在这里硬着头皮说着孩子送幼儿园可以解放生产力的大道理。妇女干部当场反驳我说：许多妇女劳力并未解放，她们大多不出工，到幼儿园去招呼自己的孩子了。我被驳得哑口无言。实际上我心里也在想：要求广大农民过好这一关的当权者们，自己是否过关了呢？这是否违背了基本的人性和常情呢……越在下面调查研究，我的课就越没法讲了。流动党校关于“过十关”的教育，就这样流产了。

种种矛盾和思想深处的巨大冲突，使我困惑，也促使我进行了冷静的思考。我问什么叫“听党的话”，干部回答：“党叫干什么就干什么”。“上级的指示坚决执行”。我又问：“上级派下高指标，执行就要谎报，这叫听党的话吗？”大家哑然。我说：“实事求是才叫真正听党的话！”他们摇摇头叹息。在理论与实际的矛盾冲突中，我终于意识到，在当时的历史条件下，盲从并非“听党的话”，应当根据实践去检验理论和政策的是非，这才是一个唯物主义者真正“听党的话”。

据此，我返回学校后，联系徐水下放的实践给学生讲课，批评“大跃进”中的浮夸风、“共产风”，学生很欢迎。虽然不久就受到批判，说我否定徐水成绩是“右倾思想”，但我自认为在实践中获得了真理性的认识，对我的后半生有着重要的意义。

（原载《春秋》，2003年第2期）

二、回忆“大跃进”中上山下乡演出

阿　庚

1957年“反右”运动的余波尚未散尽，1958年夏天“大跃进”的热潮又在全国兴起，于是，人们思想上恐右而偏“左”的思潮日趋严重。

心里话都要讲（上海市民写大字报）。

“大跃进”是个复杂的历史事件。由于急于改变中国贫穷落后面貌，急于求成地想以“跃进”方式在短时间取得巨大的成就，不切实际地套用革命战争年代的经验，加之领导层权力过于集中，缺乏有力的监督机制，导致党内民主作风遭到破坏。"大跃进"运动是从农业开始的，但却以大炼钢铁掀起最初的高潮，其影响遍及全国各行各业，其中包括我们文化战线。

由于人们从心里热爱党、热爱国家、热爱领袖，因此，"大跃进"刚刚开始，文艺战士们便热情跟风、接受洗礼。在我们不足100名演职员的小小的河北省话剧院大院里，竟也架起了土高炉，炼起了钢铁。动员各家捐出铁器，运来铁矿石，在无技术、无经验的情况下，其冶炼成果自然是劳民伤财。此举失败后，全团同志又来到徐水县。由于徐水是毛主席亲临参观过的地方，这里的气氛"左"劲更足。县城到处写着醒目的诗歌和标语口号，如"天上没有玉皇，地上没有龙王。我就是玉皇，我就是龙王，喝令三山五岳开道，我来了!""人有多大胆、地有多大产"。"黑夜当白天，月亮当太阳，白天红旗招展，夜间遍地明灯。"……这些鼓动性极强的口号，牵动着每个文艺战士的心。演员们个个磨拳擦掌，人人热血沸腾，干起农活来手上都磨了血泡。劳动间隙还在田间地头举行小型文艺演出。仅22天，演职员们锄地1244亩，种菜70亩，积肥7万多斤，还干了许多追肥、修路等零活。此外还画壁画、写黑板报、教唱歌和演文艺节目等。在当时那种"人人唱歌、人人跳舞、人人写诗、人人作画"和"千诗户、万诗乡、千人写、万人唱"以及"诗歌似海歌如山"等"左"倾口号下，我们剧院成员怎能落后？今天回忆起来，这些文艺节目多是公式化、概念化和标语口号式的，从形式到内容都较比粗糙。但当时人们干起来却是严肃认真的，心甘情愿地在火热的生活中锻炼和改造自己，一心企盼和幻想共产主义提前到来。

文艺下乡。

1958年春节期间，部分演职员到涞

源山区慰问演出。回到保定后，紧接着响应党的“上山下乡深入工农”的号召，将全团分为两个演出队（每队30人）携《刘胡兰》、《刘介梅》、《双婚记》、《青春之歌》、《红色风暴》等剧，先后到峰峰、井陉、章村等矿区和内邱、定县、元氏、望都等农村演出，在48个县、镇演出了330多场，观众达242万多人次。

然而，49年之后的今天，当我们以实事求是的精神回眸和总结这次上山下乡演出时，觉得有得有失，成绩和不足并存。

“大跃进”时，赛诗会成了一大时尚。陕西省西安市灞桥区白庙农业社社员在晚间赛诗会上朗诵自编的诗。

先说成绩。由于河北省话剧院很多成员都来自解放区的剧社、文工团，团内一直保持着“文艺为人民服务”的革命传统。此次下乡演出队伍中虽有许多年轻同志，但在老同志带动下，锻炼成长，思想觉悟、工作水平都有很大提高。通过演出活跃了农村、矿区的文化生活，使原来在农村比较陌生的话剧开花结果，逐步占有了广大的农村演出阵地。加之剧团除演出大型话剧之外，经常深入田间、地头，并开展“欢送矿工下井、欢迎矿工上井”乃至深入井下演小节目等，获得了工农群众的欢迎和好评。而剧团演职员也体验了农村、工矿的生活。

尤其应当肯定的是，下乡演出中发动团内同志，把著名作家梁斌的小说《红旗谱》改编成同名话剧，然后带着剧本初稿两次深入故事发生地——高阳、蠡县一带农村深入生活，听取当地群众意见，终将《红旗谱》排成一出成功的话剧。之后，剧团在河北农村和津、京、沪、宁、汉、济、闽等地演出300多场，还荣登怀仁堂舞台为中央领导同志演出。更可贵的是，由于《红旗谱》演出的成功，解放了演员们的思想，取得了创作经验，使大家更积极、大胆地搞创作。不久，剧团先后创排了自创剧目《邢燕子》、《服务标兵》、《雷锋》、《红岩》、《战洪图》、《老八路和小哥儿们》等多部话剧，并逐步形成了朴实自然、富有浓郁乡土气息和地方色彩的风格特色，从而荣获了省和文化部"上山下乡演出先进单位"的光荣称号。

然而，此次上山下乡演出，也存在着一些缺点和不足。主要是受"大跃进""左"的思潮的影响，违背艺术创作规律，降低了演出质量。另外，受"浮夸风"的影响，有意无意地"老老实实说假话"。当年，笔者担任演出一队的秘书，为了超计划完成任务，在所汇报的演出场次、观众人数方面有所夸张，有时将小节目的演出也归就在整个演出场次之中。此其一。

其二是由于剧团分为两队，人员少（一队 28 人，二队 30 人），演出多，经常一日演两三场，还有时一天换两出戏。加上行路、装车、卸车、装台、卸台，空隙间还要下田、下矿演小节目，形成长期疲劳作业，演员们身体有些吃不消，有许多人患病也要坚持工作，不便请假。

在演出中还有些过"左"的做法。为了更好地服务群众，对群众的要求"有求必应"。如有一次演《刘胡兰》，戏散了，部分观众借口"没见枪毙国民党军官大胡子"而散戏后不退场，非要亲眼看到"枪毙大胡子，为刘胡兰报仇"不可。剧团解释半天也不答应，没办法，只好加演了一场（把大胡子押下去，在后台放了一枪），观众才欣然离去。

还有一次，白天已演了两场戏，晚上的戏也演了一半，忽然又来了许多观众，说没看见前半场的戏，我们只好又从头演起。等于一天演了三场半，此举虽"精神可嘉"，但今天回忆起来却成为可笑的轶闻趣事。

为了增加观众人数，因剧场卖票太少，演员们便拿锣打鼓卖票。一团来到石家庄时，正赶上天气闷热，卖票很少，大家便到各地卖票，有的拉着手风琴到十字街头，有的打着竹板到澡堂子，有的到旅店、饭馆，经一番折腾也没卖出几张。后来大伙又琢磨一场闹剧：这天上午，一位演员头戴盔头，身穿蟒袍，口挂髯口，从大众剧场跑出，后边有几个人追赶，边追边喊："站住，别跑啦！”直跑到车站广场才停下来。这时看热闹的群众已围得人山人海。忽然，穿戏装的演员摘下髯口笑对群众说：“同志们，我们是省话剧团的，现在正在大众剧场演话剧《双婚记》，希望大家买张戏票去看看。”接着把剧情介绍了一下。群众恍然，纷纷议论。还别说，这次倒真卖出不少票。其实这场“闹剧”也是被逼出来的。

此次下乡演出为了多排戏，只能边演出边排练，仅用3天突击排出《刘介梅》。而大型话剧《红色风暴》也只用了5个夜晚，如此神速的排练，怎能保证艺术质量？作为一个专业性的国营剧团，按说其演出活动应当比较严谨、正规，尤其应保持高质量的演出，但在当时那种““左”的气氛中谁也不敢多提意见，否则便会被批判。试想，4个月共演出350场，平均一天演3场，再加上行路、倒车、装台等，长期下来演职员难免被拖垮。就是在这种紧张日子里，还有个记者发表一篇访问记，称“剧团内有的右派分子大肆散布什么‘话剧是剧场艺术，上山下乡是毁灭艺术’的谬论，企图把话剧团引向资产阶级个人主义道路上去”。其实，哪有人敢发表这种言论？不外是某些领导人对剧团内所谓“有问题”（如出身不好或有点历史问题）的同志一种想当然的诬陷之词（后来为这些人落实政策，平了反）。

此外，从1958年到1959年初，省话剧团还演出了两出现在看来很成问题的戏。一出是话剧《百丑图》，剧中极尽嘲弄、讽刺手法，表演所谓“揭露右派分子丑恶嘴脸”。而今天看来，这是出地地道道的坏戏。这出戏违反了我党一贯奉行的统战政策和知识分子政策，破坏了民主团结的大好局面。另一出戏是后来演出的《降龙伏虎》。该剧虽算不上坏戏，但有严重缺点。它描写了虎头山地区农民为支援轰轰烈烈的大炼钢铁运动，在一条湍急河上架桥的故事。通过一龙（金德龙）一虎（赵大康）夺榜而展示了大跃进中的“敢想敢干”的精神，批判右倾机会主义。请听赵大康的几句台词：“指山，山变金；点水，水成银。蛟龙见我绕路走，猛虎见我胆战惊！”可见这出话剧是何等“左”了。今天，再回味这样的话剧作品，实在让人哭笑不得。

说到此，这次上山下乡演出，我同周村里曾为二队演出的反映陆游与唐琬爱情故事的《钗头凤》发表了一篇评介文章，刊于《河北日报》文艺副刊。但几天后，《河北日报》发表了一篇持相反观点的批判文章，点名批评了作者和剧团。该文说：“……周(村里) 阿(庚) 二同志在轰轰烈烈的‘大跃进’运动中，竟公然为歌颂才子佳人的《钗头凤》而大唱赞歌……”由此可见，当年“左”的色彩在中国社会上是何等的普遍而浓重。

当然，“大跃进”中的这些问题，乃至“文革”中演出的《敢把皇帝拉下马》和《海港风暴》等坏戏，在当时社会潮流影响下都是难免的。然而，这些历史事件，无疑应让我们永远汲取教训。“戏”虽已散，但它留给我们的思考和回味，却是那么久远和沉重。

（原载《文史精华》，2007 年增刊 1）

三、“大跃进”运动片断回忆

王德彰

1958年下半年，我作为保定一中高二的学生，参加了正在全国如火如荼开展的“大跃进”运动。“大跃进”涉及政治、经济和社会生活的诸多方面，如建立人民公社、大办公共食堂、秋收秋种、深翻土地、大炼钢铁、兴修水利、办农村红专大学、除“四害”（老鼠、麻雀、蚊子、苍蝇）等等。我主要参加了深翻土地和大炼钢铁。

48年的岁月过去了，那一幕幕“跃进”的情景至今还不时在脑海中映现，挥之不去。

“大跃进”运动48年再回首

“大跃进”是1958年在社会主义建设总路线指导下，为盲目追求经济建设的高指标而开展的一场全国性运动。对于这场运动，1981年6月27日中共十一届六中全会通过的《关于建国以来党的若干历史问题的决议》中作了这样的结论："一九五八年，党的八大二次会议通过的社会主义建设总路线及其基本点，其正确的一面是反映了广大人民群众迫切要求改变我国经济文化落后状况的普遍愿望，其缺点是忽视了客观经济规律。在这次会议前后，全党同志和全国各族人民在生产建设中发挥了高度的社会主义积极性和创造精神，并取得了一定的成果。但是，由于社会主义建设经验不足，对经济发展规律和中国经济基本情况认识不足，更由于毛泽东同志、中央和地方不少同志在胜利面前滋长了骄傲自满情绪，急于求成，夸大了主观意志和主观努力的作用，没有经过认真的调查研究和试点，就在总路线提出后轻率地发动了'大跃进'运动和农村人民公社化运动，使得以高指标、瞎指挥、浮夸风和'共产风'为主要标志'左'倾错误严重地泛滥开来"。《决议》还指出，毛泽东和党中央从 1958 年 11 月第一次郑州会议到 1959 年 7 月中央政治局庐山会议前期，曾努力领导全党纠正已经觉察到的错误。但庐山会议后期，错误地对彭德怀等人的批判和在全党开展的"反右倾"斗争，"在经济上打断了纠正'左'倾错误的进程，使

鼓动。

错误延继了更长时间。”这个结论是公正的、实事求是的。这是我们现在谈“大跃进”应遵循的基点。

还应提及的是，在“大跃进”高潮中，1958 年 8 月中共中央政治局在北戴河会议上，又提出 1958 年全国钢产量翻番，达到 1070 万吨，作为实现“大跃进”的重要步骤和标志。所以，人们后来说到“大跃进”，除了必说人民公社外，总是要谈到“大炼钢铁”。

刨红薯

1958 年 9 月 1 日保定一中开学后，在“大跃进”的氛围中仅上课一个多月，全校师生即开赴满城县江城公社大搞“深翻土地”。“深翻土地”在当时也称为“运动”。高中二年级师生分配到江城公社李铁庄。

刨开冰层取河泥。

满城县的江城公社在保定市西边，紧邻市区，路途不远。当年保定一中三年制的高中班，从保定市和保定地区 22 县招生，面很广，但不招收女生，都是清一色的二十来岁的小伙子。当年学校又实行军事编制，称为“钢铁民兵连”，所以高中部一、二、三年级的同学“刚性”十足。动员大会后，大家更是意气风发，斗志昂扬。出发那天，写有“保定一中钢铁民兵连”的红旗猎猎前导，同学们排着整齐的队伍，肩扛行李卷儿，手提洗脸盆，高唱着军歌：“向前！向前！向前！——我们的队伍向太阳。脚踏着祖国的大地，背负着民族的希望，我们是一支不可战胜的力量……”。嘹亮的歌声从保定南关舢航头一中，一直唱到满城县江城公社。队伍行至保定西下关火车站，只见对面丁字路口有一座石雕像，一壮汉伸开双臂将一座大山劈开，说明文字是当年全国非常流行的一首诗《我来了》：“天上没有玉皇，地上没有龙王。我就是玉皇，我就是龙王！喝令三山五岳开道，我来了！”看到这样的雕像，读到这样的诗，同学们个个精神抖擞，干劲倍增。真可谓一路走来一路歌，那歌声回荡在保定市西郊，与正在建设中的西郊八大厂热火朝天的劳动场景融为一体，“大跃进”的气氛相当浓郁。

进村后，师生三五人一组分住在社员家里，担水、扫院子，忙个不停。一切安顿好后，第二天就下地干活了。

我们进驻李铁庄的任务，主要是“深翻土地”，但此项劳动须待秋收完毕方能进行。当时地里的玉米、谷子已收割完，棉花已摘尽，棉柴已拔，只剩下刨红薯（当地称之为山药）。社员们已给我们把红薯秧子（当地叫山药蔓）割净运走，只待我们尽快刨完红薯，以便深翻土地。

不谦虚地说，刨红薯这样的农活儿，对我来说是小菜一碟儿，因在老家农村经常干，可谓驾轻就熟。关键是怎样既刨得快，又刨得好（既不丢落也不伤镐）。在与同学们的劳动比赛中，我创造了“三镐一提一甩”的经验，即瞄准红薯棵，左一镐，右一镐，前一镐，旋即用镐提出红薯墩，落在右脚面上，右脚往右一甩，一墩红薯搞定。这 5 个动作说起来麻烦，实际上是紧密相连的 5 个动作在瞬间完成，总共超不过五六秒钟。具体干起来，在求速度快的前提下，必做到稳、准、狠，一镐下去，绝不能犹豫。因为当地种的不是春红薯，都是麦茬红薯（即麦收后种的红薯），块儿都不大，干熟练了，基本上不会遗落，也基本没有伤镐（“伤镐”是指把红薯块儿只刨出半截）。我那年 20 岁，身体倍儿棒，一连干 4 个多小时不休息也不觉得累，每天干活总把其他同学远远拉在后面。老师曾让我向同学们介绍经验，我就强调这“五步法”必须要快，只能在五六秒钟内完成；如果你用十来秒，进度必然慢一倍。同学们点头称是，此后我们班刨红薯的进度大大加快，受到全校表扬。1960 年我参加全国统一高考，语文试题的作文题有两个（任选一个），一是《我在劳动中受到了锻炼》，二是《大跃进中的新事物》。我选了第一题，记述的就是“刨红薯”这件事，入学后得知得的分数还不低。

1958年河北省风调雨顺，不旱不涝，是历史上少有的大丰收年。不然，当年8月毛泽东在徐水县视察时，就不会提出“粮食多了怎么办”的问题。正因为当年收成好，所以我们在李铁庄可以放开肚皮吃，馒头、红薯管够，白菜汤随便喝。我每顿吃四五个馒头再加五六块红薯，不在话下。二年制高中班有个女同学叫王良素，一顿能吃七八个馒头，夺“饭量大”之冠，被同学们传为佳话。只是因为刚成立人民公社，许多社员感到反正是大集体了，庄稼收多收少，又不是自个儿家的，再加之男劳力大都上山去大炼钢铁了，不少庄稼丢在地里没收好，浪费了许多。

大概是半个多月后，红薯刨完，田野里再没有任何农作物，一马平川，只待深翻土地了。

深翻土地

农民们都知道，种庄稼要深耕细作，这是多年来积累的经验。但深耕“深”到什么程度，是有限度的，不是越深越好。任何农作物都吃“熟”而怕“生”，用科学术语说，就是只有含有腐殖质的土层才有利于农作物生长。如果土层挖得太深了，农作物根部接触的是翻腾出的没有腐殖质的生土，一定会影响生长；而农作物需要的含有腐殖质的有机肥料（当时还不兴化肥）都施在半尺多深的土层，所以耕地不需要太深，六七寸最多一尺足矣。种庄稼不是栽树，需要挖个大深坑。

可是当年的“大跃进”，好多事情走向极端，主观意志超过了客观规律，在农田耕作上一味强调“深翻”，似乎越深越好。我们这次在李铁庄大搞深翻土地，明确要求最少是两尺，能达到3尺更好。那时许多从农村来的同学虽然在家种过地，但并不懂得科学技术。何况这又是上边的要求，没有人提出怀疑，个个鼓足干劲，力争上游，铆足劲儿大翻猛翻。你翻两尺，我就翻两尺半；你翻两尺半，我就翻3尺。谁翻得快、翻得深，就叫放了“卫星”。我们年级4个班200多人，因都是男生，小伙子们年轻气盛，体格又好，翻得最快、最多也最深，不时在广播里报出一个个“卫星”。

深翻土地的目的是为了创“高产田”，至于能不能创“高产”，谁也不会多想，大家只是按要求热火朝天地大翻特翻。当时的那种干劲，用“冲天”来形容还远远不够，人人像疯了一样。在太行山东麓李铁庄广阔的田野里，同学们仿佛不是在劳动，而是在进行一场作战，如果写一篇通讯，用“沸腾的田野”为题那是最恰当不过了。红旗招展，喇叭声声，喊声、比赛声连成一片。田野里专门设有广播站，主要播送各班的“捷报”、“卫星”，鼓舞士气。一会儿一个“捷报”，一会儿一个“卫星”，热闹极了。二年制高中班有个女同学叫王宁丽，嗓音脆亮甜润，她担任广播员堪称一流，不时播出各班的战况，还穿插着朗诵同学们写的“战地诗”，鼓动性极强。至今保定一中的老同学们聚在一起时，还常常说到当年深翻土地的情景。

在李铁庄这样翻腾半个多月，大功告成，就该种麦了，我们也就离村返校。至于小麦出土后长得怎样，不甚了了，因为回校后马上又投入“大炼钢铁”运动。

这种深翻土地创高产的群众运动，不唯满城，而是在全省各地普遍开展。当时就听说石家庄地区某县有个学校大搞“高产田”，在操场上挖了一个长3米、宽1米、深1米的大坑，在坑里施上15厘米厚的大粪，然后撒入10斤麦种，却没有长出一棵麦苗。因为施肥过量，麦粒刚出芽就让大粪给烧死了。我对当年的深翻土地，几十年来一直耿耿于怀。2005年10月间的一个偶然机会，我有幸认识了当时已87岁高龄的资深农业科技专家汤礼治老先生，借机向他请教当年深翻土地的得失问题。汤先生是一至六届河北省政协委员，对农业技术了然于胸。巧极了，他说他1958年就遇到了这个问题。当时，他参加省政协组织的工作组到宁河县（该县时属河北省）视察深翻土地、密植高产，那里就要求土地深挖两尺。他当时就认为挖得太深了，这样翻出的深层生土，不利于农作物生长，必然招致减产，提出必须把熟土填回去。当地农民采纳了他的意见，那年庄稼没有造成减产。他说，1958年大搞深翻土地，是全省性问题，没有尊重科学。我想，当年如果农业战线上的“汤礼治们”都站出来这么说一说，兴许就不会有“深翻土地”之举了。

大炼钢铁

“大炼钢铁”是“大跃进”的重要组成部分，也是在经济建设急于求成思想指导下发展起来的一个运动，其奋斗目标是全国完成1070万吨钢的任务。我作为一名中学生，当年不可能知道1070万吨的运筹过程，后来才从有关资料中得知，这个目标任务虽是在1958年8月中共中央政治局北戴河会议上提出的，但酝酿时间可推至上一年。

早在1957年11月，毛泽东在各国共产党和工人党莫斯科会议期间，提出我国15年左右时间在钢铁等主要工业品的产量方面赶上和超过英国的口号。12月，刘少奇在中国工会第八次全国代表大会上，代表中共中央正式宣布了这个口号。1958年1月，国家经委建议当年钢产量为620万吨，3月2日由一届人大五次会议通过。3月8日，冶金部提出700万吨的意见。4月初，冶金部又提出冶金工业10年赶上英国的设想和1962年达到2000万吨钢的打算。4月，6省1区生铁促进会召开。5月，全国地方冶

喜报传来的时候。

金促进会召开。6 月，华东区提出 1959 年达到 800 万吨钢，6 月中旬又提出 1959 年要达到 1200 万吨钢的生产能力。此后，华北、西南、东北、西北、华中、华南各协作区纷纷提高指标。汇总后，1959 年钢产量将达 3000 万吨以上。6 月中旬，冶金部向中央提出了 1958 年产钢 820 万吨的指标。6 月 17 日，国家经济计划部门又以“两年超过英国”为目标，提出 1958 年钢产量 1000 万吨。6 月 19 日，毛泽东提出 1958 年钢产量比上年(530 万吨）翻一番的任务。8 月，中央北戴河会议上，毛泽东找国家经委负责人和各大钢铁企业负责人开会，问今年定 1070 万吨钢铁的指标能否完成，大家都说行。实际上，截至 1958 年 8 月，钢产量只完成 400 万吨。但是，会上还是定下当年生产钢 1070 万吨的任务。9 月 1 日，中共中央发出公报，号召全党全民为生产 1070 万吨钢而奋斗。从9月份起，指标层层分配下达，各级第一书记挂帅，采用“大兵团作战”、“各行各业支援”、“土洋结合”、“小土炉、小高炉遍地开花”等办法，掀起了全民大炼钢铁运动。

当时有一首歌这样唱道：“跃进跃进大跃进，快马加鞭向前进。十五年内赶上英国，中国人民有信心！”豪言壮语足见豪情壮志。

转炉炼钢。

因为保定一中师生秋天到满城县大搞深翻土地，大炼钢铁较全国起步较晚。1958 年 11 月上旬在结束深翻土地时，学校领导就传达过，回校后紧接着大炼钢铁，所以有思想准备。我们从满城县江城公社返校途中，已看到保定市西郊炼钢的小土炉、小高炉鳞次栉比，公路上人欢马叫，运焦炭和运铁矿石的车辆来往穿梭，全市的大炼钢铁运动已热火朝天地开展起来。回校后，师生们马不停蹄，立即投入大炼钢铁战斗。

搞运动首先开誓师大会，这是历来开展运动的贯例。保定一中先是在东操场召开誓师大会，校党支部书记作动员讲话，继之师生宣誓表态。党支部书记慷慨激昂地讲了大炼钢铁的政治意义，赶超英美的雄心壮志，布置了学校必须完成的任务，最后他大声疾呼“我们一中师生坚决为完成党中央提出的1070吨钢的任务而奋斗”时，引起师生们的一阵哄笑。因为“1070万吨”这个数字当时已家喻户晓，深入人心，支部书记讲话时可能由于太激动了，竟丢掉了一个“万”字，这怎么不成为笑柄呢？

全校誓师大会后，首先分班级在东操场建“小高炉”。说实话，从农村进城读书的学子，对农活儿还算略知一二，深翻土地也不露怯，但建炼钢炉却是一窍不通。好在有技术人员（实际上也是学校老师从别处取经回校后现学现卖）指导，同学们七手八脚地建起了一座座不土不洋的小土炉。小土炉遍布东操场，横看成排竖成行，远远望去像是一个个微型碉堡。

小土炉建成后，同学们分成两拨儿，劳动两班倒，每拨儿连续劳动12个小时，有的到西郊山区拉焦炭、铁矿石，有的守在小土炉前操炉出钢。虽然那时同学们年轻力壮，但大冷的天，相当长一段时间内每天连续强体力劳动十二三个小时（提前半小时接班，下班时交班又半个小时），也是难以消受的。我当时的感觉就两个字——累和困。操炉出钢劳动时还好受些，一是接触高温，很暖和；二是必须死盯着炉内变化，按时添焦炭，精神要高度集中，困顿不得。可是一下班，倒头便睡，若是没人招呼绝对醒不了。若轮到去西郊拉焦炭和铁矿石，困劲儿就来了。当时机动车非常紧张，我们到西郊拉料，虽一律用大卡车，但不知为何，不是司机开车，而是用人拉。十几个男同学肩上套紧绳索，往返几十里，回来时装满铁矿石，人人累个臭死。有一天深夜，我们拉着铁矿石回校，不少同学太累了，昏昏欲睡，就半睡半醒地拉车赶路。这种功夫若不在“大跃进”的实践中是学不到的。大家拉着车刚走上京广铁路线，就远远听到北京方向传来火车的轰鸣声，有个机灵的同学大喊一声：“快拉！火车来了！”同学们如梦初醒，快拉硬拽，一股劲儿把车拉过铁轨，仅过了十几秒钟火车即呼啸而过，把大家吓出一身冷汗，异口同声道："好险哪!"从此再无睡意了。

实事求是地说，在大炼钢铁运动中，师生们的革命精神是非常高涨的，干劲也是十足的，大家心无旁骛地为1070万吨钢而战，就是为了在国际上争气，为了赶超英美。这正如《关于建国以来党的若干历史问题的决议》中所言，在1958年5月党的八大二次会议前后，"全党同志和全国各族人民在生产建设中发挥了高度的社会主义积极性和创造精神"。但是，不按经济规律办事，过分夸大人的主观意志，往往适得其反。1958年的全民大炼钢铁，究竟炼出了多少钢？我们又付出了多大代价呢？这在当时是不言而喻的问题。在保定一中操场上，我亲自垒过小土炉，也操炉出过钢，但那"钢"都是一块块掺杂着炭渣的铁疙瘩。有时实在炼不出什么钢。老师就让把从各家各户收来的破铁饼、破刀、门吊等旧铁器投入炉内，这样炼出的产品成色稍好一些，但那也不是真正意义上的"钢"。再者说，这些民用铁器是极其有限的，哪能总有这些东西供炼钢用？

最近从有关资料上看到，当年的大炼钢铁确实是得不偿失。在1958年9月中共中央发出公报，号召全党全民为生产1070万吨钢而奋斗的当月，全国直接参加炼钢铁的人数就达5000万，1月份增加到6000万人，年底最高达9000万人，将近1亿，须知那时全国才6亿人（有毛泽东当年"六亿神州尽舜尧"诗句为证）。全国建土高炉的情况，8月份为17万座，9月份为66万座，11月以后无法统计。由于搞"以钢为纲"的"大跃进"，1958年基建投资由上年的138.3亿元增加到267亿元；积累率由上年的24.9%增加到33.9%；国家职工由上年的2451万人猛增到4532万人。1958年年底，全国钢产量虽然达到了1073万吨，但其中有300万吨钢基本上不能用或使用价值极小。大炼钢铁影响了农业生产，冲击了轻工业生产，造成了国民经济比例严重失调。

（原载《文史精华》，2006年第2期）

四、我所经历的“大跃进”运动

王秀明

（一）

1958年是“大跃进”最轰轰烈烈的一年。首都为迎接建国十周年大庆，在全市大张旗鼓地兴建了十大建筑。打头炮的是十三陵水库。上自国家主席，下至一般百姓，凡能有幸参加劳动的，莫不你追我赶。我当年30多岁，年富力强，是高教部派去水库劳动的第三批突击队员。常年坐办公室的我，经过几天的艰苦磨练，居然能挑起百斤沙子，行走如飞。工地上竞赛高潮迭起，即使再缺乏热情的人，到此场合也不免会激动起来。紧张的强劳动之后，吃起饭来分外香。有一天工地改善伙食，小碗口大的肉包子，我竟吃了八个，真是有生以来破天荒的纪录！原以为会引起胃病复发，后来发现这个顾虑完全多余。原因很简单，一来劳动强度大，消化能力大大增强，二来心情轻松愉快，只须劳力而不须劳心，无忧无愁。半个月后，我回到部里，人们都说我变得又黑又壮，与参加劳动前恍若两人了。这可能就是劳动创造的奇迹吧！

新纪录的百花怒放。

两个月后，我们一批年轻人又轮流参加了修建人民大会堂的劳动。轮到我时，领导指定我担任队指导员，也就是说，既要劳力还要劳心，不能再像在十三陵劳动时那样轻松了。那一时期，十分强调政治思想工作，要求每个队在质量上、作风上不得出一点差错，劳动终结时要参加评比。我们的具体任务是把木料从地上沿着木板临时搭成的坡路向高空扛送，劳动强度相当大，而且要赶进度，保质量。为了取得优胜红旗，队长、指导员、小队长们全部由年轻党员组成，几乎每晚收工后都要碰一次头，汇集当天队员们的表现以及劳动中应该注意的问题，第二天早晨劳动前，再由指导员或队长在全队会上作有针对性的讲评，好的表扬，差的批评。个别有实际困难的还要辅之以谈话，帮助其解决。由于工作做得细、纪律严明，全队五六十人竟没有一个迟到早退、消极怠工的，也没有发生过一次安全事故。劳动结束时我们这个队终于得到了一面“优胜红旗”。雄伟壮观的人民大会堂正是在首都人民这种冲天热情和无私奉献下，用了不到十个月的时间就顺利而且高质量地建成了，这可以说是世界建筑史上的一个奇迹！

度过了轰轰烈烈的“大跃进”，接着迎来的是建国十周年大庆。10 月 1 日这天，我换上了崭新的毛料西服套裙，天不亮就起了床，在部内大操场集合，列队步行至东单，参加规模空前盛大的游行。天安门前到处是反映十周年成就的彩车、图表，到处是服装绚丽、神情焕发的人群。十年，多么辉煌的十年啊！它把一个破碎不堪的半封建、半殖民地的旧中国，变成了一个拥有自己工业体系的、初步繁荣昌盛的、独立自主的新中国；它把一个饱受帝国主义欺凌和地主官僚资本残酷剥削的旧社会，变成了一个傲然屹立于世界之林、工人农民当家作主的新社会。这是一个多么了不起的成就啊！如果没有共产党的领导和优越的社会主义制度，哪能有今日的成就！百年来受尽屈辱的中国人民，怎能不从心底里拥护共产党、拥护毛主席！当我们经过天安门前看到毛主席和其他中央领导同志向游行队伍热情招手时，个个激动得连呼“毛主席万岁！”不少人情不自禁地流下了幸福的热泪。千千万万的游行者几乎都沉浸在这热浪翻腾的大海中，忘记了周围的一切。

喜报迎春节。

（二）

这一年，天灾人祸带来的严重后果在北京尚不大看得出来，而在广大农村却已逐渐地暴露了。也正因为如此，党中央于 1958 年年底至 1959 年上半年，在毛主席亲自主持下，连续召开了几次会议，着重检讨农村形势，纠正“共产风”、浮夸风的问题。那时，实际上“两风”刮得比较严重的地区，已经造成了严重缺粮，甚至出现了饿死人的现象。

这年7月，党中央召开了庐山会议。不过向广大党员传达庐山会议精神的时间却是在庆祝建国十周年大典之后。在此之前，我的姑母从安徽乡下来京参观国庆十周年盛典时，曾悄悄地向我透露了一些关于安徽的人民公社和公共食堂大搞一平二调，干部虚报产量，家乡已经有饿死人现象的情况。初听到这些消息，我简直不敢相信，这与建国十年大庆的红火气氛是何等不协调啊！但姑母是一个不识字、贫农出身的劳动妇女，她不可能向侄女凭空编造出一套谎言来。一切毕竟不是我亲眼所见，出于慎重，我从未向任何人透露过，唯恐因此造成不良影响。彭德怀万言书事件传达后，我在纪律上必须拥护中央决定，而在内心深处，不免打了几个问号：党章上不是规定党员有权向上级党组织直至中央提出批评、意见吗？彭德怀给毛主席写信坦陈自己的调查所得和忧虑，正是出于一个党员的高度责任感，为什么不可以？彭的信既肯定了成绩又提出了问题，这些问题对照农村的现实（如我姑母所言），难道不是事实吗？为什么不允许党员如实反映情况，那末，以后谁还敢说真话，这不是堵塞言路吗？然而，传达中还说彭德怀与张闻天、黄克诚、周小舟结成了一个反党小集团，联合攻击三面红旗。这似乎又不仅是一般的向党提出意见，而是涉及非组织活动的问题了。普通党员不明真相，以为其中或许有什么阴谋活动，尤其是其中还涉及“苏修”的背景，大家也就不再深想内中的是非了。出于对毛主席的无限信任，大家都默默地接受了庐山会议的决定。接着，全党开展了“反右倾机会主义”的斗争，对于这个斗争，据我所知，有些党员是有看法的。明明当时各地已“左”得不能再“左”，饿死人的现象不断发生，此时不反“左”，反而反右，大家的劲头自是不大。中央高教部所属各单位开了几次批判会，最后以划了几个“右倾机会主义分子”（定性为人民内部矛盾）而结束（至1963年后已全部平反）。

（三）

1960年，北京已能较多地听到不少地方传来的饿死人的消息，就连北京的居民也出现了饥饿状态。粮食定量虽基本未减但猪肉供应几乎等于零。每人仅靠每月的28斤粮食、半斤菜籽油和一些青菜是无论如何吃不饱的。即使像我这样坐机关的妇女，平时每月20斤粮食足够了，这时因脂肪、蛋白质摄入量骤减，也不免时常感到饥肠辘辘，那些青壮年男子就可想而知了。我们秘书室有个男同志，当时经常在饭厅门前徘徊，起初我觉得奇怪，后来才知道他饭前徘徊是急于等开饭，饭后徘徊是在进行思想斗争，考虑是否再买一个窝头。因定量有限，这顿吃多了，下顿就得减，月初不控制，月底就得挨饿，谁也支援不了谁。寒冬腊月，北京街头竟然出现了买冰棍的长蛇阵。人们裹着大衣，戴着棉帽围巾，顶着寒风，为的就是买几根小冰棍充饥。现在的青年人也许不相信，新中国怎么还会有这种事？但这毕竟是无法否认的事实。那时中央主管财经的陈云同志为了利用有限的物资，决定在国营商店出售高价点心和高价糖果，每斤约在5元至8元。这样，一来可以大量回笼货币，二来可以满足部分人的需要。北京城里虽未听说饿死人，但许多人身体出现了浮肿症状，尤其是一些大肚汉，几乎没有一个不掉十几斤乃至几十斤体重的。高价点心和糖果一出笼，备受欢迎。凡是有存款的人，这时深感救命要紧，纷纷提取存款大量购买。我家也把仅有的600元存款取出来吃了。这也是我们平生第一次如此大方。

这年，对我最大的考验还不在北京，而是在河南省信阳专区的遂平县。记得从1959年起，中央就决定实行干部轮流下放劳动制度，以解决干部脱离体力劳动、脱离群众的问题，每期一年。高教部第一批下放的地点是山西省稷山县。那里生活虽也远较北京艰苦，但还能吃饱肚子。轮到我们第二批下放时，竟选择了河南遂平——全国第一个升起人民公社红旗的地方。决策人可能认为这地方最先进，最能锻炼人。然而，良好的愿望代替不了无情的事实。这个地方恰恰是1959年饿死人最多、浮夸风最严重、粮食最匮乏、在三年困难时期全国最有名的灾区。不过在1960年年初我们尚未发现罢了。我们下乡，所遇

中国第一个人民公社——河南省遂平县嵖岈山人民公社于1958年成立。

老百姓，竟没有一个向我们夸人民公社好的，而是含着眼泪指着村边座座新坟对我们诉说，这都是他们去冬今春饿死的亲人。作为共产党员和国家干部面对贫下中农在解放后多年遭遇如此巨大的苦难，我们无言以对，无地自容。待我们把行李安顿好，到村里的公共食堂一看，心里更加有说不出的沉重。社员们每人捧着一大海碗野菜汤，里面洒了少许高粱面，这便是劳动一天的晚餐！上午也只是每人增加一个不到二两重的苜蓿与高粱面掺和的窝头，一天两餐，想多吃一点也不行。这对我们这些刚从北京下来、吃惯精米白面的国家干部来说，真是一下从天上掉到了地下。想到今后一年将过这样的日子，食于斯，劳动于斯，不能搞一点特殊（同吃、同住、同劳动乃是下放干部务必遵守的纪律），人人心中都像坠了一块大石头。这将是何等严峻的考验啊！

我被分配在嵖岈山人民公社的一个大队里当组长，并按规定兼生产大队的副大队长。组里共有下放干部20人，其中有五旬开外的年长者，也有二十来岁的小伙子，还有几个弱不禁风的女同志。当组长，不仅意味着吃苦在前，劳动带头，而且还要经常做政治思想工作，使每个人都能保持饱满的情绪，不说怪话，不偷懒。我那年是32岁，虽已有四个孩子，但身体还不错，且又经过十三陵水库和人民大会堂工地的劳动锻炼，再加上共产党员的责任感，使我不得不勉力克服困难，振作精神，为全组作出表率。在劳动中，我学会了插秧、割稻、锄地、扬场等农活。这可说是下乡的一大收获。

劳动这一关不算难过，可饥饿这一关实在难熬。每天开饭前一小时，大家默默地忍受着饥饿的煎熬，盼着开饭，尽管所谓开饭，只是野菜馍馍加稀糊汤，但就这也成了不可或缺的宝贝。每晚没有干粮，只有野菜熬成的稀汤，大家也要美美地喝上几大海碗，有的肚大的男同志和老乡干脆用面盆端着喝。为了保存体力，晚餐后一律不开展活动，要求大家上床休息。每人在床下准备了一个瓦盆盛小便。向来不起床的我，这时每夜也要起来两三次。开始时，大家腹中可能还贮存了一些脂肪，挺一挺问题不大。一个月过去后，饥饿使每人都瘦了许多，不少人已出现了浮肿。组内同志情绪低落，工作越来越难做了。我也饿得连夜里做梦都在想吃饭，白天还不敢有丝毫的表露。日子实在太艰苦了。1960 年中秋节时，公社额外给下放干部每人发了一块粗制的糖月饼，大家都用手帕仔细包好舍不得吃，每天仅以舌头舔舔那甜味就似乎很满足了。这在现在的青年人看来是十分可笑，只有亲身经历过的人才能体会到其中的苦与甜。

中央高教部党委得知遂平的实际情况后，也颇后悔把干部下放到这里，但中途撤退是无论如何不行的，那将造成恶劣的影响。怎么办呢？总不能眼看自己的干部饿成那个样子不管吧！办法之一便是每隔一至一个半月把下放干部集中到县城招待所住 7 至 10 天，名为休整，实为休养。部里悄悄从北京以木箱运来米、油、糖果、点心等食物，背着县里干部暗地分给下放干部补充营养，其中浮肿严重的多分一些。此外，还弄来大量葡萄糖、酵母片。说起这酵母片，平时只是助消化用的，这时竟也成了抢手的宝贝，当你感到饥饿时嚼上一片，可起到解馋充饥的作用。遂平县政府的招待所本是一个十分简陋的地方，一间间大平房内放着一溜大通铺，以草褥为垫，衣服为枕，加上一床污秽的棉被。开会没有会议室，大家脱鞋上炕，拥被而坐；吃饭没有饭厅，大家盛一碗糊糊，拿个馒头蹲地而食，却个个吃得那样香，睡得那样甜。大家从乡下来到这里，好像一步登上了天堂。如果没有在公社里那一段又饥又累的日子，又怎能烘托出县招待所生活的美好呢！每当休整结束大家又要回到乡下和老乡一样过着那饿着肚子干活的日子时，谁又能不留恋这个可爱的招待所呢？

因为我们是国家干部，所以有“权”到县城里休整，可以吃到从北京千里迢迢送来的点心、糖果，而老百姓呢，他们又用什么来补充营养呢？每念及此，心情又颇感沉重。他们不仅默默地承受了失去亲人的悲痛，还要勒紧裤带从事日晒雨淋的田间劳动，把希望寄托在丰收的明天。实际上，这时的党中央、毛主席也已觉察到平均主义、大锅饭给农业生产带来的严重损失（实际情况比彭德怀万言书上说的要严重得多），也采取了一系列的纠正措施，但由于种种原因和层层阻力，纠正得一直不够彻底。直到 1978 年党的十一届三中全会以后才得到较好的解决，不过由于后来实行了以生产队为基础的三级所有，解散了公共食堂，加上年景较好，此后未再发生饿死人的现象。

1960 年年底，我们在遂平下放劳动十个月之后，终于回到了北京，浮肿者十有八九。当我在北京车站看到来车站迎接我的丈夫和四个孩子时，竟有恍若隔世之感。孩子们一个个紧紧搂抱着我久久不放。年方 4 岁的小儿子更是抽泣不止，我也顿觉热泪盈眶。回到家中，丈夫老韩早已给我准备好了大筒高级点心，我拿出来和孩子们共享，感到从未有过的香甜。

回想“大跃进”、人民公社化，从万马奔腾、轰轰烈烈开始，到以饿死千万人结束，给党留下了惨痛的教训。从主观上讲，党中央以至全国人民当年都有一种不甘落后、急于“超英赶美”的要求。但欲速则不达，社会发展自有其难以违背的客观规律，这是不以任何人的主观意志为转移的。巨大的挫折，教育了一代共产党人。中国人民终于清除了“左”的影响，大步踏上了改革开放的征程，取得了辉煌的成就。

（原载《文史月刊》，2004 年第 11 期）

五、大炼钢铁的奇迹与悲剧

舒　倜

1958“大跃进”时期的“小土群”运动，虽然只有短短的两三个月，却在共和国的发展史上铭刻下沉重的一笔。当时，我是新华社天津分社和人民日报天津记者站工业记者，亲身经历了那个年代，今天旧事重提，是想为历史留下一点痕迹。

（一）“大跃进”的由来

1957年国际上升起一股反华逆流，形势逼人。10月9日，毛泽东主席在中国共产党八届三中全会的讲话中，提出“反对右倾保守思想，加快建设速度”。

这一年的11月2日到21日，毛泽东主席率中国党政代表团访问苏联，并在出席各国共产党工人党会议期间，针对当年的国际态势和格局，提出了“东风压倒西风”的著名论断，并宣布：我们中国15年可能赶上或超过英国。十

为了十五年赶上并且超过英国。

多天后的12月2日，刘少奇在向中国工会第八次全国代表大会致祝词时，宣布我国要在15年内在钢铁和其他重要工业的产品产量方面赶上或超过英国。

1957年11月13日，《人民日报》发表了题为《发动全民，讨论四十条纲要，掀起农业生产的新高潮》的社论，号召“在生产战线上来一个大的跃进”。第一次向全国人民提出了“大跃进”的口号。关于这个口号，毛泽东主席特地写了一个批语说：“建议把一号博士头衔赠给发明‘跃进’这个伟大口号的那一位（或者几位）科学家”。其实，1957年11月1日的《人民日报》社论——《大跃进的开路先锋》，在醒目的大字标题中，已首创了独具时代风尚的“大跃进”这一短语。

毛泽东主席的批语，使一句短语、一个口号日行万里，风靡全国，转眼之间化作指导人们决策和行动的思想基础，成为“三面红旗”（即总路线、大跃进和人民公社）的第二面红旗。它在激起六亿神州拼搏精神的同时，也为急于求成的“左”倾思潮的进一步发展，以及“假大空”的泛滥成灾，起了推波助澜的作用。30多年来，特别是在最近的一些岁月中，我常想起当年全国人民为改变“一穷二白”的落后面貌呈现出来的那种意气风发、夜以继日、不计报酬的一幅幅动人场景。我亲眼目睹1958年国家投资兴建拥有8座10吨转炉的天津钢厂第二炼钢车间，它的高24公尺、跨度18公尺、面积5000平方公尺的厂房建筑工程，连同上料、炼钢、浇注到运输系统的设备安装工程，在两个多月内就全部建成。那一年，我们新闻界也不甘落后，天津日报社的方放、顾培川和我这几名记者，到一家印染厂采访一条重要新闻，连采访带写稿，在厂里忙了三天两夜，直到张厂长把鸡蛋挂面汤端到嘴边，我们才知道肚子饿了。三天两夜中，我们不但忘了吃饭，连睡觉都忘了，在连续作战的六七十个小时内，眯盹儿加起来也过不了四五个钟头，待回到单位社长室，我把稿子一交给

刷新旧纪录（鞍钢第二炼钢厂青年团结炉的工人创造了大型平炉炉底利用系数10.64全国最高纪录）。

石坚同志，就倒在沙发上睡着了。

“大跃进”局面的形成，以及“大跃进”式的决策思潮的产生，有它极其复杂的国际背景。那一年，甚至包括整个50年代和60年代，美国在对我国实行经济封锁的同时，不仅派遣第七舰队游弋台湾海峡及福建、浙江沿海，对我国实行军事包围，甚至动用了第二次世界大战和侵朝战争中没有动用过的“响尾蛇”导弹，在浙江温州上空击落我飞机一架；美国国务卿杜勒斯在把消灭社会主义阵营的希望寄托在我们第三、第四代人身上的同时，还在1958年的一年之内，4次窜来台湾，与蒋介石集团商定扩大侵略的军事部署，他还公开教唆鼓动说：美国和蒋介石集团“双方任何一方使用武力的问题，将为共同团体议的事项”。于是，蒋介石要“一年准备，二年进攻，三年扫荡，五年成功”。而苏联自苏共“20大”以后，推行强权政治，对我国横施压力，在政治上鼓动反华，经济上趁火打劫，1958年甚至提出与我国建立联合舰队，以及在我

毛泽东在北戴河会议上讲话。

国沿海一带设立长波电台，企图在军事上控制我国。遭到拒绝后，它又增兵边境，进军蒙古，还扬言要摧毁我国的核基地。在控制和反控制的斗争中，两国之间的关系已恶化到兵戎相见的严重程度。

这种“山雨欲来风满楼”的国际背景，给中共中央造成的压力和影响，除了当时听到过的难以证实的小道消息以外，目前只能从毛泽东主席说过的一段话中细心思索了。那是在布加勒斯特会议上，赫鲁晓夫又带头围攻、诬蔑中国共产党以后，毛泽东说的一段话，他说：“实力政策，实力地位，世界上没有不搞实力的。……手中没有一把米，叫鸡都不来。我们处在被轻视的地位，就是钢铁不够。……憋一口气有好处。10 年搞 1 亿吨，上天”。

那一年，就我所接触到的人们来说，上自市里的领导干部，下至街道老大娘、红领巾，也大多是这样的心情，都恨不能一夜之间就超过英国，赶上美国，使自己的社会主义祖国不再受人欺凌，不致被扼杀在摇篮里。人们天天听着福建前线传来的大炮声，三天两头看到的对美帝的“严重警告”，以及压在人们心里的当年的苏联形象，迸发出一种后人难以理解的要与时间争夺未来的拼搏精神，从而创造了种种奇迹，也激励着中央领导追求更高的速度来赶超英国。1958 年 6 月，李富春向中共中央政治局提出的《第二个五年计划要点》的报告中，认为“今年工农业大跃进已成定局，现在看，以钢铁为主的几种主要工业产品的产量，有可能不用三年赶上或超过英国。”在此后不久的 6 月 17 日，薄一波向政治局提出了《两年超过英国》的报告。毛泽东看了这份报告，非常高兴，挥笔批示道：“超过英国，不是 15 年，也不是 7 年，只要 2 年到 3 年，2 年是能的。这里主要是钢。只要 1959 达到 2500 万吨，我们就在钢的产量上超过英国了。”当年，我在新华社内部听了上述内容的传达，心中的兴奋非笔墨所能形容，主动地把自己的采访重点由大直沽、孙庄子的棉纺厂、自行车厂转到了郑庄子的天津钢厂。

这里有必要插进一句，7 月 1 日，刘少奇在石景山发电厂对工人说：“中国进入共产主义。不要好久。你们大多数人可以看到共产主义”。超英赶美，以及“提前”进入共产主义，这两项就是要求“大跃进”的主要标志。

可是钢的产量，光靠书面报告是增不了产的。1957 年的全国钢产量，虽

三槽出钢（世界上最新出钢方法）。

比第一个五年计划头一年——1953年增长296.3%，也不过才535万吨，要达到2500万吨，还差一个8位数！于是，作为党的喉舌的《人民日报》，首先战鼓雷鸣，力促“钢帅升帐”。8月8日，《人民日报》发表社论《土洋并举是加速发展钢铁工业的捷径》，确定了钢铁工业的“元帅”地位，吹起了全党全民向钢铁工业大进军的号角，并提出一年之内要增产1000万吨钢和2000万吨铁。当年，凭着我们记者的感觉，业已明确地意识到，这篇社论决不是空穴来风。果不

跃进中的内蒙古工人（包钢生产企业公司钢筋厂的职工为焦炉加工钢筋）。

其然，8 月 17 日至 30 日，中共中央政治局在北戴河召开了扩大会议，为在第二个五个计划期间“创造向共主义过渡的条件”制定了一系列的大规模的高速度的发展战略，并号召全党全国人民在 1958 年生产 1070 万吨钢。

“吹吹风”的社论，以及北戴河会议的公报，导致人们在认识论上发生了极大的变化，跟着而来的是人的主观能动作用被无条件地夸大了。《人民日报》在 8 月 27 日提出：“人有多大胆，地有多大产”之后，又刊登了新华社的一篇署名报道，鼓动说：“人有多大胆，钢有多大产!”总之，在那一个特定的年月里，诸如“思想有粮就有粮，思想有钢就有钢”，以及“外行一学就会，当天建炉出钢”的鼓动口号，犹如照本宣科一般响彻全国，召唤大炼钢铁“小土群”快马出征，“卫星上天”!那时，我们党有极高的威信，上面这么说，下面就这么干。于是，一声令下“小土群”便席卷全国了。

铸钢锭。

（二）“小土群”的成功与失败

具有时代独特风貌的大办钢铁的“小土群”运动，并不像近来有些文章所议论的那样，在北戴河会议以后的旬日之间就遍及全国，而是经过了一个非常值得探索的阶段之后，或者说，经过了一个相当曲折的过程，才形成全民性的运动的。目前，由于史料的缺乏，难以解开其中的一些疙瘩，只能作如下的叙述，描绘一个大概的历史面貌。

开采硼矿。

9月4日，中共中央为大办钢铁召开了第一次会议——全国各省委市委电话会议。要求到9月15日钢铁生产必须有一个大的跃进。会上，谭震林、彭真传达了毛泽东主席的话说："1100万吨钢，1吨也不能少，少了就是失败"。并特别强调"九月是要命的一个月"。8日，毛泽东主席在最高国务会上发表讲话时，又强调指出："在工业方面，必须首先抓紧钢铁工业和机械工业方面"。10日到29日，毛泽东主席又专程去湖北、安徽、江苏和上海等地视察，他在视察中强调说，发展钢铁工业一定要搞群众运动，什么工作都要搞群众运动，没有群众运动是不行的。

在这一段时间内，"小土群"在报纸上说得很热闹，但据我所知，天津的"小土群"运动，还处在中共天津市委第一书记万晓塘在家中搞试验炉炼钢的实验阶段。甚至到9月10日前后，天津市委号召全民总动员，奋战四个月，以钢为纲，为坚决完成计划而发布的指示中，以及在13日和16日两天，市委召开党员负责干部会议，动员全党全民开展钢铁大战时，都只字未提"小土群"。直到9月15日，中央电话会议限定的这一天，天津市也几无动静。可是就在这一天，河南省出动了360万钢铁大军，采矿、挖煤、炼焦炭，还动员了

全国几千万人上阵，大搞“小（小高炉）、土（土法炼钢铁）、群（群众运动）”。图为山西省故县“小土群”一角。

40多万辆各种运输工具，为钢铁大军运送“粮饷”创造出日产生铁18693.92吨的“奇迹”。消息传来，急坏了《天津日报》，他们派出记者到处寻找线索，才在17日和22日两天的版面上登出了两个“小土群”。一个是天津市织染厂自制半吨小转炉，于15日下午炼出了第一炉钢；一个是河西区税务局与新进炼钢厂职工共同协作，用小平炉作试验，炼出了锰铁。老实说，当年在反映“小土群”的一些数字中，到底掺有多少水分，兴许连当事人都难以说清。严格说来，或准确地说，全国无一例外地大办“小土群”，并形成全民性的高潮，是在9月25日以后。

9月25日这一天，中共中央书记处召开全国各省、市、区电话会议，汇报、研究钢铁生产问题。由于“要命的”9月份的钢铁生产任务实在难以完成，会议责成各省市区都必须力争超额完成，并规定一项硬任务：到30日，全国必须日产钢6万吨、铁10万吨。就是这次电话会议，使大中小并举大办钢铁的路线，改为以“小土群”为主的全民办钢铁路线（见薄一波9月30日的广播讲话）。这样，中央一声令下，仅仅几天的工夫，就迅猛地形成了一个全民性的运动，地无分南北，人无分老幼，工人、农民、店员、干部、学生、战士，直到老大娘和红领巾，可以毫不夸张地说，几乎人人都怀着“让滚滚钢水淹死某国强盗”的决心，披星戴月大炼钢铁。几天工夫，新建炼铁、炼钢的土炉子就达几百万座。据经委主任薄一波9月30日在中央人民广播电台的广播讲话，投入钢铁战线的人员，“已经从过去的几十万人、几百万人，增加到5000多万人，加上其他战线直接的支援人员，大约有1亿人上下。”天津是从9月28日开始，在全市范围内贯彻执行“小土群”方针的，主要搞土法炼钢。我记得首先是从红桥区搞起来的。在往后的两三个月内，曾几次组织夺钢大战，投入人力最多的时候，除钢厂职工外还有100多万人，也就是说，平均每3个天津人中，就有一个人在大炼钢铁。我们新华社天津分社，也在身穿棉袄的时候在院子里砌了一座坩埚炼钢炉，派出五六个人日夜炼钢。有些医院里的大夫、护士也都挤出时间担任炼钢的后勤工作：劈劈柴、砸铁。天津的土法炼钢的炉型，我还能从记忆中找到的有土平炉、土转炉、炒钢炉、大小坩埚以及半土半洋的用耐火砖、石英砂、白泥等做炉衬的自制小转炉，有建在地上的，也有掘地一尺三寸建在地下的炼钢土炉。砌炉的材料更是多种多样了，甚至有用普通红砖砌建的炼钢炉。天津炼钢开始用烟煤，后改用大砟（阳泉块煤）。最先进的用煤量是1斤煤约能炼3斤钢。从全国来说，则是能用煤的用煤，需用木炭的就用木炭。当年的河北省蓟县，有一种用来推广的小土炉，每炼一炉钢烧30斤劈柴，出30多斤钢。1958年全国用土法冶炼的钢约有300万吨，再加上炼铁所需的木炭，致使全国各地山上的森林、平原的树木大批大批地被砍光了。至于一人一天能炼多少钢，当年在天津炼钢指挥部曾作过一次大致接近的统计，在10月29日中午12点到30日中午12点的这一天中，天津有80多万人大炼钢铁，产钢8000多吨，不算间接支援炼钢的人员，平均每100人24小时冶炼1吨钢。可土钢的质量又如何呢？据我当年的所见所闻，不是被吹成了氧化铁，就是被炼成了黄蜂窝，钢碴未除尽，含硫又太高，根据无法利用，只能回炉重炼。只有少数土钢，经过锻打和淬水，还能制成刀斧等日常用具；还有一些数量更小的土钢，可以用来制作切面机和轴承等机器或零件。全国的情况也好不到哪里去。至于土铁，要用它来炼钢，更是困难重重，一言难尽。

当年我采访天津市委第一书记万晓塘，在拍摄他家中的炼钢现场时，见到炉内的钢水发红、发暗，问起大炼钢铁中的质量问题，他的谈话我至今还清晰

家庭妇女也加入了大炼钢铁的行列。

记得这样两句，一句是“质量问题，总是可以解决的嘛。”另一句是“气可鼓不可泄。”问题是直到“小土群”运动终止的那一天，土钢、土铁以及在利用土铁炼钢方面都还没有过好质量关。

这就难怪人们每当提起“小土群”总是议论纷纷，多有指责，责备它不科学。可事情并不如想象得那么简单。作为当年的一名记者，有责任尽可能地还历史一个本来面目。

当年的人们在批评崇洋媚外的同时，十分重视“土”与“洋”的辩证统一。就土法的炼钢炼铁来说，在我国由来已久。且不说远在2000多年前的春秋战国时代，就炼成如干将、莫邪那样的利剑，就说“小土群”意义上的第一座小高炉，便是在古代干将、莫邪铸剑、淬水之处——江苏省苏州市干将坊、匠门塘咫尺之地出现的。1956年冬天，苏州农业机器厂的朱红发、周宝玉两位工人师傅见到国家供应给他们厂的生铁数量不足，便想利用苏州西南的阳山铁矿石自己炼铁。上级知道后，便派他俩参加了当地领导部门组织的一个参观学习团，到四川参观古代沿袭相传下来的土法炼铁。他们见到了山里的师傅们利用山坡地形，用青砖和黏土砌建的炼铁小高炉；还学习了当地师傅们的土法炼钢——烧红当地的土铁，经过锻打，炼成一种硬度极高的纯钢。当地师傅为纪念这种自古从苏州传来的炼钢方法，便起名为“苏钢”。他俩回厂以后，在厂领导的关心与协助下，经过多次的失败和反复的试验，终于在1957年1月建了一座容量为1.2吨的土高炉，每三小时便能炼出一炉合乎要求的生铁。消息传开后，包括鞍山钢铁公司在内的许多单位或地方都派人前去参观学习。特别是1958年7月中旬，刘少奇号召所有工厂不要依赖别人，都应该尽可能地自己炼钢以后，利用土法冶炼铁的现象便大量出现了。据《人民日报》1958年9月14日的一篇社论透露，1958年1月到8月，全国已建成土高炉和小高炉24万多个（社论说的炼铁炉，所列的数字中包含半吨、1吨的洋高炉）。天津市禽卵公司蛋品加工厂的工人，也经过多次失败和反复改进配方，在1958年6月下旬炼出了轻质不锈钢。

人们常说“无风不起浪”，那么问题是出在哪儿呢？其实，炼钢、炼铁不论土法、洋法，都需要操作人员有丰富的经验和熟练的技巧。但据我所知，当年奋战在土炉旁的“师傅”们，绝大多数是纯粹的外行，很多人甚至连钢花都没有见过，单凭着一股子革命热情，又轻信了舆论工具的渲染和阐述，仅仅在“小土群”现场参观学习了一天，甚至几个小时，就以为业已学成，可以出师炼钢了；而且直待钢水铁水注入模子冷却后，才凭眼看手摸去判断它们的质量，这样一来，哪里还能有多大的改进和提高呢？真如心急硬抓热馒头，这才使科学的方法走向了它的反面：不科学，好事落了个坏结果。

可是任何事物的发生与发展、成功与失败，都不会像1+1=2那样简单。当年的中共中央在国际反华逆流的压力和威胁下，也只能涉险学班超，“不入虎穴，焉得虎子”了。这是一种情况。第二种情况是，1958年9月初，冶金工业部特地派出一位处长，率领钢铁研究院和黑色冶金设计院的20多位技术人员专程来津，与天津新兴钢厂的职工合作，采取“三结合”的攻关小组形式，力图攻克洋炉子吃土铁的难关。问题的要害是土铁中矽、锰、铝的含量太低，而硫的含量又太高，转炉用它来炼钢，会使钢水温度低180度左右，而且在冶炼时极难提高。这样大的温度差，严重时会使炉衬因钢水冻结而报废。因此，据我所知，中央做出以“小土群”为主的重大决策，从时间上看，是在攻关小组用土铁炼出2炉钢以后。另一次有关“小土群”的决策，是在10月4日到11月14日召开的全国工业书记会议做出的。这次整整开了42天的书记会议，鉴于在1958年的最后3个月里，现代高炉生产的铁只能满足产钢所需的1/4；平炉、转炉的产钢能力也达不到1070万吨，因而决定：今冬明春要广泛发动群众，把“以钢为纲”的群众运动引向更高阶段，要调整、解决已经暴露出来的问题，对“小土群”进行调整、巩固、提高工作，为迎接明年工业生产更大的跃进而奋斗。

（三）但愿历史不再重演

冶金工业部在天津召开的全国地方土法炼钢现场促进会，任务是介绍转炉利用土铁炼钢的“成功经验”，时间是10月7日至9日。作为一名记者，我在新兴钢厂和会场内外进行了广泛深入的采访，发觉会议介绍推广的在一定范围内行之有效的组织技术措施，以及保持与提高钢水温度的方法，大多缺乏实用价值。据我在现场采访的印象，至少在会议以前，在新兴钢厂的日常炼钢过程中连一次也没有采用过。当年的技术人员和工人，都跟我反映了土铁炼钢中的一个致命弱点：小土炉生产的一炉炉土铁，化学成分极不稳定，任凭是谁，既无力量也无方法去测准那一堆堆来自四面八方的土铁的成分数据：即使用贵重的矽铁当燃料去提高钢水温度，炼出来的钢也因含硫量太高、钢性热脆，而无法轧成钢材。因此，在9日会议结束的当天，我只写了一篇二三百字的动态报道发往总社。

当天午夜时分，北京给石坚副社长打来电话，要我连夜去一趟北京。当我奉命赶到冶金部陈副部长家里时，已是次日凌晨二三点钟了。陈副部长和钢铁司某司长（在我的记忆中好像姓张）接见了我。他们以商量的口气要我重写这篇报道。那时候，我活像初生牛犊不怕虎，连想也不想，便贸然回答说：“全国的情况我不了解，不能写；天津的情况我清楚，不……”，话到嘴边，硬把“不敢写”的后两个字压了回去，改口说成“但也难以下笔。”想一推了之。他俩反复劝我重写。我是抱定宗旨、婉言推辞。当那位司长答应执笔时，我就告辞回到总社。10日早晨九十点钟，我再次到陈府，稿件已赶写出来了。陈副部长见我看过了稿件，就说："你要是没有意见，就签个字。"听了这句话，我半天说不出话来。我十分珍惜作为党的耳目喉舌的记者身份，当我在华东战场上作随军记者时，就已懂得了"客里空"作风的丑恶和危害，今天，在这么重大的事情面前，怎么能跟在人家屁股后面说假话呢？我一边惦量着利害关系，一边找词回答说："这篇稿件，是×司长在陈部长的指导下写成的，没有意见，我一定负责交给总社，并说明是您俩位首长连夜赶出来的，让总社重视。至于签字嘛，我想不签也行。"……

这篇稿件由于在现场采访的记者没有签字同意，总社作为电讯稿刊登在新华社《新闻稿》上，作为电传稿发往全国，这就无形中降低了会议的规格，贬低了会议介绍的经验的重要性。于是，反对"三面红旗"，罪莫大焉！在后来的反"右"倾和"清理阶级队伍"时，彭德怀在仙人洞中"城头"失火，殃及了我这个小小的"池鱼"，天津分社给我扣上一顶能吓死人的"大帽子"，调出天津分社。后来，由于这顶装在档案袋里的"帽子"，又最终地将我调离新闻岗位，到河北省廊坊师范专科学校当一个没有名义的教务工作负责人；而且不知是从什么时候起，我工作还在师专，工资却改由同在一个院子里的天津教师进修学校发放了；进而在二次评选"五好"干部的运动中，上午因为我有病，劳动又少，小组异口同声地给我评了个"四好"，可下午一上班，又专门为我一人开了一次评议会，将"四好"改为"零好"！诸如此类的待遇和事情，多得数也数不清，直到1980年10月，新华社天津分社给我作出平反结论，说那顶"大帽子"是诬蔑不实之词！我才在政治上翻了身。

虽然我有十八年的难堪遭遇，但我还是要平心静气地说一句，"小土群"运动经过几次降温，于1959年4月在上海会议后悄然地最终结束了。这是一场宏伟的全民性的革命运动，也是一场失败了的群众运动。

（原载《文史精华》，1998年第6期）

六、我所经历的“大跃进”

夏升山

1958年是极其特殊和不平凡的一年，下面是本人在这一年亲历的几件事情。

在大队食堂吃饭

一成立人民公社，各村就改称为“大队”，并且为体现人民公社的“一大二公”，兴起了前所未有的“一平二调”和“共产风”。大队食堂在一夜之间改变了原来一到吃饭时候就家家风箱响，全村冒炊烟的景象。各家的粮食不管多少和什么粮色，只要是吃的一律无偿地集中到大队，连账也不记，这样想自己在家做饭吃也办不到了。我当时在老家的昌邑县第一中学读高二，家景因没有劳力和姊妹多，生活比一般人家苦得多。原来放学回家经常是粗粮和地瓜甚至野菜充饥，这下好了，一放学就急忙向大队部跑，到了就有现成的饭吃。我母亲正巧在食堂做饭，因此我不但能吃上一般人吃的饭，偶尔还能吃到留给公

1958年8月，毛泽东视察河南新乡七里营人民公社，指出这是中国农村的方向。

社干部吃的好饭。但好景不长，头两天吃了两顿白面馍馍，不用就菜也香得很（这是平时连富裕家庭也很少吃到的），接下来就吃玉米窝窝头，再过几天就吃高粱面窝窝头。原来能吃上熬的大锅菜，不几天就只有就咸菜。再到后来什么粮食也没有了，全大队的人无论男女老少都吃煮地瓜。由于人的觉悟总是有限，每到吃饭的时候都是抢着吃，地瓜挑大的软的吃。在自己家吃地瓜总要吃得只剩两头的地瓜把，但在食堂就不同了，不好吃的一下就扔到地上，好吃的也只吃中间那一段，把一半甚至三分之二的都扔了，而且每人都是吃个肚儿圆。就这样，地瓜也很快没有了。时间延续到1959年，情况就更严重了。村里积存的仅有的两担地瓜干，不但让公社平调给其他大队，支部书记夏连增还因“隐匿粮食”被撤了职。这时，不知从哪里运来东北制糖厂的肥料甜菜渣子，打得一方一方的，大体有20厘米厚，35厘米宽和半米长一块，但都发了霉。越到中间霉得越厉害，一掰开就飘起一团绿色的霉尘，同时发出一阵刺鼻的霉味，用清水煮出来比药还难吃，一般人难以下咽，宁愿吃谷糠、麦糠、树皮，甚至玉米秆和豆叶做的“点心”也不吃它。好在我口很壮，就是靠吃这个活了过来。

父亲被打成右派

1958年，是1957年整风运动反右的延续，叫整风补课。7月份全县的小学领导都集中在我的母校以封闭的方式帮助党整风，大门紧闭，不经允许不放任何人出入。我母亲是一个识不了几个字的农村妇女，但她社会经验很丰富。在开会之前，她针对父亲好较真、好提意见的毛病，一遍一遍地嘱咐他不要提意见，不要多说话。父亲是听话了，在两个多月的时间里，任凭怎么动员要他积极给党提意见，就是不开口。但随着反右期限的临近，压力越来越大。在他那个组，领导讲话了：“有的人，还是领导干部，是校长，从开会至今，就是不说话，不积极给党提意见，这是什么态度！”这一下父亲沉不住气了。他斟酌再三，小心翼翼地、简单地提了三条意见：一、解放后，农民的生活得到了很大的改善，出外要饭的少了，吃糠咽菜的少了；但有少数偏僻地区，还有的农民生活仍然很困难，希望政府进一步抓好这些地区的生产、改善他们的生活。二、最近几年，我县的教育发展很快，大批农村孩子有学上了，但有少数孩子因家庭困难，到了上学的年龄仍不能上学，希望政府重视这部分孩子的上学问题，帮助当地尽量克服困难，办起学校，让还没有上学的孩子也能上学。三、大部分乡村干部都深入到下面搞调查研究，关心广大群众的困难和疾苦，但有少数干部不够深入，作风不踏实，以后要加强干部的作风建设。这几条意见，无论从哪个角度讲，应该说是无懈可击的、一分为二的、符合实际的和善意的。但是他发言以后，似乎没有进行任何的研究和分析，马上被宣布成为右派。校长被即刻免去，工资从五十多块降成了三十多块，留在学校监督劳动改造。有一段时间，他被调到离我家仅13里地的李家埠小学一边上课一边劳改。有一次我骑自行车去那个学校给父亲送《毛选》，正碰到一个人为了一件小事站在我父亲对面用手指点着我父亲的额头大声地呵斥。我早就听说这人对我父亲处处发坏，弄得村里的老百姓都看不下去。我又看到这个情形，哪里忍得住，就痛快淋漓地大骂了他一顿，还当着其他教师的面揭了他的老底，警告他有好多同学早就想收拾他，告诉他不要欺人太甚。这一次是我太冲动，心想这事可能给父亲和自己惹下大麻烦，但想不到的是从此父亲的境遇稍好了一点。

我本村还有一个叫夏以铨的，也是一个小学的校长，家里是中农。这人比我父亲年轻，但很世故，还是一个小组的组长。在反右补课即将结束时，县上的一位负责干部找他谈话，说他们这个组没有完成反右的任务，怎么办呢，那个干部给他出了个主意，让他自己暂时顶替一下，报上去，开完会以后马上给他“摘帽”。但这一顶却弄假成真，一下就当了十几年的右派，个人和家庭为此付出了沉重的代价。

我正式得知父亲被打成右派是在学校。一天，校团委书记把我和我们团支部委员共五人叫到她的办公室，一坐下来就让我谈谈对我父亲的认识。我说，父亲一辈子搞教育，是个称职的教师和校长，工作认真勤奋，各方面反映很好。我们家是贫农，共产党分给土地，并让我父亲参加了工作，还吃过政府的救济。因此他很感激共产党，连自己用的书和本子都写上“毛主席万岁”和“跟共产党走”。我一说完，刘书记说我的父亲是右派，我与父亲划不清界限。当时就宣布我的团支部书记被撤职。

父亲被打成右派以后，受尽了凌辱，精神上受到很大刺激，不得不于1962年退职回家，1974年就去世了。我的兄弟姊妹四人都因他的问题在升学、就业、参军、提干等各方面受到了很大影响。我虽然高考成绩已经超过了清华大学的录取分数线，却因为在我的高考档案上，已盖上了一个长方形的章“不得报考国家重点大学”，而不得不上了山东工程学院。

丰产不丰收

在我的记忆中，1958年是“老天爷”最为农民着想的一年，庄稼也长得很好。地瓜个头特别大，一半露到地面以上，用脚一踢就能滚出来。白菜长得也十分喜人，本来昌邑的白菜不亚于胶县的大白菜，很出名，而这一年又出奇的长，一棵白菜一个儿童都提不起来。未收获的白菜卷得结结实实，小学生可以踩在上面走路。但秋天临近收获的时候，人们却只顾大炼钢铁，不去收获它，让它几乎全部烂在地里。只记得当时拉着地排车运送铁矿石，走在农田间的小路上，脚底下的大棒子和地瓜蛋滚来滚去，谁也不去管它。如果这一年能抽出少许时间收一下到手边的粮食，相信“三年自然灾害”不会让那么多人遭受那样的饥荒。第二年春天人们没有饭吃的时候，有许多人才记起到地里挖那些已经腐烂的地瓜吃。

亩产20万斤小麦的实践

当时农业上掀起的宣传就像我们一下子进入了另一个星球或世界。在“人有多大胆，地有多大产”的鼓噪下，一些极不可能的事情伴着“阶级斗争”的政治压力试图硬性地压进一切人脑子里，左右每一个人的行为。当时的党报上就有这样的漫画：稻子长得比树还高，两个人合伙拉着大锯，挥汗如雨地像锯大树一样在锯一棵稻子。掰玉米要搭起高高的梯子，玉米棒棰的个头比人还大。但可悲的是，这不是浪漫主义的文艺作品，而是要人们必须承认这是当时就可以实现的现实。

我当时所在的昌邑一中也在进行着同样的实践：一定要搞出亩产20万斤的麦田。在实施这项工程之前，学校全体师生先进行全日制的大辩论。每一个教室都把课桌和凳子叠在教室一头，谁也不许坐，全班人就在高凹不平的教室地面（泥土的）上或坐或站，为能不能实现亩产20万斤发表意见。记得开始认为能达到的占少数。但一些心眼很活的人，一开始就不假思索地站到“能”的一方，当然是“对”和“值得学习”的一方。相反有一些特认真的“书呆子”，还实际测出麦子的比重，算一算用麻袋把麦子装起来，摆一亩地也摆不开。有一些人开始保持沉默。但是领导宣布，有一个人认为达不到也不开工。当时似乎还讲了一些科学理论，谈到钱学森的什么理论，麦子的须根有多长和光合作用等，但谁也拿不出定量的有力的东西。倒是政治上的“坚定性”起了关键的作用。渐渐使人们觉得谁认为不能，就是不相信党的领导，不相信“科学”，是思想有严重问题。这样，渐渐地认为不能的人越来越少。记得我是坚持到最后的两三个人之一，但是看到为了我们几个小小的老顽固耽误全班人的时间，最后我们也违心地表态想“通”了，承认只要各种措施都做到，亩产 20 万斤是可以实现的。紧接着，全校所有的人都站到了“能”的一边。

在这个基础上，开始了全校为亩产 20 万斤小麦的近乎狂热的战斗。全校 1000 多名学生先是到处弄肥，除了到处挖厕所，每个班还按分配的指标拾了几个月的粪。在学校后面的空地上，码起来的粪面积像教室那样大。麦田的地点就选在我们学校南边大操场前的大道上。这条道是处在一条很深的沟的底部，当时有一个测量的数字，但现在记不清了。实际深度决不止两层楼的高度。为了确保产量，从地里挖土，一层土一层粪地往上填，直到填平又比沟边的地面还高出一米。然后就用水泵从地边的大湾里向地里浇水，昼夜不停地浇了十天，然后是播种，一个畦子约一米多宽，原来弄来几麻袋种子，但就只有一亩地，已经均匀地撒了一层，再也无法撒了为止，大约用了 300 斤种子。

为了防止“阶级敌人”破坏，从播上种的那一天起就昼夜轮流给这块地站岗。而且不能在远处的教室，而要围着麦田巡逻。我也曾为此挨了不少冻。这样一直坚持到收获。出苗时，整个地皮被麦芽顶了起来，经过研究和请示，不得不中间担上板子，人们蹲在板子上，用针锥一点一点地把土投下去，帮着麦芽见到天日。冬天没有发生大的问题，但到了春天，麦子分蘖和生长时，又发生了危机。老百姓的麦田长得很正常，而我们的麦子先是发黄，最底下叶子开始腐烂，伸手到麦子底下都热得很，同时发出一股重重的霉味。不知是采纳了谁的建议，不得不给麦子间苗。这在农村恐怕也是一项创举。大约薅去了四分之三的麦苗，这才解了全面腐烂之忧。接下来的问题是麦苗就像得了软骨病，直不起身来，不知又是采纳了哪位“专家”的建议，在麦田里给麦苗用竹披子扎上了密密麻麻的“脚手架”，约 200 毫米一格，把麦苗“扶”起来。

好歹到收获的季节，看起来，我们的麦子的确长得比别人的高出许多，当然也密得多。经过仔细地收割、脱粒，据说这一亩地共收了 600 多市斤。这一产量差不多是当时亩产量的两倍多。适逢昌邑县刚刚建起了县里最宏伟的农业展览馆，在迎门的地方，就摆着用红绸子捆着的我们的一捆麦子。

这样当“炼钢工人”

在大炼钢铁的几个月里，全校师生都一齐在一夜之间成了“炼钢工人”。不用出外学习，不用理论培训，甚至也不需要技术人员。在学校大操场上，每隔两三米就垒一个“炼铁炉”。外形和内部结构酷似淄博地区前几年每家都有的用来取暖和做饭的炉子。因为这种炉子一脚就可以踢倒，所以又名“一脚蹬”。炼铁用的矿石是本县南部的北蒙一带产的，煤是从海坊的坊子地区拉的。运输这些东西没有现代的运输工具，最先进的是地排车。我们昼夜鏖战，记得拉着地排车一边走着就一边晃晃悠悠地睡过去。拉来的矿石要用手锤砸碎，一直砸到大约直径一厘米左右。在教室和走廊上，一堆七八个同学围坐在一起砸啊砸，一开始还有人说话，渐渐地人们乏得只顾打盹，手机械地上下运动着，砸到什么地方也不知道。但是没有人通知休息谁也不敢停下，把人的潜能发挥到最大极限。当时所有参加炼铁的人，没有一个人能说炼铁要多高的温度，因此也没有测量炉膛和铁水（压根就没有铁水淌出来）的仪器，更不晓得如何控制和测量碳、硫、硅、磷等元素。当把炼铁的炉子蹬倒以后，人们找到的只是像有烟煤燃烧后的炉渣一样的东西，但谁也不敢说这不是铁，那样会酿成自己对群众运动态度的政治问题。但人们也会找下台阶的办法，给它起了个好听的名字——海绵铁。说这样到大炼钢厂可以很容易炼成钢。但真正了解炼钢的人都很明白，这不但是糟蹋了矿石，还给炼钢厂添了大麻烦。如能炼出“海绵铁”还是好的，有的炼一通则什么也找不出来。到后来，为了出成绩，有人就想出了以铁炼铁的办法。让同学到处弄废铁填到炉子里炼。最后弄不到废铁就让同学拿自己家的锅和鏊子“炼铁”。因为迫于政治压力，谁也不敢不回家拿。我家里穷，唯一的铁就是天天要用的农具上的铁和锅、鏊子。对于一个农民来讲，这些东西比现在家里的大件家电还重要。我如正面向母亲要这些东西肯定是不行的。就在一天的半夜回家把家里唯一的鏊子偷拿到学校。但随着时间的流逝，无论高调怎么唱，还是把真铁炼成了炉渣，最后只得不了了之。

到了1958年的后期，尽管又提出了许多让人们大干再大干的口号，如过春节时“吃了饺子再大干”，在锄“包干”地时，为了应付检查，人们只锄道路边的一段地头，里面的则任其杂草生；在夜里打机井时，打井的人只是躺在玉米地里喊号子，让从路边经过检查工作的干部一听像是在干活。这些疲态在许多方面都显现出来。

（原载《春秋》，2003 年第 1 期）

七、“大跃进”年代的一桩奇闻

夏隆德

1958 年的“大跃进”高潮中，以高指标、瞎指挥、浮夸风和“共产风”为特色的“左”倾错误严重泛滥，出现了许多不切实际的口号和所谓的“奇迹”，我亲身经历的一桩奇闻就可以形象地说明这一点。

那时，我在山东省五莲县五莲大众报当记者。一天，突然接到高泽人民公社的电话称：该公社三教堂养猪场，一头母猪放出高产卫星，一胎竟产下 36 头小猪崽。这一消息令人备感新鲜与振奋，报社领导随即派我前去采访。采访途中，我思绪万千，一方面感到“大跃进”年代果真能出新鲜事和奇迹；另一方面，心中不免出现疑团。以往只晓得一头母猪一胎最多产 12—13 头猪崽，怎么现在的母猪一胎竟能产下 36 头猪崽呢？进而想到，作为记者要跟上时代步伐，要奏响时代最强音，应及时宣传报道跃进年代出现的新鲜事和奇迹。到达三教堂养猪场后，我很快拜访了该场支部书记兼场长，寒暄几句后，他在简要介绍猪场规模及职工人数后，重点介绍了母猪高产放卫星的经验。为了看个虚实，我提议亲自去看看那头高产母猪及其产的猪崽。场长很高兴地领我到了高产母猪圈内，我看到有两个姑娘在那头母猪跟前不停地摆弄小猪崽，场长立即说：她们不停地摆弄猪崽是因猪崽多了怕被母猪压死。为了证实猪崽实际数字，我当即让两个姑娘帮我认真查数，经过一阵忙碌，正好是36个猪崽，这就解除了我自己的疑团。我记得当场拍摄了三张照片。一张为母猪与猪崽的合照；一张单为36个猪崽的拍照；一张拍摄了两个姑娘精心饲养与护理母猪及猪崽的场面。我自认为这次采访收获颇丰，回到报社立即将文字消息和图片报道发表在《五莲大众》报上。与此同时，中共五莲县委还立即将三教堂养猪场母猪高产放卫星的喜讯，向中共中央农村工作部报捷，中央农村工作部立即回电表示祝贺。报纸在套红标题下发表了贺电全文。县委责令县广播站，向全县人民反复播放三教堂养猪场母猪高产放卫星的大喜讯以及中共中央农村工作部的贺电全文。

三教堂养猪场母猪高产放卫星的喜讯，约过去了三个多月的时间，该场又传来了另一头母猪再创高产的喜讯，高泽公社打给报社报捷的电话称：三教堂养猪场一头母猪一胎产下62头猪崽，创历史最高纪录。这一特大的喜讯，自然也震动了县委、县政府的领导，报社再次派我赶快采访报道。我对这桩奇事感受更多的是惊疑，如果真的产下62个猪崽，那么一个猪崽可能比刚产的小耗子大不了多少？我带着这一疑团赶到了猪场场部。与上次采访一样，那位场长热情地接待了我。当我问及场部采取了什么科学方法，使母猪连续两次放出了高产卫星？场长当即胸有成竹地向我介绍了母猪高产放卫星的四条经验：①书记挂帅，思想领先，用毛泽东思想教育全场职工，提高对搞好养猪事业的认识；②要敢字当头，树立敢想敢干的思想，胆大就能创高产；③搞好管理，精心饲养，促使母猪早长、快长、早发情；④运用多头种公猪科学配种法。所谓科学配种法即：当一头母猪发情后，采用6—7头种公猪轮流与母猪交配。

听了场领导的介绍后，我一时语塞，因为我想起一位兽医对我谈过，一头母猪发情期排卵不超过20个，连上次一头母猪产36头猪崽都不可能，这次怎么又可能一胎产下62头猪崽呢？这是不是太违背常规了？场长看到我情绪有点异样，好像已意识到了什么，便说：我们养猪场有个口号是对新鲜事物或出现的奇迹，不通就辩（大辩论），不信就看，咱们一同去猪圈内实际察看一下猪崽就会明白了，说着我们一同到了那头高产母猪猪圈内，我看到母猪身边黑压压的一大堆小猪崽，和上次一样仍有两个饲养姑娘守候在母猪身边，不停地摆弄着小猪崽，两个姑娘帮我费了好大的劲，才将62头猪崽数了一遍。虽然数字对了，但我心中疑团更增大了，因每个猪崽近一市斤，加起来约有60斤重，这一堆猪崽体积约占母猪的五分之二强，这头母猪能产下这么多猪崽吗？当时作为记者的我，疑虑虽大却不能乱说，尤其在那特殊的政治气候下更不敢多言，我只好简单地应酬了几句，就匆忙赶回报社，此事的消息报道连同62头猪崽的图片刊登在次日出版的《五莲大众》报上（遗憾的是两次所拍的猪崽照片因工作多次变动均已丢失）。与此同时，县委像上次一样，将三教堂养猪场又一次母猪高产的特大喜讯向中共中央农村工作部报捷。这一次，中央农村工作部未再发来贺电。

这个养猪场两次放高产卫星后，全县各公社养猪场都纷纷派人去该场参观取经，一时间成为人们议论的话题。

1960年到1961年初，中共中央多次向各省（市）、区党委发出了彻底纠正“五风”问题指示，指示主要内容是必须在几个月内下决心彻底纠正“共产风”、“浮夸风”、“命令风”、干部“特殊风”和生产“瞎指挥风”，而以纠正“共产风”为重点。这一指示还特别强调，现在是下决心纠正错误的时候了，只要情况明、决心大、方法对，又把政策交给群众，几个月时间就可以使局面转变过来。

山东省是“五风”重灾区之一，中央派国务院副总理陈毅和华东局第二书记曾希圣到山东检查指导开展反“五风”工作。

五莲县委遵照中央、省、地委指示，于1961春节后召开了全县四级干部（县、公社、大、小队）大会。会议充分发扬民主，让大家讲真话，与会人员将憋了几年的心里话终于说了出来。高泽公社三教堂养猪场的与会人员，通过摆“五风”表现，披露该场领导人搞浮夸，弄虚作假、欺骗上级的手法，揭开了母猪放高产卫星的事实真相。

第一次放的一头母猪产崽36头的卫星，是场长令两名女饲养员，将产仔相差一两天的四头母猪所产的36头猪崽集中在一起，场长当即向全场职工宣布一头猪产崽36头，放出了高产卫星，并向公社及县委报捷。场长还在职工及党、团员大会上宣布：如谁走漏风声就处分谁。一般职工开除回家，是党、团员的开除党、团籍。

场长放了这次高产卫星后，受到了公社及县委的表扬，但他仍觉不过瘾，于是如法炮制，又将6头母猪所产的62头猪崽集中在一起，向上级报捷。

场长争了个人荣誉，但却苦了几位饲养员，她们在将几头母猪所产猪崽集中前，须在猪崽身上分别作好标点，以防母猪咬死非自己产的猪崽。上级领导或参观者来时，她们趁场领导介绍情况间隙，赶忙把几头母猪所产猪崽集中到放卫星的母猪身边，这期间她们在母猪身边不停地摆弄猪崽，以免猪崽被母猪咬死或压死。待上级领导或参观者走后，她们又急匆匆地将猪崽送回猪身边。

与会者的揭摆，使三教堂养猪场两次所放母猪“高产”卫星的事实真相大白，人们心中的疑团也就烟消云散了。

（原载《纵横》，2000年第1期）

八、关于“体育大跃进”的回忆与思考

辛建领

一说到“大跃进”，人们自然会想到那近乎疯狂的“人有多大胆、地有多高产”、“超英赶美”等“豪言壮语”，想起那热火朝天的岁月。那是关于工农业生产方面的；但体育怎么个“跃进”法？人们，特别是年轻人恐怕很难理解吧。请莫性急，且听在下慢慢道来。

先介绍当时在我校极被推崇，由本校同学创作的一首歌谣（当时学校掀起了“千篇文章万首诗”的运动）：

人人要学陈镜开，
人人要做郑凤荣。
举起喜玛拉雅山，
跨过珠穆朗玛峰。

（歌中的陈、郑二位，是当时刚刚创造了男子举重和女子跳高世界纪录的）读了这首歌谣，您大概总会感受到那时火辣辣的气氛了吧？

那是上个世纪第五十八年的七月上、中旬吧，当时学校的书记兼校长去外地开会，带回来一面锦旗，旗上绣着“全国体育运动红旗校”。体育运动红旗，而且是“全国”的！面对这样的荣誉，谁能不激情澎湃、热血沸腾呢！然而，这红旗怎么擎下去呢？于是经过一番思考之后，学校领导向全校师生提出了问题：咱们学校的体育运动，能不能来个大跃进？比如说，咱们的劳卫制锻炼能不能百分之百地达标？

且说这劳卫制标准是有硬指标的，如百公尺跑成绩是多少，跳高能跳多高，铁饼能投掷多远，等等，那是十分严格的！据教体育的老师估计，在一个普通班里，能有15%的人达到三级就很不错了；可如今要100%地达标，难呀，难！如今这个天大的难字，就降临到全校师生尤其是在下的头上了。因为我当时所带的班是全校体育运动方面的尖子班，入校两年来，一年两次田径运动会，都是男女总分第一名。这样的班，理所当然地应该首先达标，否则就有被当做“白旗”拔掉的危险！您说，我这个班主任的日子能好过？在这样的背景下，上报说已经达标，那显然是吹牛；不报呢，你这个尖子班是怎么带的？你们尖子班不带头，一般班级怎么办？那日子可真不好过！

后来班里的体育委员悄悄对我说，“老师，咱们不报不行了！我看还是先报上去；要出了问题，就说我没跟您商量——我一个学生，怕什么！”稍停了一下，又说：“反正是咱们自己测验”。我十分、十分感谢他的勇气，但我怎么能让一个学生单独负起这个责任呢。如果那样，我还有什么脸面面对班里的同学！可是冒险上报吧，却实在是心虚。后来忽然想起“反正是咱们自己测验”的话——于是我一咬牙，豁出去！报！

我们上报以后，一天内全校就全部“达标”了。随后劳卫制二级、一级运动员也都“实现”了100%达标的目的。于是，全校一片欢腾，欢庆体育大跃进的辉煌成果。而此时我的心里便不再恐慌，甚至是相当平静了——反正大家都是在说谎。

回头再说一说自测的秘密，那是很有点“创造”的。比如测短跑吧，一般都是在晚上（因为白天或是要上课，或是大炼钢铁）没有光亮时进行，起跑点发令员挥手时终点记时员是根本看不见的，只好击掌发令。而具体操作起来，都是先让被测者跑出十几、二十米然后击掌，那成绩自然就达标有余了（听说还无数次地打破全国记录呢）。再比如投掷铅球，高中学生本该用十六磅的，但自测时却改用八磅的，等等。反正上边要的只是数字，只要想法造出来就行了。你上边弄虚作假，下面自然就发挥“创造性”了，不是吗？学生是向先生（首先是领导）学来的，而且大有青出于蓝而胜于蓝的味道呢！

事情虽过去四五十年了，但至今回想起来，依然有些耳热心跳。因为那毕竟是行骗呀！何况是在众目睽睽之下呢！当然，在那些人人“力争上游”的日子里，像我一样骗人的大有人在。然而行骗就是行骗，岂有他哉！

有人说，那不过是一场闹剧。但我以为，看成一场悲剧也许更确切吧！因为那是领导和教师们在给学生示范，教给他们如何用极不光彩的手段对待现实生活——这难道不会给社会带来负面影响吗？那简直是犯罪！

已矣乎，往事不可追了。但我们应当从中吸取什么教训呢？今后我们能否防止类似的悲剧重演呢？那可是应该深长思之的呀！

（原载《山东教育》，2003 年第 4 期）

九、“扫盲大跃进”亲历记

孟祥才

1958年7月下旬，我正在山东临沂北老屯村家中度暑假，天天同社员一起下地干活。有一天刚吃过早饭，大队长找到我说：“今天上午公社召开扫盲誓师大会，你就不要下地干活了，带几个学生去开会，回来咱们商量怎么扫盲。”当时我这个高二的学生在全村是最高学历，参加扫除文盲的活动是责无旁贷。于是，我急忙找了四五个中学生，一起赶到五里之外的公社驻地付庄。

进入公社大院，只见刚刚搭建的主席台上红旗招展，旁边几个年轻人起劲地敲打锣鼓。院内墙壁上贴着大字标语：“工业大跃进！农业大跃进！扫盲也要大跃进！”“苦战三个月，扫除全公社文盲！”大约九时，誓师大会开始，公社书记作动员报告，大讲了一通扫除文盲的意义，号召全公社敢想敢干，一定在三个月内将文盲扫光，每人都能识字三千，达到熟练的读书看报的水平。接着，文教助理将扫盲的组织领导、工作步骤、检查验收等有关事宜做了布置，最后是几个大队代表表决心，调子出奇地一致，都是保证超前完成任务。

散会后回村的路上，我心里直打鼓：小孩子6年小学毕业，还不一定能顺顺当当地读书看报。现在正值夏季，农活挺多，组织文盲识字一无时间，二

文盲成了作家（河南省登封县农民作家范海亮（右）把他的作品读给别人听）。

无教材，要求三个月扫光文盲，简直是开玩笑。我回村就找大队长汇报，讲了许多困难，表示三个月无法完成扫盲任务。大队长是我的同姓长辈，他苦笑着说："现在什么都跃进，上面怎么布置，咱就怎么干。反正别人能完成，咱也能完成。"他要我立即向全村广播，要求全村50岁以下的青壮年文盲，不分男女，从明天起，以小队为单位，利用午饭后时间，各自找一片树荫，学识字一小时，然后再干活。当天下午，我就召集全村八九个初中生开会，要求每人包一个小队，以小学语文课本作教材，以一块小黑板作教具，自找场地，从明天起，利用午休时间，开展扫盲教学活动。

第二天中午，我"巡视"了全村八九个树荫下的教学点。这些点上，多则二三十人，少则十几人，都在老师的带领下认认真真地看着黑板学识字。当时我很兴奋，心想，虽然三个月完成扫盲任务有困难，但只要这样坚持下去，让文盲识些字还是不成问题的。识字教学进行到第四天中午，我正在一个教学点上教社员识字，大队长心急火燎地找到我，说："坏了！咱们大队的扫盲落后了。人家付庄大队，上午开完誓师大会，下午就向公社报捷，说他们已经完成了扫盲任务。你快去大队办公室，用红纸写一份报捷的喜报，就说我们大队经过苦干加巧干，也超前完成了扫盲任务。然后找几个年轻人，敲锣打鼓将喜报送到公社。"他看我吃惊的样子，不容置疑地说："快去办！再不快点，咱就更落后了。”

我只得按照他的要求写了“喜报”，于当日下午四时左右敲锣打鼓送到公社大院，受到公社副社长、文教助理、团委书记的接待。他们接受了我们送去的“喜报”，说了些“继续努力，巩固成绩”之类的话。回过身来，我环视公社大院，看到四面墙上贴满了报捷的“喜报”，全公社的大多数生产大队都在我们之前报了捷，我们真是有点落后了。

回村后我向队长汇报了报捷情况，谈到怕公社检查露馅时，队长说：“不用担心，我估计十之八九不会检查。为防万一，你把全村上过小学和初中的人列个名单，让他们随时预备应付检查。”以后，我们又组织了几次识字教学活动。由于已经报捷，组织者和参加者都没了积极性，“扫盲大跃进”也就结束了。

平心而论，“扫盲大跃进”不过是整个“大跃进”中微不足道的一出小小的闹剧，但它却具备“大跃进”中荒唐事件的基本特征：上面下面一齐吹牛、造假，彼此心照不宣而又装得煞有介事。

（原载《新长征》，2007 年第 3 期）

十、我经历过的“大跃进”片段

周庆元

1958年至1960年，我的家乡望留一带处在“大跃进”的年代。“大跃进”开始那年，我12岁，是小学五年级学生。当时，我参加过一些活动，目睹了一些荒唐现象，也尝过“大跃进”的苦头。

我们那一带“大跃进”，首先是从农业开始的。解放以后党在解决人民吃饭问题上取得一些成绩，但粮荒问题并未彻底解决，春荒尤重。从1956年开始，许多社员卖木料、家具及家具上的铜件，换钱后到潍坊市区饭店排队买饭吃。有的买着了，有的排号在后没买着，饿着肚子回去（什物卖完和买饭凭粮票后，此现象消失）。人们都想找解决吃饭问题的出路，最后，找到了农业生产“大跃进”。后来我才知道，1957年党的八届三中全会制定《农业发展纲要》本身就奠定了“大跃进”的思想基础，尔后掀起的农田水利建设运动，实际上是吹响了“大跃进”的号角。

进入“共产主义小学”

在“跑步进入共产主义”的狂潮中，我所在的学校开办了所谓的共产主义小学。“共产主义小学”的主要表现形式是学生集体食宿，吃饭不要钱。集体食宿，睡的是地铺，被子自带。我是带着好奇心参加“共产主义小学”的，我认为共产主义真的快到了，一切将由国家供给。实际上，当时农村小学根本不具备集体食宿的条件，比如当时农户大多数几口人盖一床被子，几乎没有褥子，我把一床被子带到学校，家中至少有两人无被子盖。

我们的宿舍安排在一排类似工棚的破房子内，因为初秋，虽四面透风，但并不觉得冷。开始，饭由各村的集体食堂炊事员挑送到学校院内，各村学生吃各村的，基本上是煮地瓜。后来，学校到各村筹粮，饮食由学校统一供给。学校只有一位炊工，后来又从农村找了一位帮工，但用风箱等原始的炊具做教师和这么多学生的饭，实在勉强，学生喝不上开水是常事。学生的伙食，仍然主要是地瓜或瓜果，没有菜，连咸菜也没有，有时晚饭偶尔能喝上粥。

此后，高年级学生（四年级以上）便经常被命令停课，参加“大跃进”运动——干农活或到钢铁基地劳动，夜间参加劳动的次数越来越多。在钢铁基地上，人喊马嘶，热火朝天。我们五年级学生去钢铁基地干了几次活儿，其中两次是在晚上，我们主要是用黏土做坩埚，有力气的还被指派去砸矿石、抬煤等。老师们有的在工地上干，有的用自行车到百里以外去带矿石，他们常常夜间得不到休息，有一名男教师，身强力壮，专司为土炉子拉风箱，据说已三天三夜未合眼，但炉子里就是化不出铁水。夜间，他拉的风箱节奏越来越慢，后来风箱“呱嗒”、“呱嗒”之声终于停止，一位监督人员（据说是公安口的）听到风箱声停，立即转过去察看，见那位教师双手扶着风箱拉手，头靠在手上，睡熟了，监督人员大喊：“谁让你睡觉？快干！”立时，“呱嗒”之声大作，但不一会儿，响声又慢了下来，“呱嗒”之声再次停止……我们班干的农活，主要是秋收：割豆子，出地瓜，晒、拾地瓜干，拔菸桔等等，晚上常折腾到大半夜，第二天，课堂上大多数人瞌睡，况且，教师夜里劳动的次数比学生还多，第二天也根本上不好课。1958年成为解放以后“文革”以前学生学习水平最差的一年（春天反右斗争停课40多天，后来则是参加“大跃进”运动）。

天气越来越冷，简易的宿舍挡不住风雪，有些人患了感冒，没有医疗条件，大多数感冒者是“靠”好的。因就近无厕所，学校给男生宿舍配备了大尿罐，但人多尿多，黎明时尿水四溢，一部分流到铺边，一部分渗入地下，尿臊味经久不衰。再后，天更冷，尿罐内夜间结冰，而小便者不断，尿水更是泛滥成“灾”。

1958年12月，学校伙房粮食吃紧，“共产主义小学”的伙食已濒临绝境。一天夜里，男生宿舍学生突然群体性地大哭不止（原因不详），教师闻声赶来，学生像得了救星一样将老师团团抱住，哽哽咽咽，直至天亮。其后，这部分学生的宿舍搬至教室。又过了几天。学校宣布“共产主义小学”暂停，住宿生回家食宿。后来听说“共产主义小学”停办是上级布置的，属纠正“五风”的措施之一。

吃集体食堂

我所在的村子，一百三四十户人家，1000多口人，分六个生产小队。为适应当时生产的“需要”，在上级一再催促下，村里办起了一个食堂，后又增办了一个，这样，三个生产小队吃一个食堂。但两个食堂后来几次分、合，全村六个生产小队吃一个食堂的时间较多。不久，为支援“大炼钢铁”，各户除农具以外的铁器都交了出去，尤其不准留下铁锅，这样，人们也只有吃食堂这一条路了。我村的食堂从1958年秋天一直办到了1960年夏天，中间时有停顿。如果说大办食堂开始有些人还有积极性，那么几个月后，人们剩下的只有“失望”二字。

当时，没有现成的房子，现腾出来的几间草房，谈不上“饮食卫生”。没有熟练的炊工，现凑起来的人，煮地瓜、蒸窝窝头尚可，不会做细食，何况当时也没有做细食的面粉，生活单调可想而知。那时还没有成规模的菜园，食油也不多，故集体食堂基本上不炒菜。尽管如此，前几个月还能吃饱，而且有时早上还能喝上粥。但到了1959年，村内粮食告罄，人们连“吃伤了”的地瓜、瓜干也难吃到，村内食堂处于半关闭状态。

广东番顺县龙山公社社员在公共食堂吃饭。这种形式曾风行一时，因不切实际，很快就难以为继。

三个生产小队或六个生产小队吃一个食堂，人们大量的时间浪费在走路和排队挨号上。由于缺煤少柴，有时开饭误点，时间浪费则更多，这就直接影响到出工时间。1959年，由于缺粮，村里采取按成年人、儿童、整劳力、半劳力、幼儿等条件确定各户打饭数量，马上就出现了部分干部和炊事人员多吃、偷吃现象，干群关系、伙房人员与社员关系日趋紧张。

（一）藏锅风波

村里收缴钢铁器物，是在食堂办起来之后。收缴钢铁，尤其是饭锅，发动中夹杂着强迫。理由很简单：“夺钢、保钢，人人有责！”“都吃食堂了，自己留着锅干什么？”我家那时有两口锅，大的七印，小的五印。上缴时，我家只交出了大的，小锅被藏在柴禾堆里了，村干部来搜了好几次都没找到。于是，他们取消了我家“吃食堂”资格，不准伙房打给我们饭。质问“为什么”，他们回答是“你们自己知道！”看着实在无法，我只好把藏了的锅取出，交给了大队，但已饿了两顿饭。交锅时，我是用头顶着去的。到了那里。我说：“我给你们送来！”然后把锅狠狠摔在废铁堆上，锅被摔破。他们先是吓了一跳，后把我骂了一通，但没打我。

（二）过年饺子

1959年春节，村里发给每人一斤面粉，好像还供应了一点猪肉——这在当时已相当不易——各户自己在家包饺子。没有白菜。大多数户用胡萝卜做馅。没有锅，人们都到食堂下饺子，你下完我下，一户一户挨着来。下完饺子的户。还可分一舀水饺汤，用水瓢之类盛了，端回家喝着吃饺子。未挨着号的，眼馋得望着人家将饺子端走，没办法，只有再等下去。有小孩子馋哭了，下完饺子的好心人便抓出一两个送给他，然后端着饺子匆匆而去。半村的人从天不亮就围在那里，一直到半上午才结束。人群中偶尔还有笑声，但这大半是“苦恼人的笑”。这一个春节，没有人拜年，也没有人搞祭祀活动，似乎已破除了“迷信”。

（三）打饭门前

1959 年某日午，天很热，因饥饿难耐，打饭排队时，人们都想向前靠。一个十岁左右穿着短裤的男孩向前走得甚急，不提防左腿正面撞在了人群边一口破了的大锅沿上，膝上横了一道伤口，血水下淌，见者叹息。

那时，农户中有金属器皿的甚少，打饭多用瓦盆、瓦罐或柳条垫子。某日早，有稀粥，各户用瓦盆或瓦罐领取。由于人拥挤，一打上粥的与另一未打上粥的人的空罐相撞，两罐均破，一人烫伤了脚。队伍中竟有人发笑，粥罐主人却满腹懊恼，两人抢白了几句，最后都“破罐子破摔”了。

（四）伙房失盗

1960 年春，食堂每天只供应两次饭：早上平均每人大半碗地瓜面粥，中午则是少量煮瓜干（按整劳力、半劳力等条件分配）——这是上级拨下的救济粮，尽管少得可怜。一天早上，人们拥向食堂打粥时，发现食堂大门未开，有人在门口站岗，示意大家回去。再一打听，得知熬粥用的几十斤瓜干面夜间被盗，盛有半村人一顿饭口粮的面袋不翼而飞！人们眼巴巴地饿了一上午。驻村工作队干部（市公安局一公安员）赶到后，立即去公社报案。约 9 点，市公安局派出公安员多名并带有警犬，来村中破案。警犬先后进了三个户，公安人员据此审讯了三个户主，又对这三个户进行了搜查，但一无所获。三个户主受了惊吓，又感到人格受辱，哭了一天。此案究竟何人所为，至今无人知晓。

（原载《春秋》，2006 年第 1 期）

十一、“大跃进”在安徽亳县

梁志远

原亳县（今安徽省亳州市谯城区）位于安徽西北边陲，西、北、东与河南省接壤。全县总面积2200平方公里，1957年耕地为273万亩。亳县农业以麦豆为主，同时是以亳芍、亳菊为主的药材之乡，为全国四大药都之一，是国家历史文化名城。

从1958年5月“大跃进”开始到1961年6月《农村人民公社工作条例》（修正草案）下达，亳县大刮浮夸风、“共产风”、生产瞎指挥风、强迫命令风、干部特殊化风，加之受1959年旱灾的影响，广大农村普遍发生了荒、逃、饿、病、死等现象，生产力遭到严重破坏。

在三年“大跃进”期间，我先后任县人委（政府）办公室副主任、县委农村工作部生活福利科科长，在机关上报下达，到农村蹲点跑面。对当时亳县发生的许多重大问题至今还记忆犹新。作为见证人之一，为使后人了解这段历史，汲取历史教训，我根据保留下来的近百万字的《农村工作笔记》，就“大跃进”在亳县的一些情况作一回顾。

浮夸风与“高产卫星”

1958年5月，中共中央在北京召开八大二次会议，通过“鼓足干劲、力争上游、多快好省地建设社会主义”的总路线。此后“大跃进”运动在全国范围内从各个方面开展起来。就是这时，亳县在继续反右派斗争中拉开了“大跃进”的序幕。上半年在农业上批判“条件论”、“增产到顶论”等“右倾保守”思想，接着到处“拔白旗”、“插红旗”，大抓“秋后算账派”。

1958年6月14日，谭震林副总理来亳县视察，见亳县谷子、秫秫（高粱）面积大，提出搞谷子、秫秫“挂帅”（高产）。县委随即当作政治任务向全县发出号召，并放任纵容全县拔掉谷子、秫秫三类苗几万亩，留一类苗作为“挂帅田”，二类苗作为“丰产田”。

7月28日，县委发出了“迅速培养大豆丰产田”的指示，要求“丰产田”

安徽省枞阳一块号称亩产1.6万斤的“卫星田”，地里的稻子实际上是从各处移栽来的。

亩产1000斤，“挂帅田”亩产3000斤，“卫星田”亩产10000斤。而1957年全县亩产平均是101斤。

9月27日，亳县召开党代会，县委负责同志宋××在工作报告中宣布：1958年预计粮食总产24.9亿斤，比1957年实产提高4.92倍。皮棉亩产100斤，总产1300万斤，比1957年提高近4倍。油料总产可达8900万斤，比1957年增产8300万斤。9月30日，党代会作出决议，保证全县当年要成为粮食亩产“千斤县”，第二年成为粮食亩产“万斤县”。

10月，县委为适应“大跃进”形势的需要，成立了“跃进”办公室，抽调干部十余人，由县委直接管理，专门掌握各类“大跃进”数字和情况。县人委统计科和有关部门的计划统计资料，均以“跃办”资料为标准，上报下达统一口径，这样做无疑助长了一浪高过一浪的浮夸风。

11月7日，县委发出《关于培养小麦大面积丰产与卫星田的指示》，要全县培养小麦亩产3—5万斤“丰产田”70万亩，5—10万斤“卫星田”7.8万亩。

1958年秋收期间，各类农作物掀起了竞放“卫星”的高潮。县委提出全县13万亩水稻预产每亩1500斤，并在《阜阳报》上公布。当时高估近五倍的产量，并不能满足浮夸的需要。县委积极学习外地的“经验”，决心放出惊人的“卫星”，在五马公社泥店大队搞亩产超4万的并田计划。县委除有一位负责同志坐镇指挥外，分管农业的负责人多次前往具体安排。社队也建立了专业班子，日夜突击，把一百零几亩黄熟前期的水稻，移并到1.3亩多的水田里。

并田移栽的方法是：先在地里打埂、深耕、施肥、灌水、活田，打上横竖成行、距离相等、出地面不足一米、高度一致的硬杂木桩，约10个平方米为一方。然后在边行木桩上缠系铁丝，再拉一行行竖铁丝，形成胡同式的铁丝行。接着顺着胡同挤栽移来的水稻，栽够一方时，用木板挤、铁棍撬，以挤实为标准，拉上一条横铁丝，这样反复进行，栽出了一个用铁丝、木桩网成的水稻“卫星田”。最后田边上再栽上青草，以表其实。

这块“卫星田”造好后，县委随即决定组织县直和社队干部参观。参观人群连续多日不断。参观者有不少人“站”在稻穗上合影留念。泥店大队也搭棚设灶，杀猪备酒，招待参观客人。

为使自己的"卫星"放在其他地方的前面，稻还没有收完，县委负责同志就提出了向省、地委报喜的提纲，交农业局干部起草，并要求"卫星田"亩数字要到毫，产量到斤。收获脱粒结束，县长亲自到场，县委负责同志亲自过磅，最终这块1.389亩的"卫星"水稻田，总产56683斤，亩产40808斤。县委在稻谷场上召开了庆祝大会，奏乐鸣炮，三级书记讲话，大吹了一通。

县委主要负责同志亲自为《亳县报》写了社论，报社记者连夜赶写了题为《稀罕稀罕——五马水稻亩产超过四万大关》的长篇通讯，以号外专版发表了这颗特大"卫星"的消息。《阜阳报》和《安徽日报》都及时刊登了这一消息。

之后，全县水稻、红薯、棉花、油料等作物并田成风，万斤薯、千斤棉等不断涌现。向县委、县人委报喜的队伍络绎不绝，其中贴在竹木架子上的喜报，堆满了县档案馆西厢库房。

为了显示"大跃进"的成绩，县委要农业局将农作物"丰产"、"卫星"情况汇集成册，印发社队，广为人知。

由于浮夸成风，大幅度虚报农业产量，亳县的知名度大为提高，1958年加入了阜阳地区农业高产县的行列，五马公社以农业高产夺得了全县的帅旗。泥店大队为放"卫星"立了大功。1959年10月，县委负责人和泥店大队负责人均出席了全国群英大会，国务院向亳县和泥店大队颁发了奖状。

一哄而起的人民公社

1958年8月17日至30日，中共中央在北戴河召开政治局扩大会议，通过了《关于在农村建立人民公社问题的决议》。9月7日到17日，原有71万农村人口、9个区、40个乡、241个高级社的亳县建成了13个工、农、兵、学、商五位一体的人民公社，下划分153个大队、1345个生产队和若干生产组、生产专业组，同时以自然村或以生产队、生产组为单位建立了农村公共食堂。多以大队为单位建立了敬老院、幼儿园、妇产院、小农场、火箭连、饲养场、铁木厂、缝纫厂等单位，各种活动室如党员之家、团员之家、妇女之家、民兵之家等也相继建立。

在人民公社成立的同时，亳县在全县范围内开展了声势浩大的形式多样的宣传活动，全县城乡红旗招展，诗画满墙，大力宣传人民公社“一大二公”的无比优越性。社员的衣食住行、生老病死、男婚女嫁，由公社统包下来。公社实行供给制，社员吃饭不要钱，按月发工资，过共产主义生活。

由于供给制需要大量的物资和钱财，“一平二调”的共产风也刮了起来。原高级社和社员的一切财产，如高级社的土地、耕畜、农具、粮、款，社员的房屋、树木、自留地及锅、碗、瓢、盆都归公社所有。原高级社不管经济条件和贫富差别，一律拉平，多不退，少不补，由公社统一核算，统一分配。对社员的家畜家禽，多数公社限期集中办饲养场。

在大刮“共产风”中，各部门乱箭齐发。银行实行存实货实，连地里的庄稼也算上了存款，强迫储蓄，强收贷款，税务部门拉平调税，乱抵税款。收购部门所收农副产品，一律实行非现金结算。张集公社财贸部竟印制了“张钞”，在社内流通，抵发社员的工资或用于在公社供销社购买物品。该公社党委一位负责人说：“我一个公社照样到共产主义。”

9 月 27 日，县党代会在决定大放高产卫星的同时，作出了全县实现农业生产机械化、水利河网化、深耕园田化、植树园林化、城乡沼气化、工具改良轴承化、公路砂石化、学校工厂化、工厂学校化、人人学文化、语言普通化、诗歌漫画满墙化、积肥经常化、体育运动全面化、干部劳动经常化、组织军事化、行动战斗化、生活集体化等“十五化”的决议，并提出大办钢铁、水利、民兵、福利、文教、机床、档案等十个“大办”，但唯独没有大办粮食。

为全面贯彻执行党代会的决议，县委宣布实行“全民皆兵”，县为民兵师，县委、县人委分别为师党委和师司令部，县委、县人委办公室合署办公，公社以下均为军事组织名称。各项战斗任务均在全县范围内展开。“月亮当太阳”、“黑天当白天”、“雨天当晴天”等战斗口号响彻全县。

与此同时，全县实行全民搬家，村庄合并，男女分开，集体住宿，按时上操，进行军事训练，生产一律实行大兵团作战。一般不大的农活也要班、排、连行动，动不动就是苦战几昼夜。大活大轰隆，小活小轰隆，时而人海战，时而无人管，生产受到严重损害。大杨公社郭万大队21个村并为4个，居住拥挤，场地、田间住不了人。刮风下雨齐哭乱叫，有的骂干部害人，有的说没打仗像逃难一样。这个大队，秋收时许多红薯根本没收，秋种任务到“立冬”还未完成，抛下了许多白地，不久即出现全面饥荒，大部分社员陷入了极其贫困的境地，人民公社由“一大二公”变成了“一大二空”。

得不偿失的大炼钢铁

1958年8月，中共中央政治局在北戴河召开扩大会议，号召全党全民为生产1070万吨钢而奋斗。8月下旬，亳县开始大力宣传大炼钢铁。让“钢铁元帅”升帐。9月30日，县党代会作出决议，提出要完成1380吨的大炼钢铁的任务。

10月27日，县委下达了《关于分配炼钢任务的指示》，指出“为了赶上和超过英国，实现国家工业化，加强国防建设，党中央、毛主席指示要大炼钢铁，我们必须全党全民动手，马上掀起一个炼钢运动和土法炼钢高潮，让百吨‘卫星’早日上天。”同时规定：(1) 土炼炉在三天内按分配任务完成。(2) 每炉16个劳力，日夜生产。(3) 一切工作以钢为纲，全力支援钢铁生产。(4) 全县分配土炼炉700个，参加4600人，炼钢任务1900吨，日进度147.5吨。

指示下达后，县委要求每天汇报一次任务完成进度，并几乎每天召开一次电话会议进行评比。大杨公社要求每一小时汇报一次炼钢情况。全县几天内建土炼炉2000多个，参加20000余人，砍伐了大量树木，开炉生火炼钢。县委、县人委机关的土炼炉由县委第一书记亲自点火，县长亲自鼓风，搞了几天几夜，炼出的尽是废料。

正当县委急需先进典型总结推广经验的时候，11月9日，大杨公社放出了建立土炼炉201个、炼钢12万斤的大“卫星”。县委及时发贺信通报表扬，并向地委报喜。地、县准备召开现场会，派人前去检查总结经验。然而，经过调查，实际建土炼炉50个，炼钢1.2万斤，大部分大队数字都是空白。原报喜数字中，公社明知有假，又多加报12万斤，并让供销社给开收购新炼钢的假发票。虚报最多的第三大队负责汇报人员说：“这叫以虚代实的跃进数吧！”公社党委第一书记随声附和并叫以后再补。地委严肃追查，县委无法交代，被迫给大杨公社党委书记崔××和供销社主任纪××以党内警告处分。

全县大炼钢铁的原料主要有三个来源：一是群众献的废铁；二是公社食堂收购农民的饭锅；三是供销社收购的废铁。燃料多是砍伐了的硬杂木树。结果炼出的钢铁全是次品和废品。到11月底，已经难以为继，在无奈中全县大炼钢铁运动草草收了场。

阜阳地委继10月份由各县出人出资在凤台县建起了炼钢厂之后，又于11月份再次向各县紧急集资，再次分配给亳县集资款130万元，人均近2元，限期11月底完成。11月7日，县委发出集资的通知，对农村规定：“资金来源：公社集资和发动群众集资，开展全民投资运动，要第一书记挂帅，做到全党动手，全民动员，发动群众自报现金及金、银、铜、铁、锡等金属及其他各种易售的实物，售后由银行办理手续。”通知下达后，全县农村集资炼钢运动又掀高潮。由于公社化初期“共产”风乱刮，各种形式的集资搞过多次。致使在这次集资中许多农民已没有多少现金和金属之类的东西可以拿出，他们被迫变卖了各种易售的物品。市场上家具用品的价格大跌。如一对半新的大门只能卖2元左右，一张半新的老式雕花双人床仅3—4元，一张坚固的棕床仅卖了5—8元。

亳县的大炼钢铁运动，正如一首打油诗所云：

砸锅献资千万家，大炼钢铁见火花，月夜苦守土炼炉，产品多是废炉渣。

罕见的秋收秋种

人民公社、大炼钢铁一哄而起之时，正是秋收的黄金季节，而这年的秋收是最粗放也是最浪费的一年。不少成熟的黄豆炸在地里，晴天中午可不断听到响声；成熟的玉米棒颈枯干，垂吊在秸秆上；盛开的棉花挂满枝梢，却无人采摘，被在棉田里大便的人用作手纸；春红薯收购不净，夏红薯收得迟。由于天气冷，就地入窖。不少冻烂在地里。所以，农民有个顺口溜说："豆子乱放炮，棉花像穿孝，棒子（玉米）上了吊，红薯就地窖，小红薯都不要。"

秋收损失如此严重，主要原因是：1. 领导的精力主要集中在反右倾、争上游、放"卫星"、大轰大嗡和秋种上，放松了秋收；2. 劳力大量被省、地上调，主要劳力用于大炼钢铁、大搞小麦亩产千斤运动，水利运动提前上工等；3."一平二调"损害了社员的利益，挫伤了他们的积极性，他们只知道实行供给制，吃饭不要钱，不爱惜粮食。

1958 年的秋种，在"人有多大胆，地有多大产"的口号下，全县掀起了小麦亩产千斤运动的热潮。在整地上越深越好，施肥上越多越好，下种上越密越好。其中心点是"一深"、"二高"。

"一深"就是深翻土地。要打破耕作层，深耕一尺二寸。对"丰产田"、"挂帅田"、"卫星田"分别深翻 2—5 尺。

"二高"就是高指标和高密度。小麦计划产量指标，由 1957 年的亩产 101 斤提高到亩产 1000 斤。对"三田"（即"丰产田"、"挂帅田"、"卫星田"）要求亩产 2000 斤、3000 斤、5000 斤、10000 斤、100000 斤。每亩下种量：大田 40 斤，"三田"分别为 100 斤、200 斤、300 斤、500 斤、600 斤……当时有人按越密越好的"理论"计算，下种千斤以 1 收 10，就可亩产 10000 斤。这年小麦的下种量超过了平常年份的亩产，一时难以筹集到如此多的种子。

为了达到上述要求，县委对社队做了部署：

一、用大鸣、大放、大字报大挖麦种。县委指出，"秋种是一场恶战，每个公社要写十万张大字报挖麦种，对典型人物可用漫画，要同时开展大辩论"等等。公社、大队都办了有小麦种嫌疑户集训班，用大字报、漫画、批斗、吊打等多种手段逼迫交出麦种。十九里公社有一个大队竟把人放在缸底下用硫磺熏，以致把人眼搞瞎。魏岗公社为挖麦种扣押 100 余人。张集、占城、十九里等公社都出现了为挖麦种导致农民自杀的事件。

二、实行大兵团作战、秋种"十到田"。即在田野里建灶、搭棚，干部、食堂、住宿、托儿所、医务室、铁木工、物资供应、学习、宣传、文艺活动全部在田间，工、农、兵、学、商，男、女、老、少、壮一齐上战场，到田间参加秋种。田野里到处是红旗招展，锣鼓喧天，战斗口号此起彼伏。劳动时虽按编制进行了分工，但仍是一片混乱，时而麻雀战，时而无人干，耕作粗放，马虎了事。

这种形式主义劳民伤财，无助于提高和调动群众的积极性。由于大轰隆，许多社队耽误了农时，早茬变成了晚茬，“霜降”过后，不少社队抛下大片白地，只好提前虚报完成了秋种任务。1959 年全县夏收作物的实收面积只有 122 万亩，比 1958 年麦收作物面积减少 53 万亩，总产减少 5000 万斤。

三、要大种“三田”，各级党委第一书记要亲自挂帅，夜以继日，大干特干。在县委第一书记的带领下，县直机关干部在城南七里板桥口大种“三田”，深翻土地最深的 5 尺，将生地都翻上来，分层施肥后高出了原来的地面，下种量最多的每亩 100 斤，出苗后又密又黄。各社队的“三田”大致也是如此。不少社队不得不采取疏苗、搭架等措施，虽代价昂贵，但仍收获寥寥，全县的实产没有向干部、社员公布。

大办水利

早在 1957 年 9 月 24 日，为贯彻《全国农业发展纲要（修正草案）》，中共中央、国务院发出了《关于在今冬明春大规模开展兴修农田水利和积肥运动的决定》。根据这个决定，从 1957 年冬到 1958 春，亳县以高级社为单位以开挖水塘为重点掀起了水利的高潮。

1958 年 9 月 27 日，县党代会提出了十个“大办”，其中就包括大办水利，提出“两年实现河网化，誓把淮北变江南”的战斗口号，并把河网化工程提高到共产主义建设的高度来看待。

1958 年 10 月 20 日，全县的河网工程全面展开。20 多万的劳力被抽调去挖河、打塘、筑路。当时较大的工程是亳涡（亳县至涡阳县）公路，抽调劳力几万人，采取“河成路就”的方法，先开挖亳县到城父的引水干渠（亳城河），10月28日起在渠岸上修筑长37公里、宽28米的亳涡公路，仅月余便完成。与此同时，开挖龙凤、油洺一、油洺二、亳宋、亳永、大观、安芦等数条大河，20余条大沟和部分小沟。

1959年2月，全县水利枢纽工程大寺闸破土动工，由于人力、财力困难，“大跃进”期间仅完成土方87万立方米，混凝土7000多立方米，1961年被迫停建。该闸经过三上三下，到1978年才完成主体工程。

1959年10月8日，全国批判“右倾机会主义”，全县的河网化运动再次全面展开，接着上年度未完的工程进行大干。

亳县的水利建设，其任务之重、要求之急是前所未有的，其失误也是严重的：

1. 工期时间长，任务要求高，对人力、物力损耗巨大。当时的水利建设，工期一般从当年10月中上旬到第二年的3月中旬，时间长达近半年，而且是日夜作战。这段时间大多数月份又处于冬季，在地冻天寒中，民工的劳动付出是巨大的。而每当春节时，民工不仅得不到休息，还要搞“突击”，当时喊出的口号是：“挖河挖到二十九，吃了饺子再动手”、“打塘打到年初一，吃了饺子不休息”，等等。

不仅如此，民工的日工作量也被定得太高。在正常情况下，一个民工日均只能完成土方1立方米左右，但由于上边的压力，工程开工之初，一般要求每个民工每天完成土方20立方米，五天之后要求完成25立方米。全县一个年度的总土方量要达到1.6亿到16亿立方米。这样就不得不浮夸虚报，往往一条河开工几天，就把应完成的土方报完了。出于工期长、要求高，加之口粮不足，一些民工身体消耗大，全身浮肿，体力不支，大病一场，甚至死亡。后来不得不提出“水利工地牛群化”，在工地上使用了大批耕牛运土，但由于饲养差，使役重，死牛现象也不断发生。

2. 上工早，上工人数多，影响了农业生产。水利建设一般是利用农闲季节，在冬春进行。但在亳县，一般是在10中旬开工，而这时正是秋收秋种的关键时候。上工的人数虽是先少后多，但到11月20日左右，一般达到20万人，11 月下旬最多达到 25 万人，占全县总人口的 35%以上，不少生产队除饲养员、犁地手和较弱的劳力以外，其余全都上了工地。这不能不使秋收秋种、冬季生产和积肥受到严重影响。

3. 盲目大干，影响了水系。当时大办水利，只注意了满足大面积改种水稻用水，开沟引水，打塘灌溉，忽视了河道疏浚和排水。由于贪多求大，引水工程出现了许多半截工程，有的严重阻水，在一定程度上加重了涝灾。如 1963 年 8 月，由于降水量大，在县河网化重点双沟公社任小庙网区，造成了内涝的严重后果。此外，花费了沉重代价开挖的水塘，由于降水冲刷，大部分报废，有的不得不再退塘还田。

严重的旱灾

1959 年夏秋，在“大跃进”和“五风”使农村生产力遭到严重破坏的同时，亳县又出现了严重的干旱，可以说是祸不单行，雪上加霜。

1958 年以前，全县年平均降水量为 820 毫米左右，1959 年降水量为 634.1 毫米，属于偏少，但旱情出现在 7—10 月的关键时刻，就形成了严重的旱灾。据气象部门记载：

1959 年 7 月上旬，降水 23.5 毫米，中旬降水 0.2 毫米，下旬降水 9.5 毫米，月降水 33.2 毫米。

1959 年 8 月上旬，降水 16.7 毫米，中旬降水 1.5 毫米，下旬降水 33.3 毫米，月降水 51.5 毫米。

1959 年 9 月上旬，降水 0 毫米，中旬降水 4.7 毫米，下旬降水 56.8 毫米，月降水 61.5 毫米。

1959 年 10 月上旬，降水 0 毫米，中旬降水 2.3 毫米，下旬降水 33.7 毫米，月降水 36 毫米。

从这四个月的降水情况来看，虽然不是百日无雨，然而 7—10 月的严重干旱，直接影响了秋季作物的生长和抢种晚秋及菜类。这不仅使当年秋季作物减产，还使1960年小麦减产成为定局。

面对关键时刻的严重干旱，各级党委发动全县农民开展了声势浩大的抗旱运动，挽回了很大的损失。但由于“大跃进”形势所迫，没能摆正保水稻与大田抗旱保苗、抗旱抢种的关系。省委强制推行的旱地改种水稻，必须集中一切人力、物力、财力死保。全县45万亩水稻任务，花费了很大的代价，仅插秧15万亩左右。当时的形势是大田禾苗旱死没事，稻田缺水就整人。为了死保水稻，塘边田头到处可见批斗整人的场面。大田抗旱保苗和抗旱抢种无形中被放在次要地位。保一亩水稻，要抵10亩以上旱粮作物的用工用水。1959年只保住水稻13万亩，亩产仅有193斤，比1958年每亩减产108斤。秋季粮食亩产由1958年的150斤降为107斤，较上年减产28.7%，秋季总产由上年27500万斤下降到19700万斤，较上年减产28.9%。全年粮食总产由上年45500万斤下降到32700万斤，减少12800万斤。

在大田抗旱中，全县实行大兵团作战，全用军事组织指挥行动，没有责任制约束。抗旱中有一个大队，在几个生产队搞了包工到人，有的夫妻包打一眼井，包浇一亩胡萝卜，给多少工分，这样既进度快又质量好。然而，县委发现后却当作倒退的典型，在全县批判了“夫妻井”。这一批判，谁也不敢再搞包工到人或到组了，此后抗旱始终是大轰隆，形式上虽然轰轰烈烈，实际上达不到应有的效果。

抗旱中的浮夸风也相当严重，在浇水的亩数和遍数上，普遍虚报，从而为秋收以后大吹抗旱夺得了大丰收，为粮食高征购提供了依据，引起了随后的饥荒。

通过1959年的旱灾，充分暴露了全县大办水利中的失误，1958年河网化运动全面展开，但大部分是半截子工程，群众反映“挖网没见人，引水更不来，旱天不能浇，涝了不能排”，对抗旱没有发挥应有的作用，使粮食大幅度减产，总产量由上年的45500万斤减为32700万斤，是1951年以来最低的一年。

“反右倾”运动和“更大跃进”

“大跃进”以来，全国到处都在大刮“浮夸风”。1959年4月29日，毛泽东给六级干部发出指示信，“浮夸风”有所收敛。但时隔不久，中共安徽省委办公厅通知将指示信全部收回，“浮夸风”又有所抬头。

1959年7—8月，中共中央在庐山召开政治局扩大会议，通过了《关于以彭德怀同志为首的反党集团的错误的决议》和《为保卫党的总路线、反对右倾机会主义而斗争》等文件。8月29日，县委传达了庐山会议精神，随后，全县城乡开展了“反右倾机会主义”运动，“左”倾错误更是变本加厉，“浮夸风”越刮越大。

1960年1月5日，县委召开了全县群英大会，会议通过了题为《欢庆伟大成就，再鼓冲天干劲，为实现1960年“更大跃进”而奋斗》的报告。报告不顾1959年减产的事实，大肆鼓吹1959年在大旱中粮食产量超过“大跃进”的1958年，生猪、山绵羊、家禽等项生产增长一倍和几倍。报告提出了1960年的各项指标：农、林、牧、副、渔等要比1959年加番加倍，粮食总产量保证15亿斤，争取17亿斤（亩产千斤以上）。棉、油、烟生产要比1959年增长4倍以上。生猪饲养量达到人均3.41头，大牲畜发展保证9万头，争取10万头。水利要实现河网化，要完成每人植树610棵的任务。

就植树任务来说，1960年初全县农村70万人，若每人植树610棵，就要植树4.2亿棵，当时全县总面积2200平方公里，每平方公里要栽19万棵。如按林业育苗方式株距1米，每里植树500棵，可以绕地球赤道10周以上。

“更大跃进”所放的各种卫星更是“稀奇”。如魏岗公社王岗生产队放出了40亩高产优质烟叶的“卫星”，实际上一棵也没种；县委向省、地委报喜的宽几行长达160余华里的“皖西北防护林带”，不久就销声匿迹。更令人啼笑皆非的是，1960年4月17日双沟公社杨庙大队以“妇产院里产妇多”为名向上报喜，后来经过逐人检查十多个“临产妇女”全是用衣服填怀假装的产妇。

“左倾”中的粮食统购统销

“大跃进”期间的粮食统购统销，是在高估产下的征购，是在低标准并有脱销情况下的统销。1958—1960 年全县粮食统购统销的情况是：

1958 年农业人口 71 万，粮食实产 45500 万斤，征购 16119 万斤，商品率 33.2%，人均负担量 213 斤，留量加回销人均占有粮食 526 斤。

1959 年农业人口 70.8 万，粮食实产 32700 万斤，征购 12924 万斤，商品率 39.5%，人均负担量 183 斤，留量加回销人均占有粮食 357 斤。

1960 年农业人口 56 万，粮食实产 27885 万斤，征购 7336 万斤，商品率 24.5%，人均负担量 122 斤，留量加回销人均占有粮食 464 斤。

从以上粮食统购统销情况来看，每年的粮食征购占到了实产 1/3 左右。而留给和返销给农民的粮食，除去种子、饲料、社办工业等项用粮外，口粮的标准很低。1960 年全县口粮人日均仅有半斤左右，而且大部分是红薯片。1960 年春天最困难时期，全县日人均口粮仅有 2 两左右，不少地方日人均口粮只剩一两几钱!

浮夸风带来高估产，高估产又引起高征购，为了完成这些征购，许多地方不顾农民的生产和生活，不仅把农民的口粮作了征购，而且一到播种季节，就向社员逼要种子。1960 年春，在许多人挨饿的情况下，竟把干菜等代食品也纳入到粮食征购。同时又顶粮返销。有的地方连农民的“回销”粮也不放过。如 1960 年 2 月，五马公社竟把县委安排全社每人每天不足 4 两的“回销”粮，于 3 月初结余上缴 4500 斤。

为了完成征购任务，一些地方不得不大搞批斗和搜家，甚至把私藏粮食的农民关进监狱。一些农民反映说，党的粮食政策没有了，也不要农民了。

在粮食统购统销过程中，不少干部或因没有完成任务而被“拔白旗”，或挨批斗、受处分。1958 年不少干部群众因如实反映粮食统购统销的问题而被打成“右派”分子。1959 年春，因 1958 年粮食征购未完成，要回销，被视为“西北风”，整了一批干部和群众。1959 年秋，在全县城乡开展“反右倾机会主义”

运动中，不顾土地抛荒和旱灾减产的实际，以粮食征购任务完成情况为标准，把大批干部视为右倾分子，给予无情的打击。例如，十河公社党委第一书记邢占秀向县委汇报了“粮食征购中有些地方卖了豆种，明春会出问题”，被阜阳地委点名批评为右倾，并停职反省。

1959 年 11 月中旬，县委召开了分支（大队党支部派出的分支部简称分支）书记以上干部会议。会上除批斗邢占秀等人以外，用大搞人人过关、解决一批走一批的办法，进行逼粮追粮。会后，在全县掀起了大反右倾、大放粮食入库“卫星”的新高潮。十河公社孙大庄大队，为过关，只好向邻近的河南省某大队借粮几千斤放出了粮食入库的“卫星”，免除了一次批斗。全县农村全面进行夏收复打，普遍翻箱倒柜，许多干部群众迫于政治压力，卖种子、卖饲料、卖口粮，但最终全县也没有完成 1959 年 22000 万斤的征购任务。

农村公共食堂存在的问题

随着人民公社的成立，作为共产主义因素的农村公共食堂，在亳县迅速全面兴起。公共食堂多以自然村或生产队、生产组为单位建立，全县 13 个人民公社的 1345 个生产队共建立 4700 多个食堂。其房子绝大部分是占用社员的住房。食堂一般由生产队长或会计负责。炊事员由生产队抽劳力或由干部家属担任。所需的粮食由公社、大队统一调配，蔬菜由生产队自产。当时县委的口号是:“柴、米、油、盐、酱、醋、菜样样都从社里来”，吃、烧都有公社统包。

食堂建立后，传统的家庭小伙被严令禁止，社员的锅、碗、瓢、盆都集中起来。全村（队）的老老少少在一起吃不要钱的“大锅饭”。食堂多的几百人，少的几十人吃饭。一到开饭的时候，老老少少排着长队领饭。有的食堂占用社员房屋作了饭厅，也有的社员领饭回家吃。食堂乍建立时，一般随便吃，吃饱为止。由于是“大锅饭”，社员对粮食不是那么爱惜，丢馍丢饭、红薯吃中间丢两头的现象普遍存在。一些过路人也被允许到公共食堂吃饭，并让不收粮（票）钱。

这样吃“大锅饭”的“好日子”并不太长，一些生产队少则一个月，多则两三个月，粮食便被弄光了。公共食堂被迫停火。许多社员不得不冒着风雪严寒，到地里扒剩下的坏红薯吃。全县农村的饥饿从此开始。

事情发生后，县委并没有认清事实的真相，而是认为1958年粮食获得大丰收，公共食堂停伙是“假象”。于是在县范围内批判斗争了一些干部和群众，到处翻箱倒柜，搜粮食交征购，但对公共食堂没有粮食、社员没有吃的仍不解决。

1959年3月，在阜阳地委工作队的帮助下，县委终于搞清了事情的真相，停止了粮食征购，安排了少量的粮食回销，大部分公共食堂恢复起伙。但由于粮食不多，直到1959年秋，公共食堂一直处于时起时停状态。

1959年8月，在传达庐山会议精神时，安徽省委负责同志说：“人民公社的食堂为什么被一风吹？主要是对敌人打击得不狠。有人认为食堂是一片黑暗，有的在动摇军心……”据此，全县城乡在开展“反右倾机会主义”的运动中对不少因食堂停伙和对食堂有意见的干部进行了无情打击。如十九里公社薛菜园大队程庄生产队队长程中德因说“食堂食堂经常没粮，小孩没吃，饿得叫娘”，被批斗多次，并受到撤职和党内警告处分。

从此以后，公共食堂不仅不允许停伙，而且越办越大。十九里公社张宽庙大队刘庄分支6个食堂合并为一个食堂。大杨公社中修大队板桥修等8个小庄合并为一个食堂。观堂公社刘集大队刘集450人一个食堂，开饭时常常要治安干部去维持吃饭秩序。沙土集850人一个食堂，常常不能按时开饭，晚饭往往要等到9点钟以后。有打油诗云：“早饭等到日正南。午饭红日偏西山，晚饭等到更鸡叫，不知明日再多晚。”

全县在实行公共食堂的过程中，除开始几个月外，一直存在以下问题：

1. 口粮标准低，社员普遍吃不饱。当时农村流行着“食堂的馍，洋火（火柴）盒，打的稀饭不粘勺，排队晚了摸不着”的歌谣。1960年春天，在一段时间内全县人均口粮只有2两左右。绝大部分食堂常年不供应开水，整年不吃油、肉，还有的食堂几个月不吃盐。

2. 干部多吃多占，经常吃掉社员的口粮。干部多吃多占是食堂生活中普遍存在的现象。1959年夏，当全县城乡副食品供应出现紧张的时候，县委为副部长以上干部开办了小食堂，透支的粮食由县委财贸部如数解决。上行下效，公社、大队一般也有自己的小伙。多吃的粮食由社办小农场等有粮食收入的单位解决或直接扣社员的口粮。不仅如此，有的干部也带自己的家属、亲戚到小食堂和小伙吃饭，甚至有的还安排家属、亲戚到小农场或敬老院等单位安度生活困难。1960年春节，由于大批社员挨饿，国家和社队给食堂调剂了一些细粮，但大部分仍没有吃到社员嘴里。在口粮标准低、社员普遍吃不饱的情况下，干部多吃多占害的是老百姓。1960年全县农村流传着“刮大风，起大雾，饿死社员留干部”的歌谣。

3. 干部经常通过扣饭来惩罚社员。各地扣饭的名目繁多，主要有：不能干活扣饭、少干活扣饭、上工迟到扣饭、不服从领导扣饭、对检查人员反映情况扣饭、私起小伙吃青苗扣饭、偷庄稼扣饭，等等。古城公社名北大队河北张庄生产队队长公开对社员说：“我就靠食堂里一把勺子一杆秤，想叫谁活谁就活，想叫谁死谁就得死”，他任意扣饭，多吃多占，致使全村人饿死40%以上。有些地方也出现了因扣饭而引起自杀的事件。如古城公社油河大队梁庄生产队社员梁景志因病不能干活被扣饭后上吊自缢，从而造成干群关系紧张。

4. 跑路吃饭，给老、弱、病、残带来严重困难。不论烈日当头，还是刮风下雨，老老少少都要一天几趟往食堂里跑，特别是路远在大食堂吃饭则老、弱、病、残困难更大。有的晕倒或死在领饭的队里及途中。有的因吃了凉饭而腹泻，加重了原有的病情而死亡。

5. 砍树扒房烧锅。公共食堂建起，柴火紧张起来。全县80%以上的食堂不得不砍树，树砍光了就扒房子。有不少地方因扒烧了房子，搞得社员无家可归。如十河公社王桥食堂，1960年1—3月，共扒烧社员的房子50间，其中小张庄40间房子被扒烧了19间。有的食堂还烧了一些农具。

1960年11月3日，中央发出了“十二条紧急指示信”，指出“经县委批准可采取食堂统一管理，各户分散做饭的临时办法。”12月15日，县委在全县范围内征求意见，结果除小农场、敬老院等食堂和一些鳏、寡、孤、独不愿分散起伙外，绝大部分社员同意分户做饭。县委打算全县分两批停伙，报地委批准，但实际上未等到批准即一哄而散。

广大农民对解散食堂奔走相告，说这下子家里的小锅保险了，口粮的标准可以全部吃到肚子里了。

大饥大病和食物中毒

从 1959 年到 1961 年，亳县农民口粮标准低，吃不饱，因饥饿引发了多种疾病，面积之大，危害之重，实属罕见。

早在 1958 年年底，全县缺粮的地方就有农民出现脸黄、消瘦、浮肿。1959 年春，全县浮肿曾几度普遍发生，严重不能起床者达万人以上。1959 年冬到 1960 年麦收前是浮肿的高发期，最多时有 10 万人以上。1960 年下半年虽有减少，但持续不断。浮肿者的惨状，目不忍睹。轻者，下肢或者眼睛肿胀；重者，全身肿胀，面部膨大，眼睛睁不开，呼吸急促，行走困难，甚至卧

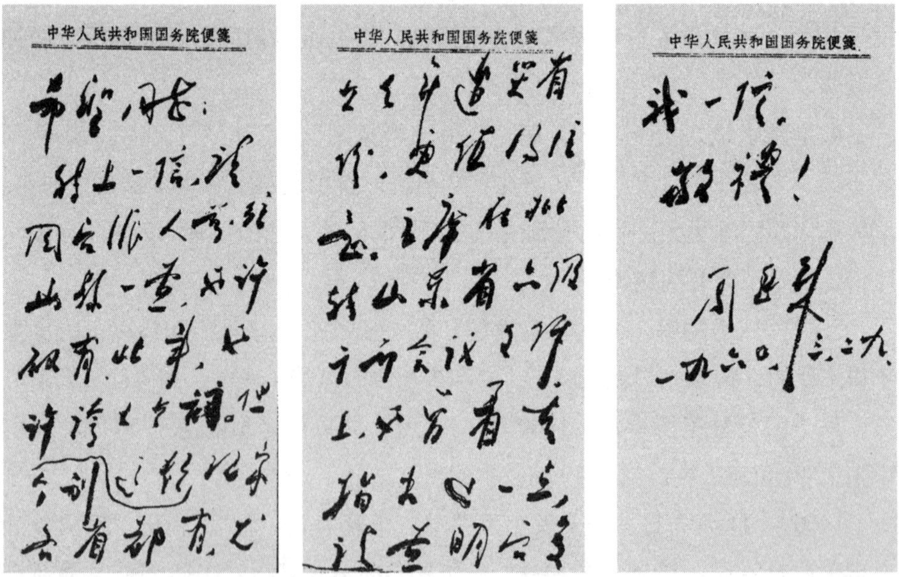
中华人民共和国国务院便笺

中华人民共和国国务院便笺

中华人民共和国国务院便笺

敬礼！

周恩来

一九六〇、三、二九

1960 年，安徽省和县、无为县出现灾荒，并发生饿死人的事。周恩来写信给中共安徽省委书记曾希圣，要求查明情况后复函。

床不起，天热时，皮肤开裂流水，生蝇生蛆。

由于口粮少，为了能活下去，农民极力寻找一切可以食用的东西充饥。三年中，全县农民食用的代食品主要有以下几类：

1. 树叶、树皮。这是农民缺粮后最早的代食品。到 1960 年春，全县杨、柳、槐、榆、桑等树，其可食部分，均早已吃光，其中不少村庄榆树因剥皮食用而绝迹。

2. 烂红薯、红薯秧。1958 年秋收时许多红薯没收或没收净，被烂在地里。冬天到来后，许多吃不饱的农民不得不到田间，把这些红薯，不论烂到什么程度，统统捡回吃掉。第二年春天，他们在吃完育过苗有毒的薯块后，又接着吃田间的鲜秧、鲜叶，至秋季又吃干秧、干叶。

3. 大麦、小麦、豌豆、扁豆的幼苗。特别是 1959 冬到 1960 年春，有不少过旺苗被吃光。如 1960 年 2 月 14 日张集公社黄营大队就把 100 多亩大麦和大部分小麦过旺苗吃光。据魏岗公社几个大队的统计，700 多亩大麦被吃净，需改种其他作物。

4. 糠、皮、壳与烧柴。谷糠、高粱壳、稻壳、花生壳、棉籽壳、牛草穗、麻梭子等原来喂牲畜的东西被人们当作代食品。高粱杆、葵花杆穰子、玉米芯等原用作烧柴的东西也加工食用。1960 年没有高粱杆的生产队，就把地铺（床）、房薄（用高粱杆作的在房内作隔间用）上的高粱杆拆下，剥去外壳，加工食用。十河公社在 1960 年 3 月上旬，用 2 天时间大动员，就收集原料 20 多万斤，先后加工成代用食品 4 万多斤。

5. 茅草根、刺刺芽、苲草等野草。茅草根能加工淀粉，是较好的代食品，甚至以它作粮食统购、粮食回销，1959 年冬和 1960 年春，全县在农村全党全民发动，第一书记挂帅，抽调大批劳力，大兵团作战，掀起一个又一个扒茅草的高潮。由于茅草分布面广，含糖量高，又有药用价值，在救灾中发挥了重要作用。

刺刺芽又叫七七芽，是田间和荒野到处可见而一般牲畜不吃的野草。在茅草根扒完以后，由于其味道尚可，也成为主要的代食品。1960 年春，在一段时间里，全县大采大食刺刺芽，一般食堂每天要食用数百斤。

苲草是一种水生植物。1960年春凡是靠河有苲草的地方，都进行大动员大采食。不少社队党委书记挂帅，造筏下水捞苲草。

从1959年到1961年，农民因为大量吃野草、野菜，腹泻、痢疾等疾病也在全县流行开来。1960年全县发病人数达25万人以上。1960年4月，十九里公社余集、崔寨等六个大队，农民因吃刺刺芽过多，普遍引起腹泻，仅崔寨大队就有腹泻、痢疾595人，致几十人死亡。

农民因为大量吃槐叶、椿叶、榆娃娃（林学名称虫瘿）、苍耳子、蓖麻子、育过秧的红薯母子、蝌蚪、蛇出溜子导致的食物中毒，也是不计其数，导致不少人死亡。五马公社丁双庙生产队高思曾因吃臭大麻子一家五口死亡。

在大饥大病过程中，某些领导不顾农民的死活，不实事求是，仍然大搞浮夸。如1960年春天，全县每天人均口粮只有2两左右，但大部分食堂仍向上汇报是三干（馍）三稀（稀饭）吃粮十两以上。1960年2月17日，县委向省、地委检查团汇报：全县已扒茅草根2亿斤以上，人均300斤之多，可以安度1960年春季灾荒。全县为大吹代食品的数量，为应付检查，不少生产队把茅草根等堆在柴草垛上。

不仅如此，有些领导还以种种手段隐瞒实际情况，千方百计封锁消息。1959年春，全县严重浮肿病人在万人以上的时候，国家内务部农福司杨善存来亳县检查工作，县委事先定好检查地点，一个浮肿、外流人口都没上报。杨善存无奈而走。1960年冬，中央某部司长朱农来亳县检查，县委紧急通知社队，做好“迎接”检查的准备，同时召开县直有关部门会议，统一数字口径。隐瞒灾情、封锁消息已成为全县上下的通病。1960年4月中旬，双沟公社有各种病人约5000名以上，而他们以正式文字向县委报告，全社仅有浮肿病人59名。该社洪深大队有各种病人500多名，为怕上级检查，竟把他们集中多处锁在屋里。1960年初春，五马公社在罗庄大队召开扒茅根现场会，大队害怕发现病人，竟把一部分病人提前集中送到边远的荒野里，到会议结束，因冻饿而死数人。

更有甚者，有些领导还对于如实反映情况者给予无情打击。从1959年年初到1960年年底，全县反映生活困难、疾病等问题的干部群众，受到打击者数以千计。1959年1月，张集公社干部孙彩良向国务院写信反映农民生活问题，被当作右派势力反攻的"西北风"批斗。1959年夏，双沟公社农民随毛因反映饿死人问题，县委主要负责人亲自前往处理，指使大队书记张××将随毛批斗后交大队火箭连关押，以致饥饿迫害而死。1959年冬，魏岗公社党委委员董××，因反映群众无粮、批评某些领导不实事求是而被逮捕法办。十九里公社小学教师任怀林因向中央写信反映饿死人问题被忝列为反革命信件而被逮捕判刑。

查禁不止的农村人口外流

随着农民生活的日益困难和疾病的不断发生，一些农民为了活命，不得不外出逃荒。全县农村人口大量盲目外流，开始于1958年年底粮食被搞光以后。最初的形式是部分农民抛弃集体生产，先内地后外地到田间扒收获未净的坏红薯，后来则发展成带着炊具、行李，出外以乞讨为生。

当时人口外流的主要去向，是河南省的郸城、鹿邑、虞城、永城等县。1959年2月下旬至3月上旬是人口外流的高峰期。全县外流人口在2万人以上。特别是靠近河南省的双沟、十河、十八里、魏岗、张集、五马、观堂七个公社，外流的人口接连不断。观堂公社刘集大队去永城的人数达2000人之多。

河南省向中央反映后，县委一方面派人去接回外流农民，另一方面拒不承认外流是生活困难所致。县委在大批右派势力反攻的同时，层层设卡阻拦。但不论如何"批"、"拦"，也难以控制农民盲目外流的发生。直到地委工作组到亳县帮助搞清无粮的事实，并安排了粮食回销后，农民盲目外流才得以缓和。

1959年麦收时，外流人员大多数回归，但麦收后不久，由于浮夸，粮食统购又过了头，人口外流又有发生。7月份以后，由于连续几个月大旱，夏荒接着秋荒，外流人口急剧增加，查禁不止。

1959年冬，面对严峻的形势，县委并没有安排好农民的生活，而是一方面大抓粮食征购，另一方面指定严管措施，部署各公社大队建立劝阻站或劝阻所。到12月14日，全县共建立劝阻站、所212处，抽调人员717人。其中生活困难比较严重的五马公社就建站、所50个，抽调专人150人。城关公社设17个站、所，分布在出入城的主要街道和汽车站，并在村头、街道设有许多流动岗哨巡逻。这些站、所，大部分有专门的房子，用于扣留、关押外流人员。不少地方连正常走亲串友的农民也予以查扣。除此之外，县委还加强了外线封锁，增派了大批干部到商丘、郸城、鹿邑、永城等地，查扣外流农民。

外流农民在被查扣送回的过程中，受到了多种多样的折磨。在被任意拦截检查时，不仅通常被没收钱物，特别是食物之类的东西，均予没收，而且常常被搜身，受到人身侵害；在关押收容中，经常一关押就是许多天，夏天热晕，冬天冻坏的情况时有发生；在转送途中管理更严，大小便都要经过批准，稍有违抗，便遭到训斥、打骂或绑铐。不仅如此，还遭受饥饿之苦，虽然每天都有少量的饭吃，但都吃不饱、吃不够规定的口粮标准。而且有病也得不到及时治疗。许多农民从外流长途跋涉，到扣留、收容、转送，经过多日折腾，因饿病交加而中途死亡者屡见不鲜。

尽管如此，但由于生活日趋困难，一些不甘心在家挨饿的农民，还是冒着风险，拖着瘦弱的身体，穿着脏烂的寒衣，挎条筐，背破被，顶风冒雪，扶老携幼或者单独地背井离乡。他们用走背道、沿河崖、装探亲、白天藏、夜间走等方法外出，但大多数被查扣送回。

1960年春天，生活更加困难，但由于农民体质越来越差，许多人想走而无力外出。不少人认为，既已如此，死在外边不如死在家里，全家走散不如死在一起，因而农村外流人口比1959年有所减少。从1959年秋到1960年冬，全县农村人口外流约有4万人以上。

1960年11月，“十二条紧急指示信”发出后，中央开始纠“左”，随着一系列政策的深入贯彻，到1961年春节，外流农民大多数回乡，全县范围的农村人口外流基本结束。

三次转折减少了人口非正常死亡

在1960年整风整社以后的若干年内，也不知道县委研究过多少次，如何为农村人口非正常死亡定案？1960年5月上旬，县委为了对死亡人数做到有数，要我安排一个大队进行人口死亡比例调查。我分姓名、性别、年龄、死亡时间、死亡原因等内容拟好提纲，交县委生活检查组王心斋等人去古城公社李沃大队调查。该大队原有3130人，1960年1月1日到5月8日共死亡771人(不含外流死亡在他乡的)，占总人口数的25.3%。我向县委汇报后，县委认为“死亡比例太大，选点不准，重新选点调查。”接着，由县委书记亲自选点，以十河公社十河大队为中等大队，我派县委生活检查组李运曾等人前去调查，结果该大队从1960年1月1日到5月15日共死亡901人，占总人口数2980人的29.15%。1960年年底，我又在双沟公社王阁大队调查了偏重的大王、支庙等六个村庄，它们原有127户，共575人，两年死亡239人，占原有人口的41.5%，死绝的18户占原户数的13%。其中小李庄原有75人，死亡35人，占原有人口的48%；小许庄65人，死亡32人，占原有人口的49%。

那么，究竟全县农村两年非正常死亡多少人？县委最后公布的数字是：1959年、1960年两年减少28824户，占原户数的15.9%；减少150503人，占原人口数的21.1%。而1996年出版的《亳州市志》刊载，1960年全县城乡总户数比1958年减少29400户，人口负增长9.6万人。

在人口非正常死亡中，以下十种人死的最多：1.儿女不孝和多病的老人；2.地、富、反、坏、右分子及其家属；3.因提意见而被撤职的干部及家属；4.上吵下闹搞不好团结的人；5.手脚不干净有小偷小摸行为的人；6.不讲卫生、乱吃东西的人；7.在外地工作的职工的家属；8.老实人；9.残疾人；10.有传染病无人敢接近的人。

在分阶层死亡人口比例上，据典型调查，1960年1月到5月中旬，贫农死亡占本阶层的28.25%，中农死亡占本阶层的12.5%，地主、富农死亡占本阶级的44%。

在全县农村人口非正常死亡中，有过三次转折，从而减少了人口的死亡。第一次在1959年春天。全县大多数社队粮食统购过了头，人口浮肿外流，非正常死亡也有发生。在县委仍坚持大力反右、大批“西北风”，对农民生活困难不予承认的时候，阜阳地委派副专员张剑华来到亳县，深入农村进行调查，搞清了大多数地方无粮的事实，及时对绝大多数社队安排了粮食回销，从而迅速扭转了形势，减少了损失。第二次在1960年春节过后。人口非正常死亡日趋严重，有些领导回避问题，县委生活检查组王心斋等人，在大杨公社中修大队进行了深入全面的调查，发现全大队在不到一个月的时间里非正常死亡282人，占总人口数的9%，浮肿严重的劳力444人，大部分农民都有轻度浮肿。他们把情况如实全面地向县委作了汇报，引起了县委的高度重视，作为“中修事件”通报全县，处理了有关责任人员，对问题严重的地方增派了力量，震动了全县，对减少人口非正常死亡也起到了一定作用。

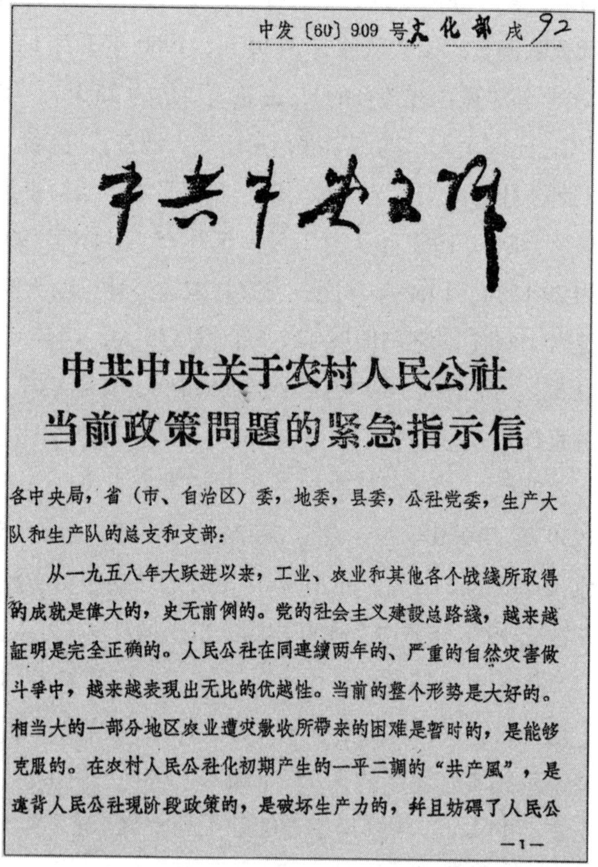
中发〔60〕909号 文化部 戌92

中共中央文件

中共中央关于农村人民公社当前政策問題的紧急指示信

各中央局，省（市、自治区）委，地委，县委，公社党委，生产大队和生产队的总支和支部：

从一九五八年大跃进以来，工业、农业和其他各个战綫所取得的成就是偉大的，史无前例的。党的社会主义建設总路綫，越来越証明是完全正确的。人民公社在同連續两年的、严重的自然灾害做斗爭中，越来越表现出无比的优越性。当前的整个形势是大好的。相当大的一部分地区农业遭灾歉收所帶来的困难是暂时的，是能够克服的。在农村人民公社化初期产生的一平二调的“共产風”，是違背人民公社现阶段政策的，是破坏生产力的，并且妨碍了人民公

—1—

1960年11月3日，中共中央发出《关于农村人民公社当前政策问题的紧急指示信》，信中规定：人民公社实行三级所有，队为基础，至少7年不变，彻底纠正“一平二调”的错误，这对扭转农村的形势起了积极作用。

第三次在1960年入冬以后。不少地方因生活困难，浮肿、人口外流、非正常死亡不断发生。县委生活检查组王心斋等人在古城公社焦瓦大队周寨、周瓦房两个生产队检查发现，从10月到11月下旬，非正常死亡29人，浮肿病人占总人口数的32%。其他检查组也发现类似的问题。我接到报告后如实地向县委作了综合汇报。县委办公室干部刘志良将问题写进了“生产生活第二期简报”，报送阜阳地委。地委及时通报全区并上报省委，从而引起了省委的高度重视，增派了大量干部来亳县，帮助整风整社，全面贯彻落实中央的紧急指示十二条等一系列的纠左政策，重点落实农民的生活问题，迅速扭转了形势。全县农村人口的非正常死亡，到1961年春节前基本停止。

粗浅的认识

“大跃进”在安徽亳县农村引发了一系列问题。但在阜阳地区各县，都是执行上级下达的任务，1959年旱灾也大体相同，为什么有的县问题不太严重？涡阳、临泉两个县在1961年年初还支援了亳县大量粮食。这与干部执行政策的水平、素质很有关系。邓小平讲得很对：“‘左’的思想发展导致了1958年的‘大跃进’和人民公社运动，这是比较大的错误，使我们受到惩罚。1959年到1961年三年困难时期，工农业减产，市场上商品很少，人民群众吃不饱饭，积极性受到严重挫伤。那时，我们党和毛泽东主席由于长期斗争历史形成的威望很高，我们把困难的情况如实地告诉了人民，‘大跃进’的口号不再喊了，并且采取了比较切合实际的政策、步骤和方法，1962年就开始从困难的境况中恢复，1963年、1964年情况比较好。”

（原载《中共党史资料》，第75辑）

十二、回忆芜湖县的“大跃进”

方　智

1958 年至 1959 年的“大跃进”运动席卷全国，地处江南鱼米之乡的芜湖县当然也不例外，这场运动的发生、发展和结果，正如邓小平同志说的：“‘左’的思想发展导致了 1958 年的‘大跃进’，这是比较大的错误，在不具备条件的情况下大炼钢铁，再加上一系列具体‘左’的做法，结果使我们受到惩罚。……人民群众吃不饱饭，积极性受到严重挫伤”（见 1985 年 8 月 28 日邓小平同志的讲话）。本文旨在借鉴历史，回顾当时的一些做法。

（一）大气候的影响

1957 年 11 月 17 日，各国共产党和工人党会议在莫斯科召开，在庆祝苏联十月革命四十周年大典上，苏共中央总书记赫鲁晓夫提出，苏联要在十五年内赶上和超过美国。中共中央主席毛泽东在大会上发言，表示中国要用十五年时间超过英国。毛泽东从苏联回国，首先着手调整党的八届二中全会确定的关于“反保守、反冒进、综合平衡，积极稳妥前进”的方针。随即毛泽东又亲自深入到各省发动。1958 年 1 月 7 日，他在南宁会议上对“反冒进”提出批评，毛泽东最后还强调“反冒进者是促退派，离右派只差五十米”。接着，毛泽东又于 1 月 25 日到达广州视察，2 月 13 日到抚顺视察，3 月 5 日到成都视察，并召开了“成都会议”。3 月 28 日从重庆直抵武汉。通过巡视，排除了发动“大跃进”的思想障碍，发动了干部群众。就这样，1958 年全国钢铁生产计划、粮食生产计划等提高再提高。史无前例的“大跃进”在全国全面展开，也席卷到芜湖县。

（二）大办钢铁

在全国“大跃进”的形势下，中共芜湖县委于 1958 年 8 月下旬提出了“大战半月，建炉六百、出铁千吨、献礼国庆”的口号。时隔数日，县委又发出号召：“任务再翻一番半，建炉一千五百个”。芜湖县是个平原农业县，既没有多少矿石，又没有炼钢铁的历史。上级要求“钢铁元帅”上马，只能靠群众收集废铁。据《芜湖县报》报道：到 9 月 3 日，麻凤片（现 港区）共收集废铁、锅铁 8420 斤，铁锤 260 只，及时解决了原料不足的困难。到 9 月 7 日，全县计生产钢铁 134440 斤，其中长江乡就生产了 14040 斤。《芜湖县报》于 10 月 14 日发号外，宣布“我县日产生铁 101 吨”，“10 月 25 日县直单位日产钢铁 16363 斤”。该报 11 月 17 日还报道：县委在长江乡召开扩大会议，要求“保证钢铁再放卫星，坚决完成生产任务。”为了配合安徽全省大炼钢铁，芜湖县还抽出了大批劳动力到当涂县开矿建炉。据老年人讲，当时各乡炼铁的原料大部分是日用家具和生活用具，真正的废铁极少。芜湖县的炼铁热并非全国仅有，《芜湖县报》11 月 11 日还转载报道了某国家领导人和工作人员在住宅小花园内砌炉炼钢，最多的一天炼出 155 公斤钢。可见当时全国上下动员，大办钢铁的温度之高。1958 年国庆，许多社会主义国家还派来代表团祝贺。

（三）粮食产量放“卫星”

中央原确定1958年粮食增长计划为5.9%，不到三个月调整增幅为15%到20%。而实际上各级各地根据中央粮食要增产、要翻番的意图，层层鼓动，级级加码。安徽是全国第一个旱稻亩产千斤省。芜湖县粮食产量纪录也一再刷新。7月6日，《芜湖县报》报道了“王家璜（当时的围山乡团委书记）等试验田亩产3600斤大有希望。”为了跟上全国的跃进形势，8月17日《芜湖县报》发号外，通栏标题：“中稻卫星直冲云霄，美英吓得心惊肉跳”，主标题：“全县第一颗中稻卫星腾空而飞”，副标题：“同和社一亩中稻产18387斤，比去年该社中稻平均亩产500斤高出36倍”。文章还指出，为了证明事实，“收割前经地委工作组汤修炳、汪配友和该社副主任张世和三人进行了反复的面积丈量。收割后又经汤修炳、农技干部周礼映、乡妇女主任朱玉霞等进行面积复量，证明无误。收割时还有地委农工部副部长吴云、办公室主任王乐平、副县长王善生、县人民法院院长王儒华、县供销社主任崔华富等193人参加了监打监收、过磅等工作。”这颗“卫星”还得到上级领导机关的嘉奖。8月18日，中共芜湖地委、专员公署发出贺电，称“希望你们再接再厉，乘胜前进……争取放出更多更大的卫星”。11月3日，芜湖县再放“卫星”：“长江单晚亩产突破了万斤大关”。中央当时要求各地不仅单产高，更重要的是总产量高。芜湖专员公署根据省政府指示，以[53]649号文件下达芜湖县两套任务：

第一保证数：旱稻平均单产1350斤，中稻平均单产1250斤，山芋平均单产2065斤；

第二保证数：旱稻平均单产1800斤，中稻平均单产1600斤，山芋平均单产2600斤。

芜湖县下文确定平均单产数：

第一保证数：旱稻1318斤，中稻1540斤，单晚1376斤，山芋2391斤。

第二保证数：旱稻1563斤，中稻1928斤，单晚2219斤，山芋2863斤。

	澛港	致和	清水	易太	易太农场
第一保证数	2080	2180	2080	2180	2580
第二保证数	2431	2531	2431	2531	2731

据当时县人委工作总结宣称1958年实现了“大跃进”，完成了各项任务指标。接着，持续“大跃进”又开始了。县委[1959年]7号文通知：“粮食产量根据中央指示精神，要求各地在1958年大丰收的基础上，提高一倍半到两倍。”还预言“这个宏伟的指标，在党的领导下是可以实现的。”由于各地粮食产量报得多就收购得多，收得多国家就安排调运得多，这不能不使人们谨慎起来，因此，芜湖县和全国一样，1959年这一年没有再放粮食高产卫星了。但“浮夸风”、“共产风”没有减弱。芜湖县经济计划委员会在总结报告中说：“1959年我县农业在1958年空前‘大跃进’的基础上实现了继续‘大跃进’，夺取了更大丰收”，“其中水稻比1958年增长了23.5%，棉花增长53.9%，粮食增长58.2%”。该报告最后还说：“1960年是特大跃进的一年，也是改变我国落后面貌具有决定意义的一年，产值方面要在去年取得胜利的基础上翻番又翻番，拐弯又拐弯。”可见，芜湖县的“大跃进”势头在1960年2月份还有增无减；中央、省还没有完全觉察到问题的严重性，基层还在盲从，对严重错误还不敢抵制。直到1960年5月，粮食处于严重青黄不接，并暴露出全县乃至全国一片饥荒时，“大跃进”才紧急止步，浮夸高调迅速减缓直至熄灭。

（四）“大跃进文化”

有什么样的社会现象就有什么样的文化伴随，“大跃进”运动是全国性的，文化活动也出现了“奇迹”。当时，在全县小报小刊和墙壁上刊登的一些顺口溜有：“青年劲头赛赵云，壮年力气赛武松，少年儿童像罗成，老人干活似黄忠，干部策划胜诸葛，妇女赛过穆桂英”。“前年卖粮用箩挑，去年卖粮用船摇，今天汽车装不了，明年火车还嫌小”。“稻粒赶黄豆，黄豆像地瓜。花生像山芋，山芋超冬瓜。”“你说张三人个高，稻秸超过他眉梢；你说王二力气大，大担稻子够他挑，你说姑娘辫子粗，敢和稻穗比比瞧？”《芜湖县报》在1958年10月27日刊登胡家驹的诗：“如今农村大变样，万里稻田似金黄，高粱穗子捶棒大，大豆壳子刀豆长，湖水滚滚上山顶，圩堤胜过大城墙，高炉出铁像海洋，公路密似蜘蛛网。”该报在1959年4月27日登载张祖堂的诗：“白天塘里筐碰筐，夜晚灯火通天亮，为了亩产万斤鱼，干部奋战万斤塘。”在城乡的墙壁上还有许多诗配画，如画着娃娃骑着玉米棒在天空遨游，几个娃娃抢着一个大南瓜，等等。

（五）“大跃进”的结果

1958年至1959年的“大跃进”运动，把芜湖县的经济带到崩溃的边缘。到1960年3月，全县工矿多数停产、解散（当时称下马），工业总产值直线下降。据1960年7月22日芜湖县统计检查团简报披露：“县印刷厂在元旦开门红那天，切纸实际产值为300元，而报出产值6000元，翻20倍；排字组实际产值40元，却报出产值1800元，翻45倍。方村缝纫厂上半年实际产值5239元，报出产值多了99610元……”。在农村，农民连种子、口粮、饲料都当作丰收粮上交给国家，以至1960年春季出现全面饥荒，多数农民靠野菜充饥，能吃到米糠都属上等饮食了，全县出现了众多的浮肿病人，许多人眼看着饿死，仅易太乡殷港村殷港小队22户人家86人中就有35人得过浮肿病，饿死11人，其中男8人女3人，其严重程度可见一斑。

“大跃进”距今已30多年了，许多中老年人谈起来还心有余悸，现在青年人听了认为荒唐离奇，但这却是历史事实。

新中国成立以来的伟大成就为中外瞩目，但在前进的道路上也经历过一些曲折和困难，“大跃进”就是其中之一。回顾历史，启迪后人，前车既覆，后车为鉴，珍惜现在，奋斗未来，本文主旨即在于此。

（原载《芜湖县文史资料》，第4辑）

十三、一个孩子眼中的全民大炼钢铁

一　叶

上海市和平高三第二班同学发挥了无比干劲，用土炉坩埚炼出高级钢（图（1））。

呈现在我们面前的这张照片正中靠前的部位是一个炉子，正往上窜出高高的火焰，火焰边有两位戴着墨镜、身穿防护服、手拿钢钎的人，居于略高的土堆上。借着炉火，可以看到数十个学生模样的人，在夜色之中，兴奋而好奇地观看着……

照片的说明是："上海市和平高三第二班同学发挥了无比干劲，用土炉坩埚炼出高级钢”。时间是1958年10月8日。

这张照片把我们带回到“大跃进”的年代。记得我当时才念小学二年级。虽然年纪小，但大人们的热情也深深地感染了我们。我们的父母、长辈们，每天都早出晚归，参加单位内的大炼钢铁运动。我们学校的老师和高年级的同学们也在学校操场边的一块空地上摆开了战场：先是清除垃圾杂草，然后是平整地面。随后，又不知从哪儿搬来了一些耐火砖……

当时学校也向我们发出了号召：要求我们向高年级的大哥哥、大姐姐们学习，为我们学校炼出第一炉钢，做一些力所能及的工作。譬如说，去捡一些废钢铁、废砖头（耐火砖）之类的东西，因为我们的土炼钢炉需要这些……那时我们人虽小，但志气却不小。在父母、长辈们的影响下，在学校老师和高年级大哥哥、大姐姐们的带动下，我们也摩拳擦掌，干劲十足，准备为学校的炼钢事业贡献出自己的一份力量。具体说来，就是以学习小组为单位，开展劳动竞赛。

当时也有不少有利条件，那时的小学课业负担轻。四年级以下基本上是下午没有课的，到了五、六年级，每周才有一两天下午安排两节课，通常，下午的时间主要让我们自习，回家做作业。一般由三四个，最多五六个住家邻近的同学组成一个学习小组。选择其中一位同学的家作为开展小组活动的地点。现在则在小组活动结束（做作业，自习）后，将原来玩耍的时间用来捡废铁、废砖。其实，去捡废钢铁、废砖头，对我们来说也是件新鲜事。尤其对我们这些从小就循规蹈距的小学生来说，也可借此机会多跑些地方，熟悉熟悉周边的环境。因为一般来说，学校老师要求我们小组活动结束后，马上回家，不得在外逗留，更不得随处乱跑，以便使学校、家长放心。大多数学生一般都遵守这一规定。现在好了，可以名正言顺地在外面转悠了。但老师规定，必须由学习小组组长带领，集体活动。

开头两天的成绩还算可以。大家各自在自己家里“挖潜”。一般说来，家里总有一点破搪瓷脸盆、坏自来水管和旧菜刀之类的东西，正好拿来派用场。但两天一过去，该找的地方都已找过，能够看见的废铜烂铁都已先后成了我们的战利品，接下来该怎么办呢？

于是，每天下午我们开完小组会，各自回家放好书包后，再挎上一个自家买菜用的竹篮子，在学习小组长的带领下，兴致勃勃地出发捡废钢铁和废砖头去。

我们也和大家一样，放出豪言，要争取班级第一。但是，几个下午跑下来，才知此非易事。因为每天我们就是从家里到学校，又从家里到学习小组（也就是在居家附近），其他地方很少去。而在这条道上，别说是根本见不到什么废钢铁、废砖头之类的东西，即便是偶尔有一两个螺丝帽，也早就让眼尖的同学捡去，哪里还轮得上我们！这时，我们真希望长就像孙悟空那样的火眼金睛，老远就能发现废钢铁、废砖头……结果自然令人失望：一无所获，空手而归！

隔天上学，发现班级里像我们这种结果的学习小组还不少。当然，也有一两个学习小组的成绩颇为喜人：他们不仅捡到了废砖头，也捡到了废钢铁。其中就包括废旧的螺丝、螺帽、废铁块、断钢锯条及一些我们也叫不出名堂的废旧机器零件。显然，这些零件个头都不大，要不，凭我们这点气力，怎么能搬得动呢？至于废砖头，个头就相对大了点。一般来说，一个竹篮子至多能装两三块，多了既装不下也拿不动。看着别人的成果，真叫我们眼红。于是就千方百计地打听，这些废钢铁、废砖头是从哪里捡来的。开头，出于竞争的本能，他们还向我们保密。但经不起我们的软磨硬缠，这才向我们露了底。原来有的同学的家离学校比较远，其家附近有不少工厂，其中有的是冶炼厂，有的是机器厂，还有玻璃厂、翻砂厂，从这些工厂的废品堆栈中，自然可以找出我们所需的废旧砖头、废钢铁……

哪个小组捡到的废砖头、废旧钢铁越多，贡献就越大。一开头，我们还闹了不少笑话。一说要旧砖头，心想这还不容易？地上哪里都是，随便捡几块不就成了。但一送到学校才知道，普通的砖头根本没用，学校要的是那种白色、长方形的耐火砖……还有的同学未经家长同意，擅自将家里的诸如烧煤球炉用的铁火钳、通煤球炉用的铁通条之类东西也当作废铁拿到学校，结果导致家长找上门来……

我们也亲眼见证了照片（2）的场景。这是一张正在拆卸铁门的照片。照片的右面有三个男子正托着一扇刚卸下来的铁拉门，边上有三四个人观看。从

职工们正在拆下无用的铁门去炼钢（图（2））。

照片的左方隐约可见“正广和”三个字的冰柜；再从冰柜上面摆放的玻璃柜，可以推测出这是一家食品杂货店。照片下方的说明是：“职工们正在拆下无用的铁门去炼钢”时间是1958年8月28日。远的不说，在我原来居住的弄堂口也有两扇铁门，就是在那个时候拆掉的。但是话又说回来，那时的铁门压根儿没用，也没有听说过谁家因拆铁门而遭窃的。当时治安情况很好，铁门也确实无用。

随着时间的推移，作为临时的堆栈，紧挨着操场的一角已堆满了由各年级同学捡来的废钢铁和旧耐火砖；而在它边上的土炼钢炉已经日长夜大，渐渐成形，很像照片（1）的样子。据说砌炉膛很讲究，只是由于我们年纪小，根本无法靠前，其中的“机密”自然不得而知，真可谓“可远观而不可亵玩焉”。我们还看到不知从哪儿搬来了一个风箱，就是在当时打铁铺里常能见到的那种木制大风箱。有一米多长，40—50厘米高。随后，老师们又将风箱和土炼铁炉用一根铁箱连在一起……接下来便开始了点火，试炼。由两个高年级的大个子同学在一旁拉风箱，随着拉杆的一前一后的运动，风箱发出“呼哧、呼哧”有节奏的声响，而炉膛内的火焰也在忽上忽下地跳动，并且越烧越旺，尤其是在晚上，煞是好看……第一次炼钢失败了，据说是火力不够，还有技术问题。当然，这些都是老师们所关心的事情。好在学生家长中不乏工厂的职工，既有工人，也有技术人员，其中就包括炼钢工人。于是，学校借助他们的力量，又借来了鼓风机，甚至将土炼钢炉拆了，重新再砌……又经过数次失败和改进，我们终于盼来了出钢的日子。时间大概是 10 月下旬的某一天。

记得那天，我和同学们早早地吃完晚饭。趁着天色未暗，便和三两个同学急急地赶到学校。只见土高炉附近里三层外三层地站满了同学。我们人小挤不进去，只好用巧劲，往人少的地方钻。三钻两钻，居然也挤到离土炼钢炉较近的地方。学校为了庆祝胜利出钢，还特地在学校操场上加了电线，挂了几只 100—200 瓦的灯泡。这在现在看来似乎是太寒酸了。但在当时，在一所不起眼的小学，已算是一种奢费了。

随着天色渐渐暗下来，操场上方的灯泡开始发挥作用。虽然谈不上灿烂，比起摸黑总要好得多了。尽管此时凉风习习，已有寒意，但是我们在操场上的每个人都浑然不觉，而是被眼前的土炼钢炉所吸引。只见两位男老师头戴白色的帆布帽，鼻梁上架着一副墨镜，身穿白色的帆布衣裤，双手戴细帆布手套，紧握着钢钎，正在用力往炉膛里捅。随着鼓风机发出的轰鸣声，从炉膛里窜出来 1 米多高的火焰……

在两位老师边上还有一个同样穿戴的人，他不时地向两位老师说什么，由于鼓风机发出的轰鸣声，我们根本听不到他们在说些什么。

出钢的那一刻到来了，随着炼钢炉出钢口的打开，炉膛内的火焰一下子从里面窜了出来，足足有一丈多长。那略带橙色的火焰顿时照亮了小半个操场，使得那几个高挂在操场上的白炽灯变得愈加昏暗。其中一位老师双手握着一个长柄铁勺，凑近出钢口，接着就见那橙红色的液体缓缓地从炉膛内流进铁勺，还不时地溅起橙色、红色的火星。“成功啦!”不知谁叫了一声，随即我们也跟着兴奋地欢呼起来，同时还使劲地鼓着掌……老师小心翼翼地将钢水浇在边上的一个物件里（后来我才知道，这就是人们通常说的模具，只不过当时的模具很简单罢了。）浇完一勺又一勺……随着出钢仪式的结束，我们也带着满腔的热忱和一脸的兴奋，回到各自的家中。第二天一早，我们一进校门，就见里面热闹非凡。原来，同学们正在争睹昨晚的炼钢成果——只见在一张讲台上铺着红布、在红布上放着一块像砖头大小的青灰色物件，上面还充满着大大小小的气孔，它就是我们学校所炼成的钢铁!

随后，又见老师们将这块钢块从讲台上取下，小心翼翼地将它放在一辆手推车上，手推车上同样有一张衬着红布的讲台。还有的老师和高年级的同学则不知从哪儿搞来了红旗和锣鼓。后来才知道，老师们是要带着这件宝物到区里去报喜。由于我们是低年级的，所以报喜的事就由五六年级的大哥哥、大姐们和老师们包揽了。但据他们回来说，向区里报喜的除我们学校外，还有不少学校也都用土法炼成了钢铁！

好多年以后，我才知道：我们当时投身其中的便是“全民大炼钢铁运动”。粉碎“四人帮”以后，我才了解这一运动的背景。1958 年 8 月，中央政治局在北戴河召开扩大会议，正式决定 1958 年的钢产量要比 1957 年翻一番，达到 1070 万吨,1959 年达到 2700—3000 万吨。会后，为了在余下的四个月时间(前八个月只生产 400 万吨）完成追加的钢产量，当年翻番达到 1070 万吨的任务，在全国掀起了全民大炼钢铁的群众运动。由各级党委第一书记挂帅，动员了几千万人(估计约九千万）上山，砍树挖煤，找矿炼铁。建起上百万个小土高炉、小土焦炉，用土法炼铁炼钢……同时，以钢铁为中心，兴起了电力、交通、水利、文教等各行各业的“全民大办”，叫做“以钢为纲，全面跃进”、“一马当先，万马奔腾”……

上海在 1958 年 7 月中旬的累计产钢仅 30 万吨，与规定的指标相比，还差 90 万吨。因此，必须奋起直追……

这场运动当时给我的感觉是热闹、兴奋和好奇，另外，还有点成就感。

（原载《档案春秋》，2005 年第 6 期）

十四、从“大跃进”到大饥饿
——一个农村粮管干部的亲历与回忆

葛渭康

一九五八年

1958 年我任象山县南庄区粮管所副所长，后来任丹城公社粮油部副主任。《人民日报》元旦社论传达了中央“反右倾、大跃进，工业 15 年超过英国，10 年内实现《农业纲要 40 条》”的精神。象山县闻风而动，掀起兴修水利高潮，拉开了“大跃进”序幕。粮管所安排妥业务，由所长带队，自备农具，参加林海乡赤坎大水库劳动。我那时 25 岁，年轻力壮，积极响应。全区分别有百万方以上水库五座和十几处小水库上马。万余人上工地。人们不顾朔风凛冽、雨雪纷飞。热火朝天地开展竞赛。工地上红旗招展，歌声嘹亮。姑娘们“穆桂英队”的旗帜与小伙子们“赵子龙队”的大旗在工地上迎风飘扬，人们掘土挑泥打夯，健步如飞，挥汗如雨。宣传员拿着铁皮土喇叭来回高喊：“要当大跃进的促进派、不当促退派！”“叫高山低头，河水让路！”“提前实现农业纲要四十条！”到这年立夏，南庄区所有规划水库全部竣工，田畈相连的丹城，也挖通东大河。南庄平原实现旱涝保收，干部社员莫不欣喜，原来只种间作稻。现在可以改种连作稻，一亩田变成二亩田生产。

春耕插秧刚结束，中央统一部署发动全民剿雀运动，总指挥县长于华杰，县公安局局长倪岐任副总指挥。5 月 12 日凌晨，全县学校停课，商店关门，工厂停产，家家户户屋上插彩旗，人人手持竹竿、火药枪、洗脸盆、火油箱、铜锣等物，响器、鞭炮齐鸣，男女老小发出“嘀嘀!”呐喊，赶打麻雀，吓得屋檐下、地畈上、河塘边的麻雀四散飞窜，广播宣传战果辉煌，捉住几千几万只，其实兴师动众没有捉住几只，大多数麻雀被赶进了深山，《象山报》5 月 13 日有一篇现在看来很滑稽的报道：“丹城小学师生 1000 多人在丹城西边摆开阵地，总攻开始，一只飞得精疲力竭的麻雀躲到河边草丛，被小学生虞才官生擒……师生一共捣毁雀巢 6 个，捉麻雀 14 只，另有神枪手吴生仁共发九枪，枪枪命中”。

赶麻雀。

接下来，县委组织全县人民学习“鼓足干劲，力争上游，多快好省建设社会主义”的总路线，要求各区乡在早稻收获前组织脱产干部和各农业社书记以“行田头”方式对早稻进行估产，因涉及粮食征购，乡粮管员和区粮管所一名所长必须参加，我是管业务的副所长，当然要参加。乡干部为了政绩要把产量估得高些，而合作社支书总是说没那么高，一来一去像锯板。社支书怕估高了，征购加码，口粮不够吃。按照政策，总产量留下种子、饲料，按每人 360 斤（稻谷）留口粮，其余一律由国家统购，不得私自买卖和隐瞒。事实是农民副食少，劳动强度大，360 斤稻谷加工成大米只有 260 来斤，要吃 360 天确实不够，每到次年青黄不接时总要闹春荒。国家不得不拨出一部分粮票去救济，这种救济叫“返销”。但往往是杯水车薪，且要层层上报审批，手续繁杂。为吸取教训，农业社就采取“瞒产量”的办法来增加留粮。“行田头”结果，各自肚里一本账。早稻收割结束，粮管所驻各乡专管员对各社进仓稻谷统计，平均亩产在400斤左右，这已比上年度增产将近二成，然而不合上面胃口。不久，县委召集各乡镇书记会议核实产量，把产量问题上纲到拥护总路线还是反对总路线，批评有的党员“离右派只有50米”。东陈乡乡长贺正澜同志先报亩产670斤，声明根据乡干部试验田推算。此公原是县供销社副主任，曾与我同事，性格内向，温文尔雅，说话慢吞吞，不会吹牛。接着，林海乡不甘落后，报700斤。丹城镇报750斤。然而，以渔业为主的爵溪镇却报了800斤，超过了丹城镇。丹城镇书记坐不住了，起身到县农业科办公室一转，就对主持会议的县委副书记王化祥说，上午镇里全面清仓核产，亩产量增加到860斤。这样的你追我赶，还不能使县里满意，要求回去再进行一次认真核产。但核来核去不如人意，县委决定以搞运动的方式在全县范围内开展“反瞒产”斗争，以区为单位集中合作社支部书记办学习班。南庄区学习班、放在区委叫“小东洋”的一座大房子里，集中农业社书记和党员共60余人。大查合作社与生产小队的瞒产行为，采取人人过关的办法，对思想不通者小会帮、大会促。东陈乡马岗支部书记康祖行是有名的“犟癞头”，思想不通，被宣布“隔离反省”，关押起来，该乡还有一名党员被开除党籍。强迫命令之下，各社不敢再坚持，乖乖地在党委确定的产量表上签字，南庄区早稻一季亩产上了800斤，为以后高征购埋下了伏笔。接下来浮夸之风借“拔白旗”“插红旗”越刮越猛。何谓“拔白旗”？就是谁要是对“大跃进”高指标提出怀疑就由组织上采取措施，撤职。而谁能跟着浮夸的，提拔到领导岗，叫“插红旗”。广播、报纸天天宣传“一天等于20年”“解放思想，破除迷信”。科学家钱学森在6月16日《中国青年报》撰文称：“如果植物能利用射到一亩田上的太阳光能30%，稻麦亩产量就可达到4万斤”。接着，6月30日《人民日报》报道了河北安国南娄底乡卓头村1.7亩小麦亩产5100斤，放了第一颗“高产卫星”。8月13日《人民日报》又报道：湖北麻城溪河乡第一农业社早稻亩产36960斤。一时间，丹城街头“学麻城、赶麻城”，“人有多大胆，地有多大产”的标语铺天盖地，全县召开四级干部大会，号召“实现亩产吨粮县”。8月18日《人民日报》又报道广西环江县红旗人民公社一块试验田稻谷亩产130434斤10两4钱，更离奇的是9月26日《人民日报》发表了副总理兼外长陈毅的《番禺县访问记》，说他亲眼看到了这个县亩产番薯100万斤、水稻亩产5万斤。粮管所每年要收购番薯运往城市供应居民，一个麻袋只能装90—100斤，100万斤就得装1万余袋，若堆到一亩田上有二层楼那么高。学习时我说过不可信的话，当时大家和我一样认为是吹牛，不料以后因此惹祸，此为后话。

《人民日报》不断发表社论，大批“条件论”，鼓吹“人定胜天”，继续为“浮夸风”推波助澜，先签字要求各区、乡书记挂帅“移苗并丘”放卫星，即把别处同一品种已孕穗的晚稻移植到一块施有大量基肥的田里，密密麻麻挨在一起。说是“最大限度利用太阳能多株多穗出高产”。不许社员反对，强迫命令搞了很多“移苗并丘”，大片本来长势最好的稻子被集中到一块田里，钉上木牌，写上某某“卫星田”。象山县委的“卫星田”在南庄区白鹤庙农场，移苗完成后，在沉甸甸的稻穗上，坐着一位小姑娘以示这块稻子产量之高，照片向各新闻单位发出，记者是朱华庭，后来老朱说“下面放了凳”。其余各乡的卫星田，都照县委的样子。由于植株密不透风，茎叶发黄，于是就发动众多女社员，手执芭蕉扇“扇苗通风”。但终因违反事物客观规律而受惩罚，全部腐烂，颗粒无收。明明已经劳民伤财，鸡飞蛋打，还要猛吹牛皮。大徐区农业书记樊敬道的“卫星田”在没有腐烂时，报了亩产2000斤。县里王副书记就说，你的名字就是“万斤稻”（樊敬道谐音），就报1万斤吧。象山最大的一颗“卫星”是墙头区委书记叶树春的亩产16万斤。

在“大跃进”“大浮夸”的凯歌声中，10月1日，象山全县农民敲锣打鼓迎来了全面公社化，38个乡镇全部撤销，从南到北划分为9个公社。丹城镇、爵溪镇、南庄区，加上大徐、墙头等4个乡，组成全县最大的象山人民公社，后改称丹城公社，共12个管理区，108个农业合作社改称为生产大队，2.8万户，8.6万余人，9万余亩土地，政社合一，工农商学兵结合。10月4日，宁海象山两县合并，撤消宁海县，称象山县。县治从丹城迁往宁城，公社办公先在孔圣殿，半年后迁至城隍庙孤儿院（今县委党校），粮管所并入丹城公社称公社粮油部（对上仍称粮管所），办公在青草巷。我被宣布为粮油部副主任，公社书记为董方祥（县委常委），另有三名副书记分管农业、商业、副业。主任牟洪绪不久调任县工业局，我的老同事贺正澜为公社副主任兼办公室主任、党委委员。同时，取消自留地，不准个人养家禽、家畜，为防止社员私自宰杀吃掉或到市上出售，大队派出专门捕鸡队拿着网具挨户捕捉。

公社成立后，以生产大队为单位办起公共食堂，所有用具除一部分新添外，到各社员家里拿。各户的灶头大部被扒掉，拆下砖石给食堂垒灶，米甏、水缸都集中到食堂。社员家里的口粮、种子归大队仓库。宣布“跑步进入共产主义”。生产军事化，小队是排，大队称连，管理区叫营，公社为团。取消按劳分配，实行“八个不要钱”，即吃饭不要钱，吃菜不要钱，理发不要钱，穿草鞋不要钱，孩子读书不要钱，妇女分娩进产院不要钱，到缝纫组补破衣不要钱，老人死亡棺材不要钱。各生产大队男女社员由公社统一发工资，正劳力每月8元，半劳力每月4元（只发了2个月，公社财政不支，停发）。大队与大队之间的劳动力、资金、生产资料与物资，公社有权“平调”（通称“一平二调”），如爵溪管理区渔队到象山港养殖海带，需用大量木材、毛竹，凭公社一纸通知，可从沿港的墙头、亭溪两管理区随意砍伐、取用，甚至几百个养海带社员睡的铺板也向社员家里取用，有的还把人家的寿材板也拿来了，真是到了共产主义，一切都归公了。每个食堂选派成分好的人担任炊事工作，大队书记挂帅。食堂与食堂之间开始竞赛，集中农村做点心好手，保证食堂餐餐有红豆团、年糕、汤果吃，公社常召开现场会，互相观摩，比谁家食堂饭香菜美花样多。社员们在这股共产风裹挟下，也确实兴奋异常。生产有领导，吃饭在食堂，工资发现钞，真以为到了共产主义。但是几千年小农经济养成的私心一时难改，“一大二公”与我关系不大，出现干农活偷懒粗放，出门一条龙，每人只背一把锄，集体的犁耙没有人拿，推来推去得由小队长一人背。“人头不到齐，锄头挂肚皮”，听到食堂钟声，马上放下农活，成了一群蜂。那么，“放开肚皮吃饱饭”又是如何呢？据说长街公社有一社员因吃了太多的糯米饭撑死了，我没亲眼看到。但一次在南庄管理区洋心大队食堂，严重浪费却是亲眼所见，已是下午两点钟了，还有几十个社员在天井里乱哄哄地等饭吃。支部书记王德明是个癞子，头上无毛，却淌着黄豆大的汗珠，正在从大锅里把糯米饭扒到一只大木桶里去，头上的汗珠雨滴似的滴进了饭桶，他对我抱怨说："这些人真不识相，今天吃糯米饭，第一批人吃饱了，后来的人还未饱，再煮。等后来的人吃饱了，先吃的人又喊没饱了，于是又煮，一直煮到现在。"我说已经两点多钟了，一直煮到吃晚饭吧！下午不出工了？他恍然大悟，大吼一声，不煮了！才撵走一些胡闹的人。公社还印制了可在全社108个大队食堂通用的"流动饭票"，由各生产大队统一领取，供社员公出等使用，每逢丹城有集市，四面八方的社员群众先去东、南、西、北门各大队食堂巡视一遍，哪一家食堂饭菜好，就一齐拥向这个食堂就餐，把饭菜一扫而光，为此经常有人打架。

作为基层粮食工作者，肩负着统购统销。保证"军需民食"和安排社员生活双重责任。粮食是宝中之宝，我们面对浪费忧心如焚。据我们掌握的材料，生产队完成征购指标后留下的口粮实际库存不足半年，经不起如此浪费。在一次县粮食局召开各公社粮管所长参加的会议上，我说了食堂浪费粮食和某些社员吃饭比赛等不良现象，被财贸部某领导斥为"怀疑人民公社优越性"。

粮食浪费不仅表现在消费，还表现在收获方面：1958年下半年，忽然传达中共中央要"三年超英、七年赶美"，全民炼铁，大搞"小土群"，象山城乡大街小巷、学校操场、菜市场、生产队晒场都是用砖头垒起来的小高炉，到处是乱哄哄的满脸尘灰烟火色的人群，我也被指定担任一座小高炉炉长，五天五夜不合眼，炼不出一点铁。公社要求每个生产队白天黑夜地干，但就是不出铁，于是，就命令社员把家里的废铁都上交，人人上山找矿石，砍伐树木，谁不服从就是反革命。报纸上说全国6亿人口，投入大炼钢铁的劳动力超过1亿，丹城公社当时号称3万人上阵。时值秋收，劳动力不够用，命令开夜工。被"小高炉"搞得精疲力竭的社员，把琉璃小方灯挂在稻桶上，都去田埂上睡觉，管理区干部登楼瞭望，田畈上灯光闪烁，以为都在劳动，结果有很多稻子和番薯烂在地里，有的甚至堆在路边没挑回来任其腐烂。当时，有一首民谣："日夜小高炉，山上树斫完，田里稻烂完，家里锅砸完"。丹城公社8万余人，在身不由己的"大浮夸"和"共产风"里度过了1958年。

一九五九年

1959年春节刚过，春荒很快来临，到处在喊缺粮，丹城管理区生产大队的各食堂收进的大量“流动饭票”要求兑现，公社拿不出粮食，只好宣布“流动饭票”停用。南庄管理区一些大队向公社求救，由公社介绍到山区一些生产杂粮的大队借粮。只有爵溪管理区甸平山大队一共三十来户，住在高山上，尚有些番薯丝。但是杯水车薪解决不了问题，许多大队社员纷纷到山边，甚至到几十里外的涂茨公社刨取遗留在地里的小番薯、烂番薯充饥，有的则挖葛藤根等野生块根植物为食。食堂食粥，实施瓜菜代。

我把公社食堂缺粮情况写成报告，亲自送到县粮食局，局长童遵锵表示同情，但说省局下拨的返销粮票数量有限，缺粮面广，僧多粥少，你去找张玉田县长吧。见到张县长，我说丹城公社缺粮，由于原余粮统购任务从1600万斤，增加到2400万斤，一下子增加三分之一，说是余粮，其实是社员的口粮。张县长听了十分吃惊，说丹城的征购指标是公社党委自己报的，不信可以去问你们的董书记。我说要饿肚的大队确实在增加。县长说，你先拿5万斤去，把全面情况再调查上报。不久，公社办公室主任贺正澜接到县委通知，要求把全公社108个大队完成征购后留下多少种子、饲料、每人的口粮水平详细上报，连夜召集粮油部统计、专管员连同他们的秘书、文书十多人，搞了个通宵。没两天，县委书记冯世法（地委常委）带了一大班人来了，又去南庄缺粮严重的食堂视察，看到社员喝薄粥，问公社党委几位书记是否需要县里帮助。谁知这些头头打肿脸充胖子，异口同声地说：“这点困难我们自己解决，不找领导麻烦！”然而大话当不了饭吃，各地不断把缺粮情况反映到粮油部，再由粮油部上报县粮食局，幸亏业务系统还有一条反映渠道，县粮食局有专人负责，规定三天电话报和十天书面报，童遵锵局长经常下基层，比较务实，返销粮虽然数量有限，但总可解燃眉之急，挨到豆麦登场。然而，农业生产瞎指挥现象依然严重，早稻插秧，严令密植，秧苗的株距与行距必须严格做到“直三横四”（直三寸横四寸）。公社干部在农业书记带领下，每人拿一把竹尺，社员在田里插秧，他们在田边巡逻，不时用尺去量，凡不符要求的，拔了再插。社员一边收割春粮，一边插秧，都靠弯腰用力完成，稻区土地多，劳力不够，如此拔了插，插了拔，进度十分缓慢。立夏已过，明显误了季节，公社下令商店关门，学校停课，工厂停工，支援插秧，男男女女到“春插”第一线支农，这一行动声势浩大，似乎领导对农业生产十分重视。然而大多数人不会插秧，一丛苗一般应当是六七根秧，往往只插一根两根，更糟的是秧苗没有插到泥里，插在踏足孔里，人走秧浮。农活如此质量，焉有丰产之理。早稻如此，晚稻同样是瞎指挥加命令风。公社头头常常心血来潮，自己晚饭后先睡一觉，在深夜 11 点召开各管理区干部和部门负责人紧急会议，脱离实际违背农时地“赶进度”，并要求连夜贯彻到生产队。那时交通连自行车也没有，与会者白天东奔西跑，晚饭后赶会，远的要跑二三十里，开会时经常打盹，呼噜声此起彼伏，主持者采取厉声点名问话的办法，出口伤人，专横跋扈，动辄以消极右倾之名，予以无情打击。因为已是深夜，爵溪管理区一位书记，在回去的路上掉到河里差点淹死。就这样上面批，下面骗，以致弄虚作假盛行，晚稻收割到小雪还没割完，成熟过度，许多谷子就掉到田里发了芽，造成了严重减产。

以前几十户为单位的农业生产合作社，领导人都是当地生产好把式，工作得心应手。人民公社的领导人都是政府官员，他们不熟悉农业生产，不懂行，以外行人来指挥他所不能胜任之事，完全脱离了其管理能力的实际。1959 年的征购任务，没有接受上一年的教训，不顾农业队的反对，强迫命令，限期完成，再次挖了农民的口粮。更荒唐的还在于，社员自留田被收归集体后，还不能利用自己住的屋前屋后种几株南瓜芋艿来防万一，已经种上快要成熟的作物，也被干部强行拔掉。

庐山会议批判彭德怀之后，又在全国发动了历时半年多的打击右倾机会主义运动，浙江省委雷厉风行，派工作组到象山县，首先把长街公社党委副书记葛令官定为钻入党内的“假雇农”、右倾反党分子，在宁城中学操场上举行万人大会批斗，全县大队支书、脱产干部、国营企事业职工、学校教职员都到会接受教育。一时寒流滚滚，凡是倾向实事求是，对浮夸稍有不满者均人人自危。老实人贺正澜被公社第一书记叫去谈话，宣布审查，其主任职务也就被撤消。我已作好被整准备，因不是党委系统干部，又是非党员，因而只在粮食系统会议上被县财贸部部长点名批评，躲过第一波打击。紧接着，以陆国忠为组长的一个省委工作组进驻丹城公社东陈管理区，一批大队书记被当作右倾机会主义反党分子，遭到无情打击。其中东陈大队支书陈德清、山头大队支书武良朋、西庄大队支书李子清被逮捕入狱。一年后陈德清被放回，死在家中，武良朋、李子清死在狱中。“文革”中这三个大队的农民到县里造反，把已任县委宣传部长的陆国忠揪到当地游街斗争，饱受棍棒。粉碎“四人帮”后，这些斗陆国忠的人又被作为“四人帮”爪牙抓捕。这是后话。

反右倾运动把农村搞得死气沉沉，冬季生产搞得不好，冬种面积没播足，质量也差。起先对浮夸风和粮食征购高指标尚能提些意见者，如东陈管理区书记李先凯讲了几句“产量万斤稻，肚皮吃不饱”，结果被弄到党校改造思想。人人噤若寒蝉。这年冬特别冷，下了好几场暴雪，本来是瑞雪兆丰年，却预示着大饥荒不久将不可避免地降临。

一九六〇年

春荒在逼近，县里却仍在贯彻中央“继续大跃进”，“打退右倾机会主义分子在食堂问题上的进攻”的精神。重提节约用粮、计划用粮和瓜菜代。不久，又刮起“甑头饭”浮夸风。亭溪管理区苍岙大队食堂发明 1 斤米可煮 7 斤饭的办法。一斤米煮粥也只有三四斤。怎能煮出 7 斤饭呢？原来，他们从邻近的乌拉港瓦厂购来一种高 15 厘米、直径 15 厘米的粗陶钵头，先把大米浸泡 24 小时，再以 1 斤米放 6 斤水比例放入钵头，用大淘镬蒸煮，上层结了皮，有米的形状、像饭，再往下是糊，稀薄得很，公社领导吃了一口：“唔！好吃！”马上有人跟着说“好吃！好吃！”，田间劳作的社员吃了，一泡尿就没有了，这实际上是以水饱肚。经现场会介绍，迅速向全社推广，还推广到全象山。到各食堂去，会发现吃饭用的竹筷子的头都尖尖的，原来是人们刮“甑头饭”磨尖的，结果怨声载道。

大米越来越少，就把牛吃的番薯秧加工成粉掺和着吃，许多人大便秘结、拉血，在林海管理区后山大队现场会上，书记带头吃，连声叫好，谁不跟着应“好吃！好吃！”但就是对食堂不满，对食堂不满者就是斗争对象。在农村粮食极度匮乏的同时，城镇市场严重萧条，商店里肉禽蛋消失，少量糕饼之类一律凭粮票高价供应。居民口粮从每月27斤降为24斤，还搭25%—30%番薯秧粉、金刚刺根等所谓“杂粮”。食油从半斤减为二两，农村则停止供应食油。骤然间大饥饿降临，此时领导干部的特殊化就显得十分引人注目。县商业、供销、粮食等部门发出“内供”通知（有时由县财贸部发出）。17级以上（相当正科级）除享受一般居民供应之外，特供每人每月鸡蛋2斤、肉2斤、糖1斤、黄豆2斤、富强粉（上白面粉）5斤，菜籽油半斤（按季节略有调整），至于县团级（在公社任职县委委员、常委），除特供之外另有其他照顾。有的领导还公然在粮油部食堂包饺子喝酒招摇，职工们看在眼里，避而远之。至于一般干部，则无此特权。我的同乡，《象山报》记者朱华庭身高1.8米以上，人高马大，患了浮肿病，到县人民医院住院治疗，只供两餐稀饭，加一点米糠粉。副县长罗扬到该院慰问住院干部，每人给两个松花蛋、半斤黄豆粉、两包白猫牌劣质香烟算是特殊照顾。群众中流传：“领导干部送上门，一般干部开后门，社员群众望穿门”。食堂人员有掌勺之权，不先填饱肚子是傻子，把米装入布袋，用绳扎紧，放入锅内同煮，等无人时，取出食之，其名曰“吃宕饭”。还有运输队人员，运稻谷到轧米厂加工大米，不用扁担，用竹杠挑，把竹杠一头打通，大家一齐把米罐满自己的竹杠，一家人亦可饱餐几顿。最吃苦的就是每日在田间劳作的多数社员，必须天天出工，不出工不给粥吃。

地里的豆麦还未孕穗，饥荒越来越严重。南庄、何家、山头董等地社员，出现大面积浮肿病。饿得走投无路的农民天一黑就成群结队到丹城偷居民们屋瓦上晾晒的番薯渣子。居民也吃不饱，定量搭有腐烂番薯，经过磨制淀粉，渣子晒干再充饥。一天晚上，秧回头粮库保管员穆光霓押了一个农民到粮管所来，此时已是深夜11点多了，他手里抱着一支“七九”步枪，说有很多人翻墙进了院子，爬上屋顶，抢番薯渣子，把他吓坏了，以为来抢仓库，大叫要开枪，才把他们赶跑，最后一名抓来了。我一面安慰他，一面说，万一有什么情况，绝不能朝人开枪，只能朝天开枪，他们既然没有破门抢粮，只拿瓦上的番薯渣，虽也违法，但不是重罪。我和穆光霓一起问这位患了浮肿病的农民是哪里人，他说是南庄村人，家里老小几天没米下肚子了，实在没法子。因为冷，他一边说，一边在浑身发抖，看了令人心酸。我就叫他坐在食堂里，把门虚掩了，对穆光霓说，咱们睡觉去，等天亮再说。暗想我们一走，他必然逃去，说不定食堂里还有些冷饭可供他带去。穆光霓也是个善人，口虽不言，心却相通。果然，第二天一早，炊事员欧昌四大嚷，昨晚剩下的冷饭哪里去了？我说值夜班吃了，付了两斤饭票。

作为一个专门管理百姓吃粮的基层干部，眼看着自己仓库里粮食满满的，本来就是农民生产的，并且是他们应留的口粮，现在他们却在挨饿，心里头有说不出的难受和耻辱感。上级既然知道农村已出现“饿、病、逃”，为何不及时多发些返销粮票？一日，宁波专署专员王博平来丹城视察，一个人专门到粮管所来找我了解情况。他是镇海大碶人，地下工作者出身、知识分子。我豁出心肝向他反映了对高指标征购挖了社员口粮做法的不满，他听了非常感慨地说：“民以食为天啊！”中饭单独与我一起在食堂吃番薯丝饭，小菜是一盆蛏子，一碗咸菜汤，二人谈得尚投缘。他去后一星期，县里拨下10万斤返销粮票，解了燃眉之急。

一天，我在街上碰到公社卫生院院长邱永华，他是我妻子同村人，很熟，我说很多人生了浮肿病，有何办法治？他说，“给饭吃就好了呀”。我说：“没返销粮票，怎么开仓？我们是否一同到各大队去调查一下，到底有多少人患病，也好向上报告要粮”。他一口答应，卫生院下面有保健站，粮管所下面有专管员，布置全面摸底。蔡家岙大队支书沈守常来到我处泪流满面地说，社员吃野菜，有些人已躺在床上起不来了。他是一位非常诚实和胆小的农民，也生了浮肿病。我和邱永华就先去蔡家岙。走进村庄，不闻犬吠和鸡鸣，一片死寂。村口有几个头肿得很大的农民坐在一块石头上，沈守常一眼看见我们连忙站起来，先带我们看食堂，灶是冷的，地上有一摊野草、乌糯根，仓库里没有一粒粮，又到几户社员家里，孩子的神态木讷，头颈瘦得像根棒。大人的手脚水肿得有些透明，连说话的力气也没有了。这些惨景至今想来，尚觉心酸。邱院长带来一位女医生，走访妇女，不论老年青年女社员几乎100%子宫严重脱垂，医生说只有严重营养不良才会这样。这个村100多户人家，竟有120多人患浮肿病，有20余户已到重度。邱永华说，浮肿到这种程度机体衰竭治愈可能不大。我们又去了黄溪大队，该大队支书夏阿乔，贩牛出身，能说会道但为人直率。他说我不像沈守常那样听话，不信公社党委先完成征购不会让社员饿死的废话。即使开除我的党籍也不卖过头粮，故而尚能一干二稀。但整个公社像夏阿乔那样有胆魄的支书能有几个？我和邱永华把摸底调查向公社第一书记董方祥作了详细汇报。全社8万余口大部分人营养不良，近1万人患浮肿病，数千人十分严重。董书记似乎有所感悟，但要我们只向他汇报，不要扩散，可以向各自业务部门领导反映请求支援。后经粮食局同意调拨一部分米糠、大豆加工成营养粉，卫生院则用松树叶加红糖制成青松毛糖浆，分发到有浮肿病人的大队。不久，蔡家岙的沈守常对我说，那几户全身浮肿的严重病人，有的已经死去。事实证明，越是强劳动力，越容易饿死。饿死人的事件真的发生了，作为有良知的干部，怎不心疼与内疚？至于全社全县有多少人饿死（浮肿病死应算饿死），如果公安局那时的户籍档案还在，完全可以查清。在县粮食局一次会议上，我列举蔡家岙、黄溪两个大队例子，说了一句“听党委的话卖了过头粮饿肚子，不听的反而有饭吃”，结果闯下大祸，有人把我的话歪曲成“听共产党的话饿肚子”，向财贸部汇报。5月上旬，以副部长杨清真为首的工作组进驻丹城粮管所，先宣布我是右倾机会主义反党分子、彭德怀式的人物。发动群众以大鸣、大放、大字报的形式进行所谓揭发与批判，不准申辩，隔离反省，关在食堂楼上一个小房里。关到第二十八天，财贸部一位姓赵的女同志拿着一份打印好的所谓罪行材料和处理结论叫我签字，主要罪状是攻击党、攻击“三面红旗”（即大跃进、总路线、人民公社），是彭德怀式的右倾反革命分子，将我开除团籍、开除公职，押回原籍监督劳动。我当然不肯签字，她一定要我签名，我就写了“坚决不同意”，等待处理。

同命相怜的妻子在国营亭溪铜矿当化验员，其时已怀孕，在某领导的“关照”下，被分派去基建队挑砖，致使流产。回家休养没几天，又通知她不用再上班，无辜除名。那么，对已经定为“双开除”的我为何最终没有处理呢？原来副部长带班的财贸部工作组犯了一个原则性错误，丹城粮管所也是丹城公社粮油部，整公社的一个部门负责人，虽然地位低微，也要征得公社党委同意。现在把人整倒，连招呼也不打。加之一个多月来工作组住在食品厂，胡吃海喝，白拿粮管所仓库里的茶籽饼去毒鱼，把公社鱼塘里的鱼弄死了，影响很坏。公社党委第一书记董方祥发了话：“叫他们回去，我们党委不予承认”。要知道董书记可是县委常委，论官阶比副部长要高两级。于是，工作组悄然撤回，还被追查在丹城食品厂拿了多少松花蛋和高级饼干，责令退赔。这样，我也就不明不白“悬”在那里。一直到1961年9月，省委通知恢复宁海县，象山县依旧搬回丹城，我被调到县粮食局工作。

1960年下半年，虽然继续“大跃进”，大办工业、大办文教、大办城市公社，刮“共产风”，但对农民的控制有所松动、允许社员在屋边、地边垦植种些蔬菜杂粮。这可是农民口粮和蔬菜的重要来源啊！可以养一至两只下蛋鸡或鸭（不准养三只以上，因为成语有三五成群之说，“量变到质变”，群鸡群鸭当然是资本主义），最重要的是粮食征购指标退到1957年的水平，公共食堂自动散伙。到1961年春节，中央又发出《关于农村人民公社当前政策问题的紧急指示信》，取消公社“一平二调”共产风，重申“三级所有，队为基础”，恢复按劳分配，强调从根本上肃清“五风”（即共产风、命令风、浮夸风、瞎指挥风、干部特殊化风）。但是，此时农村已是元气大伤，经济凋敝，一时难以恢复，这年粮食亩产只有355斤，不如1949年。

附：

象山县历年粮食亩产摘要

年　份	1949	1958	1959	1960	1961
亩产（斤）	387	566	563	531	355

（材料来源：1972年象山县革命委员会生产指挥组计划办公室《国民经济统计提要》）

（原载《西湖》，2006年第2期）

十五、“大跃进”往事拾零

施杰锋

1958 年 5 月 25 日，毛泽东带领出席中共八届二次会议的全体中央委员到北京十三陵水库工地劳动。

“人有多大胆，地有多高产”——提起 1958 年的“大跃进”，人们常常会联想到“狂热”两字。经历过那场运动的人们，回首往事时，总有被岁月愚弄了一番的感觉，而且难以忘怀。

“大跃进”的浪潮席卷全国的时候，我还在电力工业部杭州电力专科学校求学。学校是社会的“苗圃”，青年学生是“早上八九点钟的太阳”。当全国人民“破除迷信，解放思想”，“一天等于二十年”，“跑步奔向共产主义”之时，学校的“火”也被点着了。

1958 年离我毕业分配走向工作岗位还有一年，我所在的机 554 班是 6 个毕业班之一。学校在制订“跃进”规划，要涌现多少名“三好”学生，培养多少名学生入党，以争取在北京、长春、长沙等 4 所部属中专中力拔头筹。而对毕业班则要求学生结合即将走上的工作岗位，制订“跃进”计划。同学们意气风发，豪情满怀，憧憬着水电建设高坝雄峙、长河奔流、机声轰鸣、人声鼎沸的广阔天地，抒发着自己的雄心壮志。有的说，要在电站建设工地忘我劳动，刻苦钻研，走“三结合”的道路，尽快将自己所学的知识转化为技能。一年转正，三年成才，在机械化施工中有所创造，有所发明，在某技术领域独树一帜。有的说，工地用的多是洋设备，新安江水电站的跨江缆机是德国造的，工地随处可见的苏式机器又太笨重，而我国自己造的设备诸如东风—54 推土机等又马力太小。表示要高举“鞍钢宪法”的旗帜，革新洋设备，独创新机器。

“跃进”会群情振奋，渐入佳境。当快临近结束时，一位教材料力学的青年教师也许受了同学们的感染，也许早已胸有成竹，突然起身走上讲台，“跃进”会别开生面。这位老师身材高大，仪表堂堂，讲起话来引经据典，慢条斯理，颇有些学究气，背地里同学们都称他为“博士”。果不其然，在列举了世界上几位著名科学家青年时期就学有所成崭露头角之后，来了个掷地有声，宣布了自己做“博士”的计划（当时我国学位制度没有恢复），要通过 5 年奋斗，力求功成名就。他还在黑板上工工整整地写了一首诗：跃进潮头凌云志，苦学寒梅傲霜枝，博采众长立新说，学海无涯我先痴。顿时教室里掌声四起，将“跃进”会推向了高潮。

而到了收场锣鼓更有“好戏”。一位性格内向、平时少言寡语的同学锋芒毕露，语惊四座：毕业后 3 年当科长，5 年当处长，8 年当局长，10 年成为部长。真是雄心勃勃，壮志凌云！当时学校里最大的官——校长还只是个正处级干部，这位同学的仕途升迁蓝图不啻成为使同学们大开眼界的“大手笔”。40 年后的一次同学会上当我首次见到他时，我突然想起当年他的“跃进”宏愿，有意多问了一些他的经历……当然，历史有时真会捉弄人，当年他夸下的海口经过时光的淘洗，证明这不过是应景的笑谈而已，兴许早已被岁月遗忘得一干二净……

课堂上的“大跃进”尽管七嘴八舌，绘声绘色，颇具诱惑力，但毕竟只是纸上谈兵。真正刺刀见红的却在课堂之外，那就是“大炼钢铁”。

那个年代，“大”字很吃香，什么大办水利啦，大办食堂啦，大办民兵师啦……不过，“大炼钢铁”一词的出现，却可在“两大阵营”对垒的风云变幻中找到注脚。这还得从1957年各国共产党和工人党莫斯科会议说起。据有关文章记载，曾经发明了“土豆烧牛肉”共产主义“经典”的赫鲁晓夫，在会上大发宏论，说要用15年时间赶上和超过美国。同时，曾经领导中国人民推翻了“三座大山”、走上了社会主义道路的毛泽东也不甘示弱，来个“触类旁通”，也宣布要在15年内赶超英国，并提出“东风压到西风”的著名论断。赶超英美，当时就以钢铁年产量作为衡量的标准，于是，“大炼钢铁”就成了“大跃进”的重头戏。但1957年我国只生产了535万吨钢，要赶上当时英国的3200万吨还有很大的差距。于是，毛泽东就仿效当年“百万雄师下江南”的壮举，大搞群众运动，“以钢为纲”，命令其他部门“停车让路”，“让钢铁元帅升帐”，以“超常规”的做法和速度把钢产量搞上去；并制定了1958年钢产量1070万吨的指标，比1957年翻一番。随后又提出1959年要达到3000万吨的要求，以期在一两年内钢产量首先超过英国，将15年的赶超时间大大缩短，让社会主义提前战胜资本主义。

我们班的任务是建造一座土高炉，生产指标1吨。班里成立了3人领导小组，每个同学都成了“钢铁战士”，一切行动军事化。由于每个班都有建炉炼钢的任务，一时间，校园里一个个像碉堡又像坟堆的土包包拔地而起，炉砖、煤炭、柴火、废钢铁等满地狼藉。目光所及，处处点火，班班冒烟，大呼大叫，人影憧憧，校园已是烟火起处不夜天。此时，你若到外面走走，只见近处的街头巷尾，远方的楼旁空地，全民上阵，大炼不息。这场景，这做派，似乎人们又回到了上古时代宵衣旰食，筚路蓝缕，火与石搏击，人与自然抗衡的蛮荒岁月。

然而，炼钢铁不是小孩子玩泥巴，首先得有像样的原料。但原料奇缺，炙手可热。记得焦炭是班上同学去京杭运河湖野码头运回的。当时正是7、8月份的大热天，我们连夜推着几部木板车自学校来到船码头，下到闷热的船舱里，用铁铲将焦炭一铲一铲地铲到泥箕里，再肩扛人抬弄到板车上。由于焦炭有限，转运的学校又多，船舱里人满为患，大家你抢我夺，累得汗流浃背，一身灰土；待我们将焦炭拉回学校已是星光隐去天将放亮了。再说用以替代铁矿石的废钢铁的搜集也不容易。家住市里的同学把家里的破锅烂铁都弄来了，家在外地的只好去四处搜集，那怕一枚烂铁钉、一根废铁丝也不放过。

由于缺乏正儿八经的原料，加上“投笔从工”，没有技术，缺乏经验，炼第一炉“钢”的时候，由于焦炭不足，炉温太低，吞了废钢铁的炉膛就是不听使唤，铁水怎么也流不出来。此后，尽管一边鼓风机一个劲儿猛吹，一边继续加煤添炭，但流出来的铁水还是像羊拉屎般断断续续，点点滴滴。后来经专人指导，调整了炉腔内原料的比例，提高了炉温，终于铁水成流了。不过，望眼欲穿的新生儿却全是“豆腐渣”，冷却后成了一饼饼粗糙不堪的铁疙瘩。但这毕竟是我们用54颗心换来的“圣果”，我们还是用红布将它包好，向学校报了喜。

由于“大炼钢铁”使大批农民脱离了农业生产，砍光了数不清的山头，浪费了大量原材料和资金，挤压了其他工业生产，严重破坏了国民经济的综合平衡；加上当时盛行的“共产风”、“瞎指挥风”、“浮夸风”的危害，全国国民经济到处救急，危机四伏！到1959年拼上了1800万吨钢之后，“大炼钢铁”再也难以为继，就紧急刹车了（学校里炼钢炼铁也在早些时候就灰飞烟灭），钢产量指标逐年下调，到了1962年就降到667万吨。当然，此时再也没有人唱“赶上那个英国不要15年”那首歌了……

由于“大炼钢铁”，长期的超强劳动和睡眠不足，当上课的时候，同学们怎么也打不起精神来，以致没过多久，眼睛就睁不开了，有的同学索性就趴在课桌上睡着了。老师见状也只好睁只眼闭只眼，毕竟“钢铁战士”劳苦功高。其实，此种“睡课”延续了好长一段时间，至今我还清楚地记得自己做的“梦游笔记”——一页页24开的笔记本上只歪歪扭扭地写了开头几行，接下来便是“鬼画符”，说字不是字，说线条东拉西扯弯弯曲曲。这些“高级密码”自己也不认得，看了实在好笑；其他同学也有“异曲同工”之妙，抑或还有新的“创造”！

更有甚者，我们“大跃进”还走出校园，“跃”到了人民公社。

那是1959年年初，班上为杭州郊区留下人民公社设计一座综合性的机械加工厂房，并作为毕业设计。全班同学自带行李，住在公社的一间大仓库里，时间大约有半个来月。我们按照公社的要求，编写了设计大纲，画了布置草图，全班同学分成几个组后开始设计。

当时，“一大二公”、“政社合一”的人民公社运动方兴未艾，新事物层出不穷。其中最新鲜的事儿是“吃饭不要钱”。

这，当然也有来头。1958年11月，毛泽东主席对《山东范县提出1960年过渡到共产主义》一文写了批语，对该县在大办人民公社中推行的工资制、供给制、公共食堂等改变集体所有制的做法大加赞赏。该文在描写人民公社的“天堂”时写着：“人人进入新乐园，吃喝穿用不要钱，鸡鸭鱼肉味道鲜，顿顿可吃四大盘”。从此，农村人民公社开始大办公共食堂“吃饭不要钱”。

我们进公社正好赶上了这个“大吃”的潮头，人人都打了牙祭。说明白点，你道咋个吃法？每天开饭的钟声响起时，只见晒场上摆着十几个大木桶，盛满了白花花的大米饭。钟声使人喜，钟声召人来。社员们手里拿着两只大大的碗，兴冲冲地来吃这“不要钱”的饭。饭，按“共产主义”的吃法——各取所需——正应了当时流行的一句话“鼓足干劲生产，放开肚皮吃饭”。菜，则仍停留在“社会主义”阶段，由专人掌勺定量分配，多是青菜瓜豆之类。我初次尝试这种“社饭”时，担心“僧多粥少”，饭装了满满的一碗，最后怎么撑肚皮也无法消受；而近水楼台的社员们，每人端着“共产主义”和“社会主义”回家去了，到小天地里再去进行“社会变革”……

其实，当时的许多公社，即使是一些刻意培养的“典型”，也只不过是打肿脸充胖子，哪里有能力让大家如此大吃大喝！而且大吃吃出了懒汉，还造成了浪费，因此，它不过是上个世纪50年代末期的“空穴来风”，很快就由后来成千上万饿死的冤魂野鬼作了无情的回答！由此看来，曾经吃了“不要钱”的饭的我，也该是难辞其咎了！

讲了上述我亲身经历的“大跃进”中的几件往事，我又想起一些文献中多次陈述过的话：我们党在社会主义革命和建设中，长期吃过“急于求成”、“主观蛮干”的苦头。为了加快中国工业化的进程，一心想早日建成社会主义的“大跃进”，终于成了古往今来中国历史的一大“创造”。今天，当全国人民解放思想，实事求是，与时俱进，振兴中华的时候，就不难理解，为什么以胡锦涛为总书记的党中央一再强调，要坚持“三个代表”的重要思想，坚持科学发展观，以人为本，一切从实际出发，按客观规律办事，那些在“火红的年代”发生过的蠢事，也许再不会重蹈覆辙了。

（原载《广西电业》，2007 年第 1 期）

十六、信阳事件：一个沉痛的历史教训

张树藩

信阳地区位于河南省东南，与湖北的孝感、黄冈和安徽的安庆、六安、阜阳五个地区接壤。该区有大约一半的面积曾经是大别山、桐柏山老革命根据地。这里是河南省的重要粮棉产区，还盛产茶、木材、毛竹、油桐、药材和猪鸡鱼鸭等，素有青山绿水、鱼米之乡的美称。

就是这样一个美丽富饶的地区，在20世纪50年代末的“大跃进”期间，由于“浮夸风”、“共产风”的肆虐，竟然造成了大量人口的非正常死亡，成为举国震惊的信阳事件。

事件发生时。我任中共信阳地委副书记、行政公署专员。经历了事件的全过程。虽然时间过去了三十多年，但这一和平时期的血的教训，无时不在我的脑海中翻腾激荡。

全国第一个人民公社和信阳的"浮夸风"

1958年春，信阳地区的遂平县嵖岈山群众为了兴修水利，要求把几个高级社联合成一体，我们地委同意了群众的这个要求。当时取名叫集体农庄，学苏联的，实行领导、计划、分配、财务四统一。不久，毛主席提名叫人民公社，嵖岈山就成了全国第一个人民公社。到8月份，全地区实现了公社化。

在1958年夏收中，当时在嵖岈山人民公社坐镇的遂平县委副书记赵光，将一块亩产四五百斤的小麦浮夸成3200多斤。随之，西平县城关公社出现了亩产小麦7320行的更大浮夸典型。他们是把多亩产量集中起来上报的，当时我就不相信。地委书记路宪文跟我说出现如此的高产典型时，我说那是胡说八道，根本不可能。我想一亩晒场能晒多少，怎么会一亩产几千斤小麦呢。于是，地委就派副秘书长王秉林到西平县实地调查，回来说是真的。然后我亲自到现场察看，证明并不真实。就在这时，继《河南日报》之后，《人民日报》也大登特登亩产几千斤的消息，还发了号外。从此以后，谁要说是假的就挨批斗，全区为此挨批斗的人大约有12000多人次。于是，"浮夸风"越刮越大，信阳县有名的鸡公山公社浮夸到亩产万斤水稻，有个别的地方浮夸说亩产几万斤，还出现亩产几十万斤的大典型。不

河南人民大干一百天，实现全省水利化。

过，1958年毕竟是大丰收，虽然由于大办钢铁等误了农时，没能及时收割，损失了10%左右的粮食，但群众生活没有出大问题，这年全区完成征购任务16亿斤。

人民日報
RENMIN RIBAO

内容提要
第一版
中共中央关于在农村建立人民公社问题的决議
赫鲁晓夫写信警告艾森豪威尔：侵犯中国就是侵犯苏联
第二版
社論：先把人民公社的架子搭起来
中小城镇和广大农村人民积极作解放台湾的坚强后盾
第三版
赫鲁晓夫就台湾海峡地区局势問題給艾森豪威尔的信（全文）
刘泽荣：保衛国家主权的重大措施
第四版
各国舆論继续谴责美国侵略者对我国挑衅
第五版
苏联各界人民热烈拥护苏共中央全会关于召开第二十一次党代表大会的决定
本报評論員：德国的重新統一不容再拖延
可耻的失败
第六版
冶金工业部組織万人技术大軍协助各省多出钢铁
石景山钢铁厂十四天建成一座轉爐炼钢車間
第七版
江苏决定立即推广繩索牵引犁
第八版
赵树理：出心样子

1958年9月
10
星期三
夏历戊戌年
七月二十七
今日北京开印时間3时30分

中共中央关于在农村建立人民公社問題的决議
——一九五八年八月二十九日

1958年9月10日，《人民日报》刊载了《中共中央关于在农村建立人民公社问题的决议》。

在当年的大办钢铁和工业运动中，同样是浮夸成风。且不说炼钢的质量根本不行，数量也都是假的。许多地方把日产几百斤说成几千斤，商城县更绝，竟浮夸成日产6000吨。为此，中央冶金部在商城开了一次全国大炼钢铁的现场会。事先我也去商城看了一次，认为是假的，有的小土炉一天费很大劲才能炼出几十斤，最多不过三百斤。回到地委，我就和路宪文谈了我的看法，并说这样下去，我们会犯大错误的。路当时对我的看法不同意，并说群众运动，气可鼓而不可泄，你看消极面太多了。所谓“看消极面太多”，就是我看到有些干部强迫命令、违法乱纪、随便打人，将山林树木乱砍滥伐，砸群众的锅来炼钢等做法，深感不安，认为得不偿失，并预感到要犯错误。

春节不回家，干劲更加大。

到1959年，信阳地区出现了百年不遇的大旱灾，一百天不下雨，秋粮眼看着大面积歉收或无收。当时地委几个书记分工，我主管农业、政法、财贸三条线。为了让全区各县市领导认识问题的严重性，我在8月初召开了一个各县市有关负责人的会议，让大家实事求是地估计秋收形势，认识灾情，及早采取措施如多种蔬菜等，将灾荒消灭在春节之前。但这个会议事先未经地委讨论，有些人就有了看法。不久，省委要召开贯彻庐山会议精神（反彭德怀）的会议，地委让各县报秋收预产。地委办公室汇总后，召开常委会讨论。当时地委9个常委中，8个人认为1959年农业生产比1958年丰收，是特大丰收年，因为根据各县市预报的粮食产量是72亿斤，而1958年不过56亿斤。我在会上谈了和大家完全不同的看法，认为今秋是个大歉收年，全区总产大概就30多亿斤最多超不过40亿斤（后来证实只有20多亿斤，我说的也多了）。

“反右倾”使“左”倾错误变本加厉

8月底9月初，省委召开贯彻庐山会议精神的扩大会议。在会议开始时，省要让各地市委书记预报秋收产量。路宪文不去，让我去参加。我先将地委集体讨论定的72亿斤总产说了。接着谈了我在地委常委会议上谈的意见。这便引起省委对我也有了看法。第二天就问路宪文说你们信阳是怎么搞的。路宪文向我问明情况后很不高兴，马上召集在省里开会的各县、市委书记让重新报产量。各个县市委书记开始都低头不谈，在路宪文一再逼迫下，才说：不是在家里都报过了嘛，还报什么？路说，有人可不是这么认识的。这很明显就是要发动大家把矛头对准我了。当时我不管怎么样，又在会上谈了我的看法，并提出我们共产党人在什么情况下都要实事求是，虽然这次省委扩大会议是反右的，但不能因为怕反右就不实事求是。我说完后，县市委书记没有一个说话的，可见大家是了解情况的，只是不敢说实话而已。随之扩大会议按省委意图要各地市找右倾典型，展开批斗。尽管省委已把我定成严重右倾分子，可批斗就是发动不起来，没有一个对我批评的。路宪文无奈，抓住一个说过点实话的平舆县县长曹明展开了批斗，这也算信阳地区在扩大会议上找到了一个所谓“右倾分子”。随即撤销了曹明的县长职务。

扩大会议后，我回到地区抓秋季粮食征购任务。省委仍按1958年大丰收的标准征购，我们地区又完成了16亿斤，将农民的口粮、种子粮都交了征购。秋收刚完，很多地方群众就没饭吃了，开始出现了逃荒要饭的现象。很多食堂开不了伙，群众无奈，就在家里煮红薯叶、野菜充饥。干部发现后把他们的锅给砸了，群众就外出逃荒。地委认为这是破坏“大跃进”，就让各县市在各路口设岗拦堵群众，不准外逃。当时地委不仅没有认识问题的严重性，反而认为是有人将粮食瞒藏起来了，于是决定在全区开展“反瞒产”运动。

我分工到西平、遂平两县开展“反瞒产”工作，先到西平县安排了一下，即到遂平县。县委还在召开全县生产队队长以上干部会议，进行“反瞒产”动员，然后讨论报瞒产多少。我参加了会议，看到很多人都低着头一言不发，即感到其中大有问题。于是，我就下到两个公社看了一些生产队的群众生活，确实已经没有粮食，仅吃点红薯、野菜等，不少群众脸上已出现浮肿。我看到问题很严重，当天晚上就回到县委召开常委会议，提出了征购已透底，人民生活无着落，已出现浮肿和外逃现象，不要再逼大家报瞒产了。我说瞒产可能有，但当前急需安排好群众生活问题，然后有什么问题就解决什么问题。我知道他们县超征购了700万斤粮食，就让他们先拿出这些粮食解决群众生活问题。有人提出动用国库粮食需请示省里批准，我说来不及了，等请示批准后再拿出来会饿死人的，你们不要怕，一切问题由我负责。我跟县委商定后，一方面让

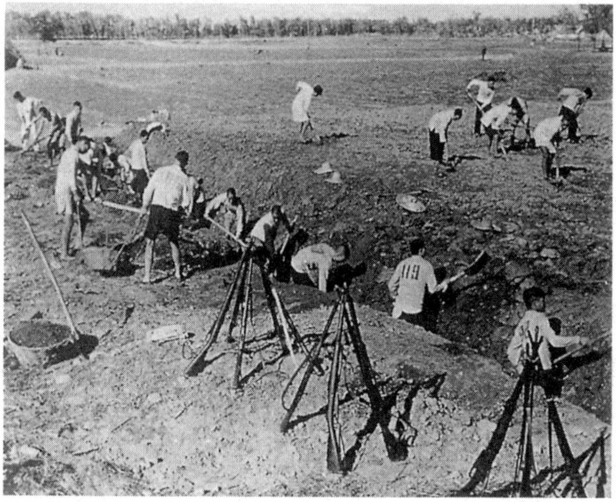

人民公社带有准军事化的特点，许多社员同时又是民兵。河南郑州市东郊公社社员带枪到田里劳动。

我的秘书余德鸿给路宪文写报告，一方面开仓放粮，安排群众生活，使这个县基本上没有饿死人。后来戴帽批斗时，这就成了我的一大罪状，余德鸿同志也受牵连挨了整。

其他县的情况就不同了，都说反出了瞒产几千万、几亿斤不等的粮食，还召开了一些现场会。如鸡公山公社的现场会，在场里圈着很多所谓瞒产粮食。其实就上边一层稻子，下面全是稻壳子，完全是弄虚作假。类似这种情况在很多地方出现，这就不可能不把群众置于死地。群众写信到省委，被转回地委让严肃处理，结果有的被逮捕法办了，有的党员竟被开除了党籍。光山县某地有个农民找医生看病，医生说这个病好治，有两碗粥就好了。因此将这个医生逮捕法办了。信阳县委有一个纪委干部看到饿死人的严重问题，给省委写信反映情况，受到留党察看处分。当时路宪文在省委支持下，为了不让干部群众向中央写信反映情况，还专门开会让各邮局把关，凡是反映情况的信，一律扣压，后来统计被扣压的信件达12000多封。即使如此严格限制，还有人跑到许昌地区向上寄信。有一个党支部（哪个县哪个村已记不清了），23个党员饿死了20个，剩下的三个党员，给省委写了一封信，请求省委救救他们村的人民。此信也被省委秘书长戴苏理扣压并要查处。

在群众已处于死亡线上的情况下，不少地方开始杀牛吃。当时我虽然已被列入地委常委的批斗对象，但还未停止工作。在批阅公检法送来的案件时，看到群众杀牛的案子我就深感问题的严重，开始批了几件都是从轻处理的。到1959年10月，杀牛吃的越来越多了。尽管报告上写的杀牛人都是如何坏，还给加了“破坏社会主义”、”反对大跃进”等罪名，可是我清楚地知道这都是在万般无奈的情况下不得不干的。从此我就不再批处这类案件了。

贯彻庐山会议精神的省委扩大会议后，原来进行的包工包产试点也被批为“右倾”。这本来是地委农村工作部长延炳玉布置各县搞的，现在不认账了，把责任都推到下边。为此将息县、淮滨等数县农工部长打成了“右倾机会主义分子”。光山县委书记马龙山曾让副书记张福鸿到一个生产队搞包产到户试点，到反右时，马不敢承担责任，说是张自己搞的。张不服，坚持说是马书记派他去搞的。就这样，马龙山为了杀人灭口，就在县委扩大会议上发动批斗，将张福鸿打死了。然后说张畏罪自杀，立即埋掉了。

饿死人震惊了中央领导

由于我在地委常委批斗会上一直拒不认错，常委们就给我总结出了四条“严重右倾错误”。

1. 把 1959 年的特大丰收说成大灾荒年。不仅在地委会议上说，到省委扩大会议上还坚持已见，并在县市委书记会上反右倾机会主义、批判彭德怀时，还提出要坚持实事求是。

2. 在 8 月份召开生产救灾会议时，把灾情讲得那么严重，否定了“大跃进”的大好形势。

3. 到遂平县进行反瞒产工作时，不但没反出一斤粮食，反而不请示报告省委，私自动用国库粮 700 多万斤。

4. 对干部的干劲不是鼓励，反倒诬蔑说不是共产党而是国民党的作风。路宪文带结论性地说：你老张每次下乡，回来都向我说消极方面的问题，对 1958 年小麦亩产 3200 斤和 7320 斤你不相信，对大办钢铁也不相信下边报的数字等等，这不是右倾又是什么？我劝你要老实检查，从此你也不要工作了。

此后，我除参加地委和专署党组组织的大小批斗会外，就是在办公室看书报。地委、专署召开的一切会议不仅不让参加，会议的文件也不让我看，什么情况也不知道了。我的秘书余德鸿也因同情我的观点而被撤职批斗，从此再没有一个人敢接近我了。但在专署党组扩大会议上可以看出，没有一个人是在真的对我进行激烈批斗，大都是轻描淡写地提些鸡毛蒜皮的小问题，没话找话，应付了事。实际上，绝大多数人是同情我的，事后证明也确实如此。

有一天，余德鸿从我办公室门口路过，我看到了叫他进来，他很害怕不敢来。我说小余你怕什么，不是也和我一样了吗？过来谈谈话也好嘛。余进屋了，我问了他一些情况。他说他已被撤职，也没工作可做，半个月就回淮滨县老家两次。我问他两次回家干了什么，他说，第一次回家是埋大爷大娘的，第二次回家是埋父母的。我问怎么半个月内四个老人家全去世了，是什么病死的。余说是瘟疫传染的（当时饿死的人统统说成是瘟疫，不能说是饿死的）。这使我感到问题更严重了，因为我知道余秘书的家还算是比较富裕的。于是我又对余说：事到如今，你对我还不敢说句实话，他们到底是怎么死的？这时余的眼泪流下来了，哭得说不出话来，停了一会才说出都是没有吃的饿死的。听后我也难过得掉了眼泪。接着我又追问：你们村饿死多少人？余说他没有多出家门，光知道他们村西头就饿死一半多，有不少人饿死都没有人埋。听到这些情况后，我的脑子像炸了一样。余离开后，我当即跑到地委找路宪文。路不在，主管党群的副书记王达夫在办公室，我就把余德鸿谈的严重问题向王讲了，并请地委立即采取紧急措施挽救。事后了解到地委仍未采取紧急措施，始终不敢承认是饿死的，全区统一口径都说是瘟疫传染而死的。直到1959年11、12月间，在大量饿死人的情况下，以路宪文为首的地委才向省委报告，要了粮食。当时省委并不是不知道信阳地区的问题，省委主管财贸的副书记宋致和就曾在信阳到潢川县的公路两侧看到过几个饿死的人；省纪委书记刘名榜是信阳地区新县人。他回老家时，也在路上看到过死的人没人埋和乡亲的饥饿情况。但那时人人自危，谁也不敢坚持原则，不敢出来为人民说句实话。

地委召开大、小会议批斗我的过程，也正是信阳地区饿死人最严重的时期。由于我坚持不按省地委要求作检查，不承认错误，批斗了两个月也就停下来了。到1960年2月，大量饿死人的问题总算制止了。路宪文有一天找我谈话，说你从今天起就开始工作吧，未再谈及检讨错误的事，并说中央内务部来了一个处长要到淮滨检查灾情，你可以陪这位处长下去看看情况。就这样。我的所谓严重右倾错误也不了了之，并从此开始了工作。

我跟内务部郭处长到了息县、淮滨两个县，郭处长看到灾荒十分严重，就问我到底饿死了人没有。我说有，而且还不少。郭处长问饿死了多少人，我说自己从去年九月底就开始挨批斗，你来了我才开始跟你第一次出门，对全区情况也不了解，只能估计一下，饿死的人可能在二十万到三十万之间。郭处长一听就感到问题太严重了，只待了两天，就回内务部了。事后得知，郭处长回去后即向部领导谈了我说的话，部领导马上就让他向国务院秘书长习仲勋汇报。习仲勋同样感到问题严重，又向中央纪委书记董必武作了汇报，董老马上派李坚、李正海两个处长到信阳地区进行调查。他们经过三个月的调查了解，越查问题越严重，最后结论是饿死的数字比我估计的要多好几倍。

他们将调查结果向省委汇报后，省委不是正视错误，承担责任，而是千方百计地设法掩盖。不仅未对信阳地委严厉批评处理，省委书记吴芝圃还对路宪文说，不要害怕，省委是支持你的。1960年7月中旬，省委还派副书记杨蔚屏、李立和纪委书记刘名榜等在鸡公山上召开县委书记以上的地委扩大会议，统一认识，缩小问题的严重性，继续肯定“大好形势”，也就是贯彻省委捂盖子的精神。在这个会议上也说要发扬民主，让大家提意见。路宪文在总结性发言中，也做了一些轻描淡写的检讨，但根本没有涉及问题的实质。我当时认为，路的讲话实际是表达了省委的意图。

我在这次鸡公山会议上作了三次发言，以承担责任、严格自我批评的态度，指出了一部分问题的严重性，因此又触怒了省、地委领导。地委路宪文、延炳玉、王达夫、武建华等常委背着我连夜召开秘密会议，作出决定，下一次会议要以批斗我为中心。他们说张树藩要翻案，必须批判。我知道他们又要把矛头对准我后，找到新到省委当副书记的李立，谈了我的看法，并揭露了他们的阴谋。李书记对我的处境表示同情，并安慰我说，不要怕。你谈的情况我都明白了。我估计李书记随即与杨蔚屏、刘名榜等省委来的负责人研究了我说的话，决定会议不能再转到批判我的问题上了。于是，当路宪文等向杨蔚屏汇报地委常委已决定将会议转向批我时。杨说不能再批人家了，现在得让人说话。

这时候，副省长王国华上山来了。他是信阳确山人，老红军，对信阳地区饿死这么多人非常痛心，非常气愤。他在会上指名道姓地严厉批评了路宪文，说张树藩、李瑞英两口子为群众说了实话，你们却整了人家。(我的老伴李瑞英 1959 年 6 月 1 日至 7 月 1 日曾带调查组在当时号称万斤红旗乡的鸡公山搞经济调查，不但没有调查出亩产万斤水稻的高产量，反而在给路宪文写报告中要 21 万斤粮食，安排群众生活。为此，路说她是否定大丰收，为富裕中农叫嚣。在贯彻庐山会议精神后，李瑞英被调到省委党校，在全校学员和省市直理论辅导员一千多人的大会上接受揭发批判，全省出名。省委秘书长戴苏理听说李瑞英不服，十分恼火，说因李态度不好，要加重处分，撤销专区妇联党组书记和主任职务，仅保留地委委员）王国华的发言对会议震动很大。他是第一个点名批评路宪文的，也是第一个为我们说话的。

这次鸡公山会议决定逮捕光山县县委书记马龙山，并要求将其判处死刑，主要因为马主持打死了副书记张福鸿。其中的文章事后才看清楚：省委是想用杀马一人表示对信阳地区发生的严重问题进行了严肃处理，还是为了捂盖子(对马定死刑报中央后，毛主席说，我还没有杀过一个县委书记，判死缓吧)。

在中纪委两位处长把问题查清报告党中央后，毛主席批示说，信阳出的事件是反革命复辟，是民主革命不彻底，须组织力量进行民主革命补课。于是，中央从各部委抽调数百人来到信阳地区。这时省委才慌了手脚，也仓促组织了六七百人到信阳，全面改组各级领导班子。先派省农工部长赵定远任信阳地委书记，省统战部副部长赵子平任副书记，高祥辉、刘策分任地委组织兼宣传部长；中央派的干部分别到各县、社任县委书记、县长、公社书记、主任等。原地委书记路宪文被停职检查，其他副书记、部长靠边站检查，原有九个地委常委仅留下我和纪委书记邱进敏没有动。

就在地县委彻底改组之时，中央派李先念、王从吾、徐子荣和中南局陶铸、王任重两书记，在省委书记吴芝圃陪同下来到信阳地委。地委决定让我负责在第五步兵学校招待所接待他们。在招待所会议室里坐下喝茶时，吴芝圃说话了。他的原话我至今还记得很清楚。吴芝圃指着我说："树藩同志，信阳地区发生的问题，省委事先一点也不了解，把省委蒙到鼓里了。听说你和路宪文认识不一致，你怎么不找我谈谈呢？如果早找我谈谈，不就避免了发生这样大的问题吗?”本来我事先没想对中央领导说什么，但在吴说了这样一番谎言的情况下，我不得不说话了。

我的原话是:“芝圃同志，你真的一点情况不知道吗？那么地委给我戴上右倾帽子，对我进行几个月的批判斗争，这不是省委批准的吗？否则路宪文他敢批斗我吗？既然是省委批准的，又是根据什么批的，还不就是根据我在生产救灾会议上的讲话，在地省委估产时地委定的高我说的少，反瞒产时我在遂平县不仅没反出瞒产，又拿出700多万斤粮食解决群众生活问题，以及说干部强迫命令、违法乱纪、打死人是国民党作风等，才给扣上严重右倾帽子进行批斗的？省委批准斗我的根据，不都是我反映的意见吗？芝圃同志，怎能说省委一点情况都不了解呢？对我的批判不都是你的安排吗，我还找你谈什么?”

这时，我看到吴芝圃的脸红得成了红布，确实相当难堪。我还想再具体谈谈时，陶铸同志阻止我说：不要再往下说了，我们都清楚了，过去批判错了你了，我们给你平反，不要再说了。这样，我也就不说了。

第二天，吴芝圃和戴苏理到固始县召开了万人大会，宣布原县委书记杨守绩是“反革命”，并将其逮捕。为什么省委书记和秘书长没经过地委亲自到县里逮捕杨守绩呢？就因为杨在1959年群众开始发生浮肿病并有人饿死时，未经地委同意就给省委写了一个报告，反映了真实情况，要求拨给粮食，解决群众生活问题。这显然又是为了捂盖子、掩盖省委错误而采取的行动。

这一时期，全地区县市委第一书记被开除党籍、逮捕法办的就有8人，其余县市委书记统统被撤换。农村20多万基层干部则被集中起来进行“特殊训练”，还调了部队，用绳子将他们一串串拴起来，武装押送。这成了一次全面彻底的大夺权。

这么多干部怎么会都变成了反革命，怎么能如此残酷地镇压呢？我想不通。本来地委决定让我负责抓民主革命补课运动的。由于我感到这样做不对头，就拒绝担任此职，并在地委常委会议上忍不住大哭起来。我边哭边说：我在信阳地区工作十几年，和广大党员、干部有着深厚的感情，我弄不清那么多人怎么都变成了反革命。我和他们有千丝万缕的联系，要我领导去整他们，我确实下不了手，还是让我主管生产救灾工作为好。事后，就因为我没有服从省地委决定，还提出不要这样整干部，在运动初期划三种人（明白人、犯有严重错误的人、糊涂人）时把我划为“糊涂人”，那些自己应对信阳事件负责、事后却大整基层干部的人倒成了”明白人”。我虽不服气，但心想随你们划吧，历史最终总会是公正的。

某些领导干部实在是愧对人民啊

信阳事件的发生，与此前河南省开展的一些错误的政治运动有很大关系。1958年，河南曾发生过震动全省的“反潘杨王事件”，在省委第二书记、省长吴芝圃等人的主持下，把省委第一书记潘复生、副书记杨珏、副秘书长王庭栋打成“右倾机会主义分子”。还在全省到处抓“小潘复生”，“插红旗，拔白旗”，批斗了一大批说实话办实事的党员、干部。这些极左的做法使得人人自危，党内生活极不正常。从此，很多人都睁着眼说瞎话，“浮夸风”、“共产风”、一平二调风，特别是干部的强迫命令、瞎指挥风，就大刮起来了，根本不管人民的死活。我记得在1958年秋省委扩大会议上，吴芝圃在报告中讲到一个故事，说历史上有一个人手执宝剑，指石为金。同时又说，过去人们说巧媳妇做不出无米粥是错误的，现在巧媳妇就能做出无米粥。就是这样一些异想天开的宣传鼓动，把本来已经完全脱离实际的“大跃进”又推向了高潮。

这就是造成信阳事件的根本原因所在。其实不止信阳，全省各地都有饿死的人，只是信阳更多一些。因此，信阳事件，实际上也是河南省事件，以吴芝圃为首的河南省委应负主要责任。

吴芝圃是大革命时期入党的老同志，长期当中学教员，抗战开始就参加了部队工作，在新四军四师当政治部主任。他对地方工作是外行加个人主义，再加上用人不当，把品质恶劣的人用作高参，终于造成大错。本来吴芝圃在河南威信是高的，经过反潘复生之后，威信就大大降低了。群众说：“跟着潘复生，一天吃一斤，跟着吴芝圃，吃了不少苦”。这种民谣不少，说明谁是谁非人民看得最清楚。

从信阳事件中可以看出，我们的广大人民群众真是太好了。当时信阳地区饿死那么多人，并非没有粮食，所属大小粮库都是满满的，但群众宁可饿死，也没有抢过一个粮库。这证明与共产党血肉相联的人民是多么听话，多么遵纪守法，多么相信党。而我们某些领导干部，实在是愧对人民啊！

（原载《百年潮》，1998 年第 6 期）

十七、我经历的“大跃进”

陈世高

1958年“大跃进”时，我正是风华正茂的20多岁的青年，任湖北省应城县共青团县委书记，如今我已经是年逾古稀的老人了。那是一个充满激情的火红时代，也是一个被扭曲的年代，那个年代有很多荒唐的故事让人啼笑皆非，刻骨铭心。

推土。

万斤大红苕

在1958年“大跃进”敢想敢说敢干的狂热年代，领导心中想的是如何创造奇迹和辉煌，向上级报喜献礼。A乡党委李书记分析本乡跃进形势，认为粮、棉、油是其他区、乡的强项，是自己的弱项，在粮、棉、油上拼不过人家，放不出大卫星。他忽发奇想，认为红苕是一个冷门，无人试验培育卫星，何不抓抓红苕试验，在红苕上做文章，放一个大卫星。他与党委成员通了气，召开合作社支部书记、社员会议，与会有150余人，他讲试验红苕卫星的重大意义，要求一个红苕一万斤，号召大家揭榜，培育出来了授予县、乡劳动模范称号。大家议论纷纷："长了这么大，工作这么多年，未见到一个红苕长一万斤的。"

但是，在反右倾鼓干劲，气可鼓不可泄的政治气氛中，大家都怕戴上"右倾保守"帽子，被打成"观潮派"、"秋后算账派"。会上始终沉默无语，无人站出来揭榜。这次会议从早上6点开始，一直开到次日凌晨5点，整整一个昼夜，大家一直未进食未休息，饥寒交迫，精疲力竭。大家都想离开会场，又无法离开。

突然，有一个人发言，揭了这个榜，此人是日月合作社张书记。李书记这时非常高兴，认为会议有了转机，自己的计划可以实现，马上表扬了张书记，说他是一颗红心干劲大，试验红苕有办法，并将张书记叫到前面，请他讲指导思想、指标和具体培育措施。

张书记说："试验万斤重的一个红苕，关系到乡党委和全乡人民的荣誉问题，要把这件大事办好，回去就做好干部群众的思想工作，当成头等重大的中心工作来做，技术措施是将张冲水库的水放干，为了育好一株红苕苗，全社男女齐上阵，把大麦、小麦、油菜、碗豆的梗子、颖子全部挑到水库中去，施饼肥5千斤，牛栏粪5千担，栽上一株大红

大家只要一条心，不怕冻土千万斤。

茬苗，组织百人专班管理培育红苕卫星，天天施肥浇水，做到不干不渍，不遭牲畜危害，让它茁壮成长，保证一个红苕1万斤，力争一个红苕达到2万斤。”

会议到此结束，与会人员十分感谢张书记解了围。

张书记回到社里，雷厉风行，连夜召开支委会、党团员会和社队干部会，并将开闸放水、送肥、育苗、管理的任务落实到了生产队。这样，张书记揭榜试验万斤红苕卫星的消息不胫而走，不翼而飞，很快传遍日月合作社和全乡。人们得此消息，青年人感到稀奇，而老人们心中十分担忧，放干了水库的水，怎么能栽秧呢？农民不种田去打狗卖，收不到粮食全社人就会挨饿。老人们请张书记的父亲和两个伯伯出面阻止此事。正当张书记带着一群干部开闸放水之际，三位老人赶来跟他说：“你试验红苕把水库水放干，4千多亩田哪来的水栽秧，不收谷这两千多人吃什么？难道去喝西北风？”儿子不服地说：“这是党委交给我们的光荣政治任务。”

老人说：“别人都不揭榜，唯有你逞能去揭榜，真是个大傻瓜，花这么多人力物力去试验一个大红苕，田全部会荒，根本不可能一个红苕长1万斤，全社男女老少都说你就是世界上第一个大总苕，不要试验。”经三个老人一骂，儿子也不敢试验了。至此，试验红苕之事告吹，李书记万斤重的大红苕无人试验，红苕大卫星的“梦”破了产。

高产“卫星”

1958年干部种试验田奉为时尚，革新先试验，成功就推广，体现了实践第一的观点，种试验田无可非议，可是，种试验田时走上邪路，出了偏差。在“人有多大的胆，地有多高的产，不怕办不到，就怕想不到，反右倾鼓干劲”的思想指导下，所有农村干部都大办试验田，一些领导人的什么“试验畈”、“试验冲”、“试验榜”，试验牌上写着豪言壮语，把人力、物力、肥料和财力全往试验田里使，结果是试验田的农作物疯长倒伏减产，甚至绝收，而大面积农

福建英湖社再夺高产冠軍
花生亩产13241斤
人民日報
RENMIN RIBAO
麻城建国一社出现天下第一田
早稻亩产三万六千九百多斤
福建海星社創花生亩产一万零五百多斤
人民日報
RENMIN RIBAO
衛星农业社發出第二顆'衛星'
二亩九分小麦亩产3530斤
湖北幸福社十一亩亩产3215斤
向創造奇迹的农民兄弟祝賀
'人有多大胆 地有多大产'
谷子跃过万
向日葵异軍突起

各地纷纷以虚假的高指标、高纪录相夸耀。

作物却因缺肥和少管理而减产。

我们团县委搞了1亩试验田，队长对我们种试验田很有意见，认为浪费了肥料，影响大面积平衡增产，他不沾试验田的边。当时，他48岁，精明能干，是一个种田能手。一天，他来到试验田望了望，我征求他的意见，他说："连稻草也收不到5千斤，下肥过多，栽的挨挨寸，密不透风，将来疯长倒伏，连1000斤也收不到"。过了十几天，试验田禾苗猛长，浓绿，分蘖密密展展，为了通风防倒伏，我们先用鼓风机鼓风通气，夜间有人用竹竿赶露水，后来用竹子一行一行扎架子，最终，不出队长所料，还是倒伏了。

7月初，县委为了验收高产试验卫星田，组织了验收组，分赴各区、乡验收，我和县监察委书记李芳同志为一个组，他为组长，我是副组长，负责对城郊5个直属乡的验收工作。李芳同志办事认真，规定先申请验收，我们到现场看着收割打场全过程，再用秤称。城郊5个乡，唯有城台乡李攀章同志的试验田亩产900斤，还未风干扬净，其他4个乡的书记试验田也只700斤、800斤的。我们验收的一位县委副书记的试验田因下肥过多倒伏烂掉而失败，收了几篓空壳。我们团委的试验田，花了那么大的代价，也只打了400来斤的湿谷。

可是，其他区、乡高产卫星接连发射，早稻卫星由亩产两万多斤到5万斤，10万斤，乃至15万斤，20万斤的。还有亩产芝麻千斤卫星，棉花大王等等。报纸、广播等新闻媒体大肆宣扬，喜报不断，凯歌阵阵，捷报频传，令人眼花缭乱。尤以黄滩、郎君两区为甚，同我们验收的差距太大，李芳同志对此产生了怀疑，他对我说：“为什么人家放那么大的卫星，我们验收却放不出卫星，你到黄滩去看看，了解真相”。

我吃罢晚饭，骑着自行车来到黄滩区，恰逢他们晚上开区委会，区委书记丁葆芳请我参加，我不知道解决什么问题而谢绝参加。当时，区里无招待所和旅社，上面去的干部与区里干部一同睡觉，我和区委书记丁葆芳同志关系好，他请我睡在他的床上，他的房与会议室相邻，房门在会议室中间开着，区委开会时，在房间里什么都听得一清二楚，我虽未参加会，等于旁听了他们的区委会议。

会议研究丁书记的试验田放的特大高产卫星，有的主张放10万斤，有的主张放15万斤，有的主张放一个特大卫星，20万斤，应在全县的前面，压倒全县，并以此作了决议。有一个人补充一句，无零不成账，20万斤挂一个零。决议作出，区委分工分头行动，有的区委到飞跃大队组织大队小队的干部和群众将各队的谷挑到一个稻场，有的去把试验田耕掉只留一个角，加栽一些谷壳，有的负责写喜报，有的负责写特大高产卫星的经验。喜讯连夜报到了县里，他们如何制造20万斤特大卫星的过程我全掌握了。

原来，我对所有高产卫星是坚信不疑的，此时，我才如梦初醒，原来放卫星是吹牛造假。丁书记同区委干部们忙了一个通宵，我一个人在床上也睡不着，想了许多许多。第二天清晨，我骑着自行车回到了县里。

在县委会遇着县委办公室李主任，他说：县委S书记带人到黄滩区去，验收丁书记放的一个特大卫星，请你也去参加。我说：刚从黄滩回来，和李芳同志要去搞验收，就不参加了。

木制飞机

在解放思想，破除迷信，发扬首创精神，大胆革新的口号指导下，各县、乡、社干部群众大搞工具改革。袁集乡党委陈书记首先制造了木制独轮车，他向县委报喜说："我推着车子在全乡转了一圈，乡就车子化了"。县委号召向他学习，大搞车子化，要求干部群众一人一车。于是，一轰而起，在全县范围里出现了一个"人人当木匠，家家是工厂"轰轰烈烈的车子化运动。

造车子要木料，见群众家里的木料就拿，再就是大肆砍伐山林树林，那真正是乱砍滥伐，山林湾林几乎砍伐一光。

"大跃进"期间，我们团县委干部长期驻队，在农村参加"大跃进"，在"车子化运动"中，我们也不能袖手旁观，也要带头搞车子化，也拿群众的木料，也砍群众的树，当时群众对于这种不分你我、白砍白拿的做法十分不满地说："什么车子化，就是要把我们家里的树砍光，木料拿光"。我们置群众意见于不顾，继续大搞"车子化"，经过一个月的昼夜奋战，就是车轮过不了关，木料薄了一推破了，木料厚了滚不动。我们又将群众碾米的滚子用作车轮，虽能滚动却十分笨重，推空车也不易推动，根本不能用于运输。后来上级认为车子不能很好运转，主要是没有滚珠轴承，又号召全县干部群众大搞制造滚珠轴承的群众运动。

制作车子也好，造滚珠轴承也好，由于没有制造车子、轴承的工厂，没有设计图纸，又无相应的机器设备和材料，更无科技人员和熟练的工人，怎能造出车子和轴承？归根结底我们没有科学的头脑，所以，造不出合格的产品出来。全县制造的车子堆积如山，最后都报废为柴而被烧掉了。

"车子化"热未退，姜店乡造出了土铁路，有的地方出现水车上加甩砣、大扫镰、割禾器等等热。

特别值得一提的是，盛滩乡七星营制造飞机成了全县的重大新闻，县委认为这又是一个伟大的创举，组织各级干部现场参观。他们集中各种能工巧匠 200 余人，拆掉几个湾村农民的房子，将全部木料集中到一个稻场里制造飞机。飞机的机身、机翼、机舱内所有设备全部用木料做成，用两台 64 匹马力的柴油机作为飞机的发动机，形体比现在美国制造的波音 747 和 777 两种大型客机都大。搞了 3 个多月，飞机始终飞不起来，农民的房子被拆掉了，无家可归，无屋可居，就在稻场田间地头搭起棚子暂时栖身，并美其名曰“战棚”。

为跟飞机配套，同时在群跃管理区一马平川的棉花田里修飞机场。华中农学院党委书记、院长许子威同志是应城县人，他带学生在应城县实习。当他参观造的飞机和修的飞机场时，当场严肃批评公社书记和社长：“你们造飞机、修飞机场未经国务院和中央军委批准，也未有立项的批文，你们造的木飞机能飞？土跑道能让飞机起飞和降落？你们这不是“大跃进”，而是大跃退，瞎胡闹。”后来他又跟县委领导讲了，要停下来。

盛滩乡是县委一书记的点，是很多“新生事物”的发祥地，秋天传来办起尿素厂的大好消息，我亦前往参观，到处找也未见到尿素厂。后来，他们给我介绍说：他们用土法上马，大搞小土群，搜集群众的大锅 200 口，将全乡干部群众的尿搜集起来，在宋应公路的两边、挖了 200 口灶，安上锅架起柴烧，“工厂”点火生产时，两百口灶同时开火，浓烟四起，尿本身又臭又臊，煮沸后蒸腾挥发更大，臭臊之气熏天，融入空气中，经风吹拂，离十几里路远的应城城关群众都闻得到又臭又臊的气味。

由于原料——尿供不应求，尿素厂只办了几天就停产倒闭了。当然，制造飞机的“梦想”也破灭了。

红旗公社

1958 年 8 月 6 日至 8 日，毛主席视察河南省新乡县七里营人民公社时，新闻媒体把毛主席说的“人民公社好”的消息一下传遍全国，从此，人民公社化运动在神州大地汹涌澎湃地发展起来。

离毛主席视察七里营只有 20 天，1958 年 8 月 28 日，应城县红旗人民公社诞生。它是湖北省孝感地区应城县第一个人民公社。由西十、盛滩、艾庙、范河4个乡组成。公社成立后，在应城县人民广场举行盛大集会，红旗招展，锣鼓喧天，龙灯狮子，载歌载舞，隆重庆祝公社的成立。

参加庆祝会的有湖北省委、孝感地委的领导，孝感地区各县县委书记，应城县县委委员、县直机关干部，区、乡党委书记和群众1万余人。中共湖北省委秘书长王良、中共孝感地委书记王家吉代表省委、地委致贺词说：首先向红旗人民公社成立表示热烈祝贺，共产主义是天堂，人民公社是桥梁，我们要跑步进入共产主义。人民公社集工、农、商、学、兵于一体，既是政权组织，又是经济组织和军事组织，这就是人民公社的性质。

公社成立，百废待兴，急匆匆地办起托儿所、幼儿园、幸福院、商店、农机修配厂、拖拉机站，把农民喂的猪捉去办了猪场，以小队为单位办了食堂，大兴土木，建公社办公室和大会场，拆旧屋建社会主义的“新农村”。

公社还大办民兵师，组建师(县) 团(公社) 营(管理区) 连(大队) 排(小队) 军事组织，民兵做到生活集体化，行动军事化，作风战斗化。为了做到“三化”，舍弃自家不住，就到荒郊野外搭战棚，一时间，田野战棚成群，星罗棋布，男女民兵分别住进了战棚。在搭建战棚时，农民的房屋、树木、用具再一次遭劫。这样，民兵平时在本大队生产劳动，一旦公社有事，召之即来，来之能战，应付紧急事情。

以生产队为单位大办食堂。上级领导认为，农业大丰收，粮食过关，长期困扰着党政领导的粮食问题已经解决，吃饭已不成问题了，所以，省委书记给全省食堂赠送了一副对联：“一日三餐餐餐有干有稀，四菜一汤顿顿有荤有素”。横幅：“八百斤口粮一两也不能少”。后来，发展到干脆敞开肚皮吃饭，吃饭不要钱，一些城里人和外地人也跑到人民公社食堂吃饭，不但不给钱票，还说食堂饭菜味道差。

男女劳动力按月发工资，第一个月每人发20元，第二个月每人发10元。人人一样，工分不记了，真正是劳动不计报酬。但是昙花一现，好景不长，想方设法只发两个月的工资。到了腊月，社员们在食堂只能吃羹喝水，大多数揭不开锅盖了，开始挨起饿来。

人民公社一经成立，打破了所有制界限，刮起“一平二调风”和“共产风”，改合作社核算为公社核算，不管大队的小队的统统都是公社的，原合作社和生产队的财产，一律归公社所有，大队小队出售的农副产品、副业收入统一由公社结算，大中型机械由公社管理使用，公社有权平调全公社大小队的劳力、农副土特产品。原来折价入社的、仍由各户喂养保管的耕牛和农具，公社成立后全部归大队，牛进小队牛棚，农具入小队仓库。由于牛栏条件差，又无人精心喂养，肥的拖瘦，瘦的拖死。农具无保管，任社员随便使用，丢失损坏十分严重。由于男女老少全部吃食堂，农民的自留地也被收归集体所有。

完成国家粮棉油征购任务，也搞大兵团作战。由于农村青壮劳动力去炼钢和开渠道，生产队劳力少，县委为了加快粮、棉、油入库进度，组织县直机关、学校、企业事业单位的职工和城镇居民下乡支农，帮助农民卖粮棉油，把一个队一个队的粮棉油卖光，挑到粮管所、供销部门的粮棉油不过秤，不记账，不付款，倒进仓库里就算完事了。现在出售农产品打白条，那时白条也没有一张。

当时，领导想的和做的，都注重增加社会主义和共产主义因素，对于所有制、等价交换、按劳取酬、关心劳动者物质利益的原则和价值规律，都统统抛到九霄云外，并当作资产阶的法权来消灭。

兴办合作社是一种潮流，不少农民是被潮流卷进合作社的，因而在合作社里生产劳动积极性不高，而人民公社刮起的瞎指挥风、强迫命令风、浮夸风、一平二调风、“共产风”等五风，给农民造成重大创伤，严重地破坏了生产力和挫伤了农民的生产劳动积极性，使他们有限的积极性丧失殆尽，尽管派有大批干部进驻农村催工催种、催征购，但农民仍然“出工像拉纤，收工像射箭”，“做事一窝蜂，个个磨洋工”。

大炼钢铁

在上世纪 50 年代，国民经济是以农业为基础，工业为主导，农业以粮为纲，工业以钢为纲。到了 1958 年的夏季，上级认为农业和粮食问题已经解决，

“钢铁元帅”应该升帐，于是，又提出全党动手，全民动员，大办钢铁，在县、公社配备了管工业的书记，7 月组织工业书记到河南省西部参观，看那里群众性的大炼钢铁运动。

回来后，在机关、学校、团体进行了大动员，雷厉风行，土法上马，大搞“小土群”。这样，县委、县政府大院和各机关、学校、工厂、商店也相继办起了炼钢炼铁的小高炉，各公社也都在各自的伍家山、有名店、东狱庙、团山等地也建起了小高炉。从山上挖出石块作矿石，供小高炉炼铁炼钢用，也没化验石块里是否含铁？含量多少？就把石头粉碎后，用木材架着烧，说来也怪，就是日以继夜不断地烧，怎么也炼不出钢铁来。

可是，报纸广播等新闻媒体不断报道全国、全省大放钢铁的卫星，形势逼人。这时，有的单位和公社想出了办法，将耕田的犁铧弄来投入小土炉中炼，化成铁块，用板车拖着，带着喜报、文艺宣传队载歌载舞，敲锣打鼓，向县委报喜。县委也向省、地委报喜。

虽然不断报喜，上级还是发觉是假的，后来提出那些没有铁矿的县，到有铁矿的地方去炼。根据湖北省委和孝感地委的统一安排，应城县到应山县的中华山和汉阳县的 山炼钢铁。县委组织万人炼钢铁大军，到外地去炼钢铁。

由县委书记处书记、县长郭国辉和工交部副部长陈启初带领，前往应山的中华山炼钢铁。由县粮食局周局长等人带领前往汉阳的 山炼钢铁。

9 月的一天，我从蹲点的季灯大队回县里办事，县委书记邓必祯看到了我，临时动议要我到应山县和汉阳县炼钢铁的地方去一趟，他跟我讲了几点意见：

一、要两地前线炼钢铁的领导，以一天等于二十年和只争朝夕的精神，日以继夜地炼钢铁；

二、炼钢铁指挥部的各级领导要吃、住、睡在炼钢铁的小炉旁；

三、做好工地政治思想工作，对民工要进一步动员，以饱满的政治热情全力以赴投入炼钢铁，办好生活，让民工吃饱吃好，炼钢铁的民工三班倒，歇人不停炉；

四、要力争早日炼出钢铁，一炼钢铁，要迅速向县委报喜；

五、要他们及时与县委联系。

他要我立即动身去，原原本本地传达他的意见。

我乘汽车到武汉，转乘火车到广水，步行赶到中华山炼钢铁基地。

我见到工地干部和民工的工棚搭摆得整齐有序，分为男女住区，小高炉林立，男青年采矿石、砍柴，运输和炼钢铁；女青年负责捶矿石、后勤和生活。

工地领导见到了我，如同见到久别的亲人一样，特别热情。我先将邓书记的几点意见向工地领导作了传达，他们认为很好，于是，决定晚上开干部群众大会，由我传达县委书记的指示。那时组织纪律性很强，生活集体化，行动军事化，晚上 8 点以团为单位整队入场，席地而坐，都是青年男女，会场上拉歌，气氛十分热烈，会议由陈启初主持，他首先请我传达县委书记的指示，接着郭国辉县长讲话，各团领导在会上表态和开展挑战应战的竞赛活动。

会议结束后，大家都以实际行动落实县委的指示，全体干部围着炼钢铁的小土高炉同民工一块炼钢铁，县长和部长都彻夜未眠，当然，我也不能去睡觉，同大家一道熬了一个通宵。

次日，我乘火车到武汉，再乘船到蔡甸，步行上到 山，找到了应城炼钢铁指挥部，我向指挥部的领导传达了县委的指示，由他们层层向下传达，但是，不管怎样吃苦耐劳，即使不睡觉，仍然炼不出钢铁来。

为了应付逼人的形势，中华山成城县炼钢铁指挥部收购了一些废旧钢铁，倒入小土炉中炼了铁块，向县委报了喜，算交了个差。

秋末冬初，寒潮袭来，在大山上交通不便，生活物资供应跟不上，于是就收兵回县。为大办钢铁，人民公社出劳力、出生活费用，付出很大的代价，山上的森林受到严重的破坏，县里也花了上百万元，只失无得，劳民伤财，实在划不来。

无独有偶，为了大办水利，根据省、地委统一安排，在京山县境内的晏店修一座大型水库，安陆负责建大坝，应城负责修渠道。县委书记梁俊义任指挥长，1958 年的 7 月带领 3 万多劳力上马，从京山挖到应城，从应城的北部一直挖到南部湖边。挖了几百万方土，花费了大量的人力物力和财力，占压大量的土地，而安陆负责的大坝只是由抽槽转入回填。

到这年年底，省委认为摊子铺得太大，决定晏店水库下马。人说水到渠成，应城是水库没修大坝就开渠道，结果是白修一场，也是劳民伤财。青壮年炼钢铁上水利，留下老幼残弱种农田，晚秋作物未能及时收获，损失很大。

大办钢铁也好，修晏店渠道也罢，都带有极大的盲目性，这是“大跃进”失败的重要原因。

两次见到毛主席

在“大跃进”的1958年和1959年，我曾两次见到毛主席。1958年11月中旬，我赴武汉参加共青团湖北省委召开的工作会议。当时，中央政治局扩大会议和党中央八届六中全会在武昌召开，毛主席在武汉。一天，团省委组织我们看戏。忽然，中共湖北省委副秘书长梅白同志走上主席台，在麦克风前讲：“今晚有中央领导同志和国际友人接见大家”。并宣布纪律：“不准离开自己的座位，不准喊口号，不准喧闹，不准前去与中央领导同志和国际友人握手”。话音刚落，礼堂立即响起了热烈的掌声。

9时整，毛主席、金日成等人在省委书记王任重、省长张体学的陪同下步入大厅。在登主席台时，毛主席和金日成互相礼让，最后，毛主席用手挽着金日成的手并肩而上，登上洪山大礼堂主席台。会场上立即沸腾起来了，大家一起欢笑，长时间爆发出雷鸣般的掌声，人们尽情地欢呼，齐声有节奏地不断地高呼：“毛主席万岁！”“毛主席万岁！”毛主席时而向人们挥手致意，时而和大家一起热烈鼓掌，欢迎朝鲜贵宾光临，欢乐的气氛达到了顶点。

我和大家一起鼓掌、欢呼、跳跃呀！一颗炽热的心几乎从胸腔中跳出，虽是冬天，我全身的衣服被汗浸得透湿。

会见以后，毛主席、金日成首相等出席了晚会，观看了著名京剧演员俞振飞、李玉茹，张美娟、言慧珠等演出的京剧。

第二次见到毛主席是1959年3月中旬。那时应城县委已将我定为“观潮派”、“秋后算账派”，经过批判斗争之后，把我下放到红旗公社季灯大队香湾小队劳动改造。一天，我正在和社员一起耕整秧田，共青团应城县委机关派人来通知我，说：“县委研究确定，你去参加湖北省委召开的六级干部会。”

会上，陈拔群、韩明亮和我负责应城县小组的记录和整理材料。一天，我正在县委书记身边写材料，在应城县圣滩乡一社蹲点的湖北省委农工部王处长来到我们的住地，他悄悄地向县委书记说：毛主席在武昌，要接见与会干部。

翌日下午，风和日丽，春光明媚，以地、市为单位，整队入场，我们在地委书记王家吉、行署专员樊作楷的带领下，进入洪山大礼堂后面广场。

毛主席身着银灰色的风衣和帽子，红光满面，神采奕奕出现在我们的面前，会场上长时间地鼓掌，毛主席从台子上的一端走到另一端，手持帽子，向大家挥手致意。当时，“大跃进”所造成的各种弊端日渐暴露出来，毛主席正在总结“大跃进”失败的教训，当时，假话大话的浮夸之风，仍然风靡神州，一级哄一级，一直哄到毛主席，使毛主席受蒙蔽，不了解事情的真象。当时，有的地方人民已经在挨饿，还在反右倾，说农民把粮食隐瞒下来。虽然，省委书记不让毛主席接见有所谓的右倾保守错误的“观潮派”、“秋后算账派”的代表，但是，毛主席不听劝阻，想听到不同的声音，他不相信全国农民把粮食全隐藏下来，仍然接见了与会的全体代表，可见，毛主席对真理艰难地苦苦求索。

我有幸两次见到毛主席，是我一生中意义重大而深远的大事，感到莫大幸福和光荣。

尽管“大跃进”离开我们近半个世纪了，至今想起，依然记忆犹新，它给人留下了深刻的教训。在“大跃进”中，人民付出了惨重的代价，因此，教训也是十分宝贵的，这些血的教训，我们应该牢牢记取，永世不忘。

（原载《党史天地》，2005 年第 1 期）

十八、“大跃进”广西放了颗大灾星

——一位县委书记的回忆

王　定

公元 1958 年 9 月 9 日，广西环江县放出了水稻丰产“大卫星”，说亩产详数是十三万零四百三十四斤十两四钱（旧制一斤为十六两），为此，轰动了神州。

1949 年末，原思恩县和宜北县合并为环江县。从那时起直到 1957 年，我在环江任副县长、县长、县委副书记、县委书记。现在，我应将这幕亲见亲闻的人间闹剧，具书陈述于世，以告慰当年死于这场灾难的亡灵。

环江县位于广西北部，总面积 4500 多平方公里，东南部是毛南族居住比较集中的地方，同时居住着壮族、汉族、苗族、瑶族、仡佬族、水族、侗族等多种民族。全县 95%是山地、田块小，有人说蚂拐（青蛙）一蹦就可以跳过 12 条田埂，耕牛用不上。农民圈养黄牛、水牛，每年存栏量均在 5 万头以上，毛南菜牛为广西特产。县内有大片的原始森林。山区人民敦厚淳朴。

土改后，农民分得了土地，生产积极性很高。到 1954 年，全县已发展到 572 个农业合作社，1956 年合并为 109 个高级社。

山区农户分散，五更前便要起床，走两、三个小时山路才能到达劳动地点，下午集体收工后，回到家已近半夜，全家老少叫苦不迭。偏僻的村屯种出的粮食瓜菜，因路途遥远竟无人收割烂在地里。县委研究决定，在边远山区实行“水稻三包（包工、包资、包产）到队、到组、到户，超产奖励，旱地零星作物下放到户”的经营管理办法。1956 年 9 月 12 日，在县委三级干部大会上，我是这样发言的：“一个社有的方圆几十里，一个队有十几个弄场，不但管理困难，劳动也不方便。什么都统过来是不恰当的，连地边种点蔬菜、豆角、辣椒都不行，尤其是对家庭副业乱扣‘资本主义’、‘自发户’、‘破坏生产’等帽子。限制的结果怎样呢？生猪比去年同期少了一万多头，养鸭几乎绝种，街上的青菜很少，中药材收购不多，农民连牛藤、犁耙也买不到……”经过大会讨论，县委决定把大社分成小社，由生产队自负盈亏。分散山区可搞包工、包产、包投资到小组、到户，各社可根据自然条件，宜农则农、宜林则林，多种经营。

环江县在全国也是搞三包到户较早的，所以它也为之付出了惨痛的代价。在这之后的反“右”斗争中，跟随我一起搞“三包到户”、分级经营的一批干部，包括县委正副书记三人，农村部正副部长二人，区委书记四人均被打成了右派分子，我被冠以极右派和右派头子的“桂冠”，送劳改农场劳教了三年半。在其后的 18 年中，全家又被流放农场，备受凌辱和批斗，几至绝路。

全县八个区，四个区委书记被划为右派，一个划为中右；全县干部中有 97 人被打成了右派，66 人被划为中右，更多的出身不好的人被说成是“王定的社会基础”，被清除农村管制劳动。

“三面红旗飘荡神州”，环江县在新县委领导下，掀起“大跃进”高潮，要放出天下最大的水稻高产卫星。经过县、区两级的精心策划，决定用并蔸的方法来创造这一奇迹。县委派出分管农业的副书记和农业部副部长等一批人马坐镇，把原来搞试验的一块一亩一分三厘试验田中的禾苗全部拔出来，然后再深耕，将成千上万担各种肥料堆入田中后，不分昼夜地动员社员、县直机关干部和在县里参加学习的中小学教师等近千人，从南门、北门、地麦、陈荼、良伞、刘家、地理、欧家等生产队的百多亩水稻田中挑选出长势最好、快成熟的稻禾，连根带泥拔出，挑到试验田中并蔸，密植到小孩在上面爬来爬去也掉不下来的程度。

夜间插秧。

他们还在田头搭棚扎寨，成立现场指挥部，装有电话机，由干部日夜看守护理。稻禾太密，无法通风，他们便将喷雾器改成鼓风机，安装上竹管，由十多个人负责轮流鼓风。

一次，我被批斗后经过这块田头，不自禁地哼了几句：“这样搞怎能增产放出卫星，岂不是劳民伤财?”当晚他们便组织群众对我进行批斗，把我全家九口扫地出门，将我又打成极右分子，开除公职，判劳动教养三年。子女均不准读书、当兵、当工人，连婚姻都受到限制。

1958年9月初，广西自治区、柳州地区党委发函邀请新闻单位和电影制片厂到现场采访报道，还组成了检查验收团，成员有自治区、地区党政领导、自治区政协领导，还有广西农学院院长、作物栽培学教授、遗传选种学教授、广西大学教授、区农业科学研究所技师。9月9日上午10时左右，举行了隆重的开镰仪式，中共环江县委书记威风凛凛地向领头开镰的副书记授勋似的授给了系有红绸带的新镰刀。奉命到场的社员六千多人参观了收割过程。四百多男女社员参加了现场收割。

在收割时，他们把田头收割下的谷子用一担担箩筐装满，每人一担挑起排成队伍，在县城主要街道游行一圈后，再到县委大院过秤。过完秤，他们又重新挑回到未过秤的队伍中再重新过秤，如此循环反复，产量数字便越来越大了。

统计人员根据登记数字计算，折合亩产十三万零四百三十四斤十两四钱。

就这样，一个全自治区、全国、人类历史上空前的水稻亩产纪录便魔术般地创造出来了。

县委书记的新闻发布会后的第三天，1958年9月12日，广西第一大报在头版头条用特大号字套红制版报道了环江县创全国水稻丰产的最高纪录，同时登载了“小孩（在稻禾）上面爬来爬去也掉不下来”等三张照片。随后，9月18日《人民日报》也报道了环江亩产13万斤的消息。1958年7月25日，《广西日报》在评论中说：“1956年下半年至1957年上半年，在‘反冒进’的歪风邪气笼罩下，环江上空乌云弥漫，鬼怪横行，特别是以前县委书记王定为首的右派集团疯狂地向党向社会主义进攻，实行三包到户，作物下放……农村中资本主义昂首阔步，生产萎靡不振”；“在党的教育下，环江人民粉碎了右派分子、牛鬼蛇神的进攻，在思想上插上了红旗。因而生产飞跃前进，今年早稻空前大丰收”；“环江人民从自己的经历中深刻体会到政治挂帅是思想解放、革新创造的动力”。

大量的宣传报道，自治区、地区、县都组织了现场参观，络绎不绝的人将小小的县城挤得人山人海。随后越南也派来了代表团到环江参观考察，苏联专家也来询问这一“奇迹”的奥秘。

环江县放出一颗“大卫星”，荣誉也接踵而至，环江县成了区内外出名的红旗县、上游县，县委书记成了功劳显赫的英雄。当他从地委扛着红旗回县里那天，欢迎队伍挤满街头，在一片锣鼓和鞭炮声中，他被人群从街头一直抬到县委会。

打谷场的傍晚。

大大小小的报道、宣传，将环江吹捧得如花似锦，县领导在一次又一次的大小会议上不断地吹嘘环江的粮食已堆积成山，无仓可放了，但实际情况又是如何呢？环江县1958年全年粮食上报总产量是3.3亿斤，而实际的产量却只有1.05亿斤。于是，上级给环江下达了0.71亿斤征购粮任务，可到1959年春，农民的口粮都无法保证，断粮的农户越来越多，至4、5月间饥荒出现，非正常死亡人数日益增多。

1959年8月庐山会议召开后，全国又掀起了反"右倾"和保卫"三面红旗"运动，一场高产浮夸高指标分配征购任务的狂风吹到环江县。

1959年上级分配给环江县的粮食总产量任务是9.9亿斤，比1958年的3.3亿斤又翻了两番。而当年环江县实际产粮仅为0.828亿斤，群众无粮可交。没办法，只得将原来分配的总产量下调为2.4亿斤，征购任务也改为0.3156亿斤。他们将包括群众口粮、猪牛牲畜饲料粮在内的集体小仓库的粮食都算入征购数，并明令：谁若擅自开仓，开除党籍、公职。

饥饿难以忍受，一些不甘心等在家中饿死的人纷纷外逃，到贵州等地讨饭度日，谋求生路。社员家中无炊烟，公共食堂也长期揭不开锅盖。

面对着不着边际的浮夸和大量非正常死亡的严重事实，稍有良知的人们曾用不同的方式进行抗争，但屡遭无情的迫害。

1959年下半年，县人委监察室副主任罗志杰多次反映明伦公社的真实情况，结果被停职反省，管制劳改，在机关进行反复批斗。

1960年1月，城关公社副主任莫仁忠下到塘兰大队，回来后向县委反映那里的真实情况，结果莫仁忠被戴上了"右倾分子"的帽子。

环江人民付出如此大的血的代价和教训，曾作过环江人民公仆的我常感悲痛，难以自容。

（原载《炎黄春秋》，1998年第4期）

十九、“大跃进”年代的奇闻逸事

刘伯威

20世纪50年代末的“大跃进”运动是以贯彻中共中央八大二次会议提出的“鼓足干劲，力争上游，多快好省地建设社会主义”的总路线而发动起来的。这场历时三年、声势浩大的群众运动动员了空前的人力、物力，上了不少重点项目，为我国基本建设打下了一定基础。但是，由于运动没有经过详细的调查，缺乏科学性，造成的损失也是惨重的。这里，本人将当年的亲历亲闻略记一二。

亘古未见的钢铁翻番

1958年的“大跃进”是以钢铁翻番为核心而开展的。

炼钢铁必须要有原材料，当时《人民日报》上提出“哪怕是把地球挖穿也要把矿石挖出来”，这样，全国上下都动手挖矿石，找废铁。据我所知，当时一个人口不足6万的小城镇就先后派出近1万人到深山挖矿、运矿，声势之大可想而知！

除了挖矿就是找废铁。当时各级政府下达任务，严格规定了每人每户上交废铁的数量，如不能完成任务，一是要罚款，二是要扣粮，严重的还要受批判。为了完成这“铁”的任务，各家各户、老老少少都去搜寻废铁。任务实在完成不了只好忍痛将家中门窗铁叶撬下来上交。后来，全国大办公共食堂，以高级社为单位集中开饭，如此一来，各家各户的铁锅、锅铲、菜刀、火钳……也作为废铁全部砸烂送进土高炉。

经过这一场“献铁”运动，许多家庭几乎见不到铁器，甚至找个铁锤打个钉子都困难。

许多地方的农民放弃耕作，上山采矿，建土炉。图为河南省安阳县钢铁基地的农民在运矿。

大炼钢铁的第二阶段是“土洋结合”进行冶炼。当时各报刊大批“怀疑论”、“条件论”、“正规化论”，全国人民只好不讲条件，打破常规干起来。几个月时间全国建起土高炉数百万座，参加炼钢铁的人数约9000万，他们夜以继日地奋战，举国上下热火朝天。当时笔者所在的河源县的东浦公社就调出主劳力5200人，会合紫金、惠东两县炼铁大军直赴紫金县宝山大炼钢铁。按省委要求，宝山钢铁基地10天内要放出2500吨的钢铁卫星！按照这个要求，每人每天必须挑上100斤矿石，跑上40公里山路才能完成矿石的运输任务，这是何等艰苦的奋战！

更为荒唐的是，炼铁指挥部为了能如期完成放“卫星”的任务，竟置常识于不顾，以主观想象代替客观现实，强行将农民居住的楼阁拆去桁角、楼板，改为炼铁土高炉。楼阁约 10 米高，4 米见方，人们逐层填上矿石和木炭，用两台鼓风机不停地吹风加热，以为这样一来铁水就会奔泻而出，卫星可以上天了。他们哪里知道，炼铁炉必须用耐高温的特殊砖头砌成，高炉的容积一般只有几个立方。而楼阁改成的土高炉四壁是普通的泥砖，容积又过大，热力容易扩散，当然是炼不出铁来的。果然，经过一个昼夜，楼阁因受高温而爆裂，岌岌可危！就这样，第一个“钢铁卫星”梦很快就破灭了！

据中央财政部公布：1958 年全国钢铁产量约为 1000 万吨，但直接亏损 15 亿元，而且，由于各地高度集中人力、物力为大炼钢铁服务，致使农业、轻工业停工停产，造成市场供应日趋紧张，国民经济比例失调，教训是深刻的！

“高产田”淹死狗

1958 年农业夺高产的措施是什么？用当时的话来说就是“深翻二尺土，密植十万株，积肥一万担，亩产一万斤”。这里，深耕、密植、多肥成了关键。

其时，笔者家居山区一个小墟镇，曾目睹深耕密植的全过程，在乡道的两旁立着许多木牌，上写“× × 乡万斤卫星田”、“× × 农业合作社 1.5 万斤高产田”、“× × 供销社超万斤试验田”……机关干部、商店职工、农民社员、学校师生全体动员，顶着烈日下田送肥、插秧。几十条粗壮的牛牯在田里反复犁耙。经过深耕的水田几乎淹没膝盖。据说水田越深，禾根生得越长，谷穗也长得长。然后将几十丘秧田的秧苗拔下集中一起，按要求每亩不少于 10 万株细株密植插到田里去。当时人们是这样计算的：如果一株苗长谷一两，那么植下 10 万株秧苗则可收到 1 万斤谷子了！所以，要求高度密植。

为了保证秧苗有足够的营养，人们突发奇想在每个秧头上除了包上高效的土杂肥、化肥之外，还粘上糯米浆、黄豆浆、糖浆给秧苗增加养分。其中有位乡领导更“聪明”，他想，既然人吃了猪肉会增肥，为什么秧苗不可以“吃”点肉，让它长得更快更壮些？于是，他下令用百来斤猪肉剁成肉馅包在秧头上，再插到田里去。这样做对秧苗是否有催生、催壮作用？不得而知，可就在当天晚上，一群狗闻到田里的肉香味纷纷跳下田，扒开秧头争吃肉馅，顷刻间秧苗全部翻了个底朝天，有几条小狗由于水田太深爬不上来，结果淹死在田里。

争剃“上游头”

为了给高产田追高效肥，乡政府不知从何处获悉，说是人头发烧制成灰是上好肥料。于是作出规定：每人除了应交三担土杂肥以外，要求将头发剃下来作肥料。通知下达以后，机关、商店、乡村、学校掀起一场献头发运动——男的将头发全部剃光，女的剃成“陆军装”（即男人发式），而且命名为“上游头”。

“上游头”运动开展后，人人唯恐作落后分子，自觉地将头发献了出来。一时间女人成了男人模样，男人却成了光头和尚。据说有个小孩放学回家，刚好爸妈背朝着他，他错将“妈妈”认作“爸爸”，将“爸爸”叫作“爷爷”，闹了个大笑话。难怪当时流行这么一句顺口溜：女人剃个男人妆，男人头上溜溜光，娘亲当作爹爹喊，阿公阿爸一个样。

人造太阳和人造风

经过深耕细作、施放不少高效肥的试验田，大部分禾苗长势迅速，绿油油一片，十分喜人。然而，由于禾苗过分密植，有不少禾苗接受不到阳光的照射，生长速度缓慢，显得参差不齐。为了改变这一状况，公社领导人吸收外地的“先进经验”，发动群众搞“人造太阳”。

所谓“人造太阳”，就是要求各家各户将梳妆镜、照身镜统统搬到田头，将试验田的禾苗左右拨开，然后用镜子将阳光折射到禾苗中去。

试验田周围百来个群众人人手上捧着个大镜子，光芒四射直往田里照，那景象倒也十分壮观！只是夏日太阳忒毒，强光耀眼，汗流如注，真累坏了操作者。群众多有怨言，有人说风凉话：“这也叫做‘人造太阳’？他娘的屁股算不算月亮？”

试验田阳光不足已成问题，接踵而来的问题是：随着禾苗长大，到了抽穗扬花的时候，禾苗间隙越来越小，几乎是密不透风。遇上暴雨暴晒的天气，禾苗中央发热，部分禾苗开始坏死，情况紧急！当时既没有电源也没有大功率吹风机，如何才能改善通风条件？还是领导者聪明，他们想到农村家家户户都有风柜。于是一声令下让各家的风柜都搬来，对着禾苗轮班摇动进行吹风，同时发动小学生用大葵扇不停地煽风，一时间田头人声沸腾刮起了一场“人造风”。

可以设想，这样的“人造风”当然是无济于事，只是苦坏了群众罢了。

高产试验田由于不讲科学盲目蛮干，反复折腾，尽管投入了大量的人力物力，结果还是事与愿违，产量都超不过500斤，有一些甚至颗粒无收。

“大跃进”年代“左”倾主义的“急进”“冒进”不仅造成严重的经济损失，更重要的是由此产生的瞎指挥、浮夸风、共产风贻害不浅、后患无穷！这样的历史教训难道不应该记取吗？

（原载《同舟共进》，1995年第3期）

二十、“大跃进”年代大西北的荒诞事
——“引洮上山”的回忆

杨闻宇

“大跃进”年代，甘肃省有的领导人在“左”的思想影响下生发出奇想，以为自己有多大的胆，就能把洮河水引上多高的山。他们在三年的时间里，耗资数亿，用工6000万，而这项宏伟的“共产主义工程”成败如何呢？

（一）

美丽的洮河，它曾为古老的雍州山水悄悄地增添了不少妩媚。大禹从这里走向鸟鼠山，导渭水而入黄河。洮河里的石门峡、黑甸峡，陡崖峻峭，水声如雷。每逢夏天，两岸树木苍翠如屏，一排排木筏顺水而下，歌声在峡谷间缭绕不绝……可是，在数千年的漫长岁月里，洮河左岸却是一大片惊人的定西干旱区，赤日曝晒，大地如焚，浮土三尺，寸草不生，“其水源的缺乏，堪称全国第一。”

1958年6月17日，坐落在洮河畔的古城，无数面鲜红的旗帜迎风招展，

12000余人隆重举行“引洮上山水利工程”开工典礼，在热烈的掌声中，省委第一书记张仲良、定西地委第一书记窦明海、省长邓宝珊先后作了热情洋溢的讲话。

张仲良指出：“引洮工程，标志着甘肃人民在总路线的光辉照耀下，共产主义思想的新高涨。……是英雄人民的创举。”

张书记称的“创举”，是要将洮河引过海拔2130公尺的华家岭，灌溉甘肃中部、东部干旱地区的2000万亩土地，总干渠要跨越大小山沟880余条，全长1400公里。单是总干渠的长度就比世界上驰名的苏伊士运河长6倍多，比巴拿马运河长13倍多——而且在两年内要完成这个史无前例的工程，谁能说不是一项“创举”呢?!

“创举”之下，洮河将折道东流，广漠、洪荒的干旱地域将呈现出一幅瑰丽的图画。每年能增产粮食45亿斤，发电30万千瓦，可植树造林2500万亩，扩大草原1500万亩，养牛25万头，养羊180万只，养鸭300万只，产鱼600万斤，有500公里渠道可以通航。

规模这样宏大、如此轰动全国的“共产主义工程”，最初方案是怎么提起、又怎么决定的呢?

1958年1月甘肃省党代会期间，定西地区水利局局长梁兆鹏带着几位测量人员，赶到会上向地委书记窦明海汇报了进一步引洮抗旱的打算和设想。吃饭的时候，窦明海顺便向坐在同桌的省委书记张仲良汇报了这项工作。张仲良听得兴奋了，大声地说：“好啊！这个想法不错。一言为定，这个工程由省主抓啦！省上要扩大规模，变成全省的一项重点工程。”

“引洮上山”的巨大工程就这样在饭桌上敲定。1月拍板，6月全面开工，10多万民工就风风火火地干了起来。本来，这项“技术复杂程度和工程任务的艰巨是历史上所少见的”（张仲良语）工程，要进行收集资料、查勘、论证等正常的工作程序。可是，在“跃进形势逼人猛省”的大局下，他们认为这一套程序是“陈规旧习”，创造了“边测量、边设计、边施工”的“三边”工作方式，6个月内就完成了5年半的任务。

“引洮河和大通河灌溉工程，从元月15日到2月15日，业已踏勘完毕”

(《甘肃日报》1958年3月4日)。

“经过千山万水，行程一个月，终于找到了理想的渠线”(《甘肃日报》1958年3月26日)。

张仲良在开工典礼上高声赞扬这一工作方式是“思想解放”的成果。

(二)

6月17日举行开工典礼，17万民工高举着“水不上山不回家”的保证书在洮河畔表示了决心。那雷一样震荡的声音，火一样热烈的队伍，这在古城荒山是从来未有过的场面。这是解放了的甘肃人民的自觉行动，迥异于古代秦始皇修长城时的强迫式的心态。

又岂止是17万民工均热情！全省1260万人民，无不为“引洮工程”而欢欣鼓舞。开工典礼的前夕，全省便有30万件生产工具、生活用品、医疗物资运到了工地，祖居于施工渠线的农民，腾出1500多间房子供民工住宿。会宁县的群众在三天之内捐献了铁锅、蒸笼、案板、衣服等8000多件。

共青团甘肃省委号召全省少年儿童广泛开展“支援引洮上山工程”的活动，儿童们收集废钢破铁、头发废纸还有猪鬃之类，支援“引洮”。他们还用自己的双手制作了2000多盏小油灯。一到晚上，民工住的窑洞和房屋就一下都亮起来了。

全省广大农村男女妇孺的革命热情为什么这样高涨、这样蓬勃呢？陇西县的一位妇女王梅花算是道出了庄稼人共同的心声：

“太苦了！定西要有了水，幸福万年啊！”

洮河东岸，在东西长320公里、南北宽200公里的土地上，25个县市，到处是童山秃岭，沟壑纵横，终年风沙侵袭，平均年雨量不过200厘米，从1644年到1906年间，发生大小旱灾114次，省志、州志、县志上，随处是“大旱，民饥，多卖子为奴”，“民饥饿，饿殍载道”，“积尸梗道，臭不可近，人相食，甚有碾骨挖尸者”的记载。

洮河上山以后，将把35亿立方的水送往干旱区，2000万亩土地将变成水浇地。除了灌溉，还可通航、发电。在高耸入云、海拔2000多米的山巅上，可以行驶重二十至二百吨的各种船只。古城到董志塬，河道的落差是700公尺，沿河将建立一百多个大、中型水力发电站，装机容量五十余万千瓦。

面对这样一幅图画，谁能不动心呢？

那时候，热情豪放的甘肃人民，将会昼夜响彻着歌颂共产党、毛主席、歌颂我们伟大的明天——共产主义的歌声！

日子越苦，人们的梦幻越香甜。难得的是，沉浸在梦境里的17万民工，在两年多的岁月里，确实焕发出了改天换地的惊人力量，用自己的汗水和鲜血，写下了可歌可泣的篇章。

（三）

整个河道是在极端困难的条件下施工的。你简直难以想象：十几万民工来到高山大壑里，没有房住，挖洞穴居；没有菜吃，下工后到四山挖野菜；没有床，睡在地上，没有防雨的衣服，自己编蓑衣。在九甸峡、拉马崖坚硬的岩石上，人们用的什么工具呢？一把锤，一根钎。在关山、宋家山、宗丹岭进行深劈工程的人们用的什么工具呢？镐头一把，铁锹一张。人们又从家乡拿来绳子、木料、门扇、铺板，亲手做成几万件工具。没有炸药、铁、水泥、石灰，自己办下了600多个工厂。没有修理工具的设备，便垒石为炉，柴草作炭，石头当砖，镢头代替锤子。

石门峡到九甸峡，一连18峰，鬼门关、雪崖山、转角崖、野虎崖、玉皇峰、老虎嘴，一峰比一峰险恶……工地长42公里。河道设计在半崖上，距洮河水面180米。靖远工区的共产党员康映辉、共青团员李珍，两个人腰拴一根长达一百多公尺的绳子，像壁虎一样贴在崖上，他们放上钎子，一锤打下去，身子要晃荡许多次才能打第二锤。就是在这危险的环境中，人们爬上爬下，小心翼翼地抡起过千万次铁锤。半个月的时间，才在崖腰上劈开一条半尺宽的小径。

宏伟的工程规模、高涨的革命热情，引起了举国上下的关注。1958 年 9 月，全国第三次水土保持工作会议的 447 位代表参观了引洮上山工程，国务院水土保持办公室主任屈健及代表们给予整个工程以很高的评价。动工半载，全国共有 20 个省、自治区的 650 多名代前来参观。1958 年秋季，国务院秘书长习仲勋同志也特地来视察。他指出：“这个工程不但有全国意义，而且有世界意义……。引洮上山显示出我们不仅是社会的主人，而且是自然的主人。这里最重要的一条就是敢想敢干。这一点甘肃跑在前面了，这是共产主义的风格，……它使我们看到了共产主义前景……”

在会川工程指挥部的山崖上，刻写着朱德同志的题辞：“引洮上山是甘肃人民改造自然的伟大创举。”

（四）

从开工之日起，引洮工程几乎一直是在“反保守”、“反右倾”的批判声中、斗争声中进行的。工程指挥部认为，右倾机会主义一遇机会就要兴风作浪，向党进攻，千方百计地企图迫使工程下马，迫使引洮工程失败。

在大跃进中，北京工商界私方人员纷纷表决心，要求上山、下乡、上柜台、下车间参加体力劳动，“进行脱胎换骨的改造”。

为了完成土方任务，陇西工区一位头头发明了“引水冲运”的新花样，而且说什么“水流哗啦啦，一流一千八”，扬言一天就能完成1800方土。指挥部工务处李鸿章处长把那位头头叫来当面质问：“你说一流一千八，我问问你：你说一千八百方水是多少?!”问得那位头头张口结舌。针对引洮工程，甘肃省委提出的口号是“苦战两年，改变甘肃落后面貌”，李处长怎么思量也觉得不现实，于是就说：“我看这个工程是18年的王宝钏，三五年不可能完成。”他的这些言论受到了猛烈的“批判”，有人画了一张名为“骄傲的处长”的漫画，漫画里李鸿章叼了个大烟斗，烟斗冒黑烟，烟里裹着的文字是“我除了不知道我几时死之外，天下事我全知道!”侮辱性的大批判，似乎是反对右倾机会主义的最有力的武器，也似乎是维护“正确的革命方向”的最有效的手段。

批判可以暂且堵住人们的嘴巴，而真理的光芒总要以这样那样的方式透漏出来。

工程施工已经一年零两个月，水利电力部技术委员会和三位苏联专家来到现场，苏联专家是：勃列索夫斯基、斯拉维扬诺夫、罗斯托莫夫。他们提出了一系列技术性问题：

“提供的设计资料不足，并且不精确……目前已在长达400公里左右的战线上施工，但是所控制的灌溉面积和它的范围还没有弄清……”

苏联专家的意见措词虽然平和，内容却相当尖锐。有些是明显含有否定性质，有些简直像是在教诲小学生，有些意见是在“泼冷水”。苏联专家姑且不论，水电部的委员孙辅世和水电部工作组的成员敢于这样直言不讳，的确是要有一些胆量的。在那个丝毫见不得“民主”的年月里，那些头脑发热而又手中有权的人，是随时随地准备将“右倾”帽子甩向任何人的。

现实是铁冷的、无情的。引洮工程干了还不到半载，边勘测、边设计、边施工的“三边”政策已经悄悄地演变成“四边”政策了，增加了一条“边修改”。

1958年11月25日，《甘肃日报》报导：按最初设计方案，总干渠上53座隧洞，总长64公里。现在采用绕线、深劈等方法，“取消全部隧洞，总干渠一律作为明渠”。

规模如此宏大的工程，就这么轻率地变来变去。深劈之时，最大深劈竟达219米，最大一处开挖方量达2300万立方米，数千民工站在崖头干了几个月，简直还看不出个眉目。事已至此，只好又放弃深劈，重新恢复了部分隧洞。

奔流了数千年的洮河是挺牛气、挺倔犟的。最无情的教训是洮河将要脱离原有河道的那个“古城水库”。

古城水库容量为三亿多立方米，坝高42米，是引洮上山的枢纽工程，是山上运河的起点。倘若拦不住滚滚的洮河水，“洮河上山”将永远是纸上谈兵。1959年5月里第一次“土法”截流，经验不足，发生决口，未获成功。7月初第二次“洋法”截流，据说是工程质量良好，总算是成功了。一月之后，因人为的“破坏事件”，这次截流又“流产”了。10月21日，大雪纷飞，天气严寒，数万民工又掀起了第三次截流。

第二次截流中所谓的“破坏事件”，究竟是怎么回事呢？当时，古城水库的负责人是折永庆、梁兆鹏。8月中旬，洮河上游骤降暴雨，河水陡涨，洪水冲下来的木材、麦草堵塞了导流槽，炸散一次堵塞一次，怎么也无法导流。堰坝新砌，外侧厚度不足。洪峰水位扑着往上涌，距堰顶只有一米上下了，工地上两万多民工组成了抢险防洪突击队，拼命地加高加宽围堰。告急的电话打到省里，副省长李培福代表省委电示折永庆、梁兆鹏继续采取紧急措施，保证水库安然无恙。洪峰越来越猖狂，考虑到两万民工的生命安全，在危在眉睫的形势下，折、梁只好临阵决策：决口排洪。

省上得知了“决口”的消息，李培福当即在电话里对引洮工程局发火：“查！谁干的?！这是反革命破坏事件。”事件发生后，引洮工程局党委先后举行了两次扩大会议，各个工区也举行了各种形式的群众会，对人为决口的“破坏事件”，以及隐藏在引洮工程各部门的右倾机会主义分子，进行了揭露和批判：“你们能扒开围堰，却动摇不了我们引洮上山的决心！”

最后，撤销了折永庆工程局副局长的职务，梁兆鹏背了个警告处分。揭露和批判“右倾”思潮的斗争，这只是一个小小插曲，比这个更冷酷的事例，工地上多的是。

巧合的是，正当古城水库发生“破坏事件”的时候，水利电力部技术委员会的委员孙辅世，对引洮工程提出“魔高一尺，道高一丈”的“修改”建议：“抬高古城水库大坝20米”，以便增大库容，为调节水量创造条件。这样，古城水库坝高将是62米……淹没农田7000亩!

工程上马不到两年已经是难以为继了，甘肃省召开第三次党代会时，省委书记张仲良在会上下达死命令：“引洮工程是我省英雄人民的伟大创举，是大跃进的产物，它集中地反映了全省人民摆脱更穷更白面貌的迫切愿望，和敢想、敢做的共产主义风格。只准办好，不准办坏；只准加快，不准拖延。”

两个“只准”，两个“不准”，堂堂的书记心里发毛了。

到1960年天灾人祸的“困难时期”，受到饥荒困扰的引洮工地上的民工，又投入了“大办农业，大办粮食的新高潮”。

（五）

1961年8月8日，《甘肃日报》上出现了介绍“洮河两岸”景观的一则消息，并附有四帧景色秀丽、幽雅恬然的风光照片。

文字也罢，照片也罢，“引洮上山”的音讯突然没有了，仿佛生活中本来就没有发生过什么“引洮上山”之事。其实是“干了两年，下了三年”上马何其仓促，下马何其艰难，这时节正处于异常痛苦的“下马”阶段。报纸上只字不提，这是政治上的需要，是宣传上的“常识”，后来的有关资料是这样记载的：“三年间耗费6000万工，国家投资1.6亿元，完成土石挖方1.6亿立方米，仅占计划量的8%，一亩地也没浇上。已施工部分有的当年就被山洪冲毁”。

所谓投资1.6亿元，实际是个“亏心账”，在那个大刮“共产风”、随意“平调”的年月，那么多慰问品送到了工地，民工吃一大碗羊肉泡馍，交5分钱的调料钱就行了。每个民工一个月吃粮竟达90斤。在宗丹岭劈山填谷时，有个民工开玩笑说：“咱们吃下的面粉合起来，能把眼前这个峡谷给填满”。类似这样的消耗，并未计算在1.6亿元之内。因为那是个最不善于“算账”的年月。

有人说：“引洮上山是急火火的上马，血淋淋的下马。”所谓“血淋淋”，恐怕主要指的是死人之事。工期拖到后期，陷入了全国的“困难时期”，工地上饿死了多少？30年过去了，至今无从稽考。最易于牺牲生命的，要算是工伤事故：工伤事故里，被炸药炸死的最多。600 公里业已动工的沿线分划成 12 个工区，每个工区都有一、两座自设的陵园，埋葬在这荒山野沟里的民工，总数不下 2000 余众。

埋葬在洮河畔的，不仅仅是一群年轻的生命，更是埋葬着甘肃人民蓬勃的、炽烈的、火一样的热情，也埋葬着人们无比美好的理想，一片巨大的真诚和信任。

水电部在总结 35 年来的水利建设经验中认为：兴建引洮工程是一大蠢事！

（原载《炎黄春秋》，1993 年第 3 期）

二十一、记者生涯难自励

——“大跃进”中的一段回忆

范　眭

从1958年开始，“三面红旗”下的灾难已经过去48年了，但至今没有淡忘。在那个年代作为一名记者，“瓜菜代”的日子犹能苦熬，最痛苦的莫过于不知道该怎么做，怎么说，怎么想，处在一个苦涩而又无奈的境地。

泪水挡不住瞎指挥的命令

由于“大跃进”带来的厄难，早在1959年年初，人们已笼罩在一片阴霾气氛中，惊恐觅食求生是许多人唯一的念头。开春，四川农村缺粮，水肿病像瘟疫一样在全省蔓延。大难已经临头。记者到简阳县采访，号称农民科学家的棉丰公社党委书记张泗洲放言，他发明的“蒸汽疗法”可治水肿病，已治愈了四周不少病人。一时仿佛华陀再世，省里不少干部前去求治，新华社四川省分社也有职工和家属曾去试过。怎奈病人排汗出水虽虚肿有减，但辘辘饥肠缺乏食物补充，不久浮肿依旧。

几个月来病人愈治愈多，“蒸汽疗法”也失灵了。但省里领导依然强调，水肿病原因不是缺粮，是农民不讲卫生。省里派出大批医务人员下乡，在统一口径下医生讳莫如深，只说是“不明病因”。私下里，记者和医生都知道，这是营养不良和长期劳累过度造成的，但在公开场合谁也不敢讲真话。

毛泽东于成都会议期间视察农村，与农民交谈。

那时，尽管城乡经济遭到极大破坏，但中共四川省委主要领导强迫命令瞎指挥丝毫未减，提出全省上下“一条心、一股劲、一个样”的口号，服从命令听指挥，一意孤行想扭转形势。在众多举措中，省里下了一道命令，放干冬水田，实施“以机电提灌为主”的水利方针，改种单季为双季，扩大复种指数，缓减粮荒局面。

四川省有大小河流1380多条，年流量2286亿立方，但如没有强大工业基础做支撑，要把河水抽到扬程高达几十乃至上百米的山丘，遍灌全省冬水田，只是痴人说梦。下乡与群众交谈，他们对这种主观臆断、一味蛮干的做法强烈反对，说："水是农民的命根子，放干老祖宗留下的冬水田，大家只有饿肚皮。"但是这是上级的命令，谁也不敢违抗。

省委主要领导是真理的化身，指东不能向西，要分社按旨意报道，显扬领导的这项决策方针是正确的。那些年，我和刘宗棠沿沱江、涪江两岸采访，除见个别地方有机泵抽水，大量冬水田放干后，机灌设备没着落，断电缺油，管道设施不配套，成了白天晒太阳、晚上照月亮的"望天田"。结果，当年水放不干，小麦播种积水歉收，次年春天缺水，水稻无法栽插，两头落空，呼天不应，喊地不灵，愈发加重了饥荒。

饿着肚皮讴歌"人民公社好"

分社记者常年到基层采访，对灾情是清楚的，然而大家宁做"闭口道士"，也不口吐真言。新华社四川分社老记者多，采访作风深入踏实，过去凡事都要问个明白，搬个道理，时有报道与省委领导看法相拗屡批屡犯。因此，1957年"反右"运动一开始就成了重点，省委派宣传部长来坐镇揭盖子，在全体职工大会上指着社长邵挺军说："四川分社没有'右派'？你邵挺军就是'右派'"。分社共有17名记者，上级领导指名道姓就划了5个"右派"分子，邵挺军也背上个"邵老右"的恶名。

1959年庐山会议批判彭德怀，省委派人到分社用"指鹿为马"的方式，要大家对《李仲云的意见书》和《彭德怀的信》表态，对"大跃进"是"赞成"还是"反对"。社长纪希晨是位忠厚长者，担心我们忘记吸取教训，说话没遮拦，荒腔走板乱表态，重蹈1957年的覆辙，就把刘宗棠、王焕斗和我三人派到新繁县新民公社去蹲点调查，也有暂避风头保护的意思。

具有讽刺意味的是，我们的蹲点任务是完成一篇《人民公社好》的调查报告。庐山会议下山前，毛主席给吴冷西、陈伯达、胡乔木写了一封信，宣称"要向全世界宣战"，以此表明反对"右倾机会主义"和坚持"三面红旗"的决心。并指定新华社和人民日报社派记者到全国各地调查，"即日动员，一个月、

1959 年 7 月，中共中央在庐山召开政治局扩大会议，会上，政治局委员、国防部长彭德怀给毛泽东写了一封信，反映大跃进以来出现的一些严重问题。此信被视为右倾的表现。图为 1958 年 12 月，彭德怀在湖南湘潭地区乌石公社进行调查研究。

两个月，至迟三个月交卷”。“文字要既扎实又生动，引人入胜”。调查完成后，老人家“准备写一篇万言长序，痛驳全世界反对派。”

时间紧迫，纪希晨接到指示后把任务落实到我们三人身上。我们在号称“天府之国”的腹地，看着空空如也的粮仓顿顿喝稀粥，饿着肚皮挖空心思做文章，堆砌美好字眼，想尽量放出奇光异彩，讴歌人民公社好，文章三易其稿终于脱手。

没想到十二月回到分社，这位敢于直言的社长纪希晨和采编主任李策，两人都因言罹罪被打成“右倾机会主义分子”，撤销党内外一切职务，行政降级，不再过问业务。后来稿件送省委宣传部定夺发出，他们两人也随即被发配到农村劳动改造。

撕心裂肺在灾区

连遭二次“反右”运动的打击，新华社四川分社记者成了惊弓之鸟，人人自危，生怕说错一句话，做错一件事。1960年年初，我到隆昌县蹲点，所见是“千村薜荔人遗矢，万户萧疏鬼唱歌”的一片惨象。这个县素以出产“三白”——白猪、白兔、白夏布而著称，商品经济比较发达，是全省财贸工作先进单位，我蹲点的胡家公社供销社，主任陈舜尧是党的“八大”代表。往年腊月正是农家忙着杀年猪、做腊肉的欢乐时候，但此刻见到的是断垣残壁，路断人稀，新坟还比旧坟多。

他带我看望了蜷缩在庙宇、祠堂和大院里的群众，他们一无所有，“大跃进”砸锅拆灶，原来的土坯茅舍早已化作肥料和炉渣。口粮由公共食堂控制，每天老秤原粮四至五两，打出米折合新秤只有二两，群众就靠这点粮食苟延活命。

与省内其他县相比，隆昌县死人算是比较少的，但情景依然令人惊怖。长期缺粮的群众先是浮肿，渐渐地形销骨立状如骷髅，乡干部每天的头等大事是入夜给社员烧一把柴草，御寒保持最低温度，次晨一早赶紧熬一锅菜叶稀粥施救。如果平安无事又可挨过一天。有的老弱社员见到端来热粥，兴奋过度心脏骤受刺激突然倒毙，断气时惨带笑容。抗战八年，我几次从日寇轰炸扫射的死人堆里逃出，但眼下的惨状仍让我撕心裂肺，颤栗不已。这个50万左右人口的县，一年多时间就减少了四分之一人口。

在隆昌先后蹲点三年，正是全省灾情最严重的时候，我身在灾区不敢言灾，不敢言死人，没有写过一篇反映这方面情况的通稿和内参，领导不问，我也不说，这是一个报道的禁区。我用“钝刀子割肉”的办法，尽量避重就轻，就虚避实，绕开矛盾做文章。我针对当时国家对农民竭泽而渔、强制进行农产品收购、封闭城乡流通渠道、严禁“五匠”离乡谋生，以及无视价值规律、扼杀商品生产和流通等一系列极“左”政策，采写了《要学会与农民做生意》、《在茶馆里》、《纵与横——隆昌夏布生产调查》等一批稿件，大都被《人民日报》

登在显著位置，有的还被《新华月报》转载。但这一切无济于改变灾区的现状，如像死水洼里漾出一个涟漪瞬即消失。

一场“赔粮”风波

那些年，我分工采访财经，对全省的灾情是清楚的。四川是个粮食调出大省，20世纪50年代中期平均每年调出32.24亿斤，三年“大跃进”放卫星，创高产，大话说过了头，又连续三年减产，比1949年还少30亿斤，但粮食外调任务有增无减，1960年外调粮增到68.4亿斤，比过去增长一倍以上。我们把这说成是发扬“四川风格”，把农民的口粮叫余粮，仿佛取之不竭。从1959年起，三年内全省农村人均留粮包括种子、饲料和口粮，从原来的512斤猛降到260斤。由于强迫命令征了过头粮，国家粮库告罄，春荒没有返销粮，农民只好饿以待毙。

民以食为天，群众对眼下的饥荒似乎看不到尽头，传出“中央宁肯四川死人，也不让京津沪死人”的小道消息。面对赤地千里，哀鸿遍野，省里为粮食而焦虑，搞得焦头烂额，不再宣扬“四川风格”，而是要求尽量不事声张。那时分社对粮食的报道，既要服从全国大局，又要考虑地方饥荒实情，处在一个两难境地，凡是涉及一个“粮”字的报道都格外慎重，严格把关惟恐有个闪失，宁肯少发或不发，尽管这样仍常受到省委领导的批评和责难。

1960年年底，新华总社国内部财经组章海蓝来电话，从粮食部得悉四川已完成全年粮食征购任务，要求尽快发一条消息。稿件很简单，我写好送审及时发出，赫然辟栏登在《人民日报》头版中间，谁知这条普通的消息，触动了省委领导的紧张神经，见报即令宣传部负责人打电话到分社责问：“为什么要发这条消息，是谁写的？”最后丢下一句话：“省里还没有完成统购任务，差欠的一千万斤粮食由分社和记者赔出来”。此事非同小可，一时大家都慌了神，惊得不知所措。采编主任翟静之清楚此稿来龙去脉，承担了责任，没有错也认了错，先向省委领导作了检讨以平息怒气，稍后再解释此稿原委，一场风波暂时平息。

事后打听方知，当时全国粮食形势越来越严重，京津沪等大城市和辽宁存粮只能供应几天，许多粮食调入省要求增加调入，调出省又要求减少调出，中央下了一道死命令，要求四川必须如期完成外调任务。发这条消息，中央有“借东风”的用意，对一些强调困难、拖延观望的省份起个施压推动作用，而省里虽然任务已经完成，但怕“枪打出头鸟”，“鞭打快牛”追加任务，于是分社被夹在中间，发生了这场“赔粮”风波。

记者不慎走进“触雷区”

一波未平一波又起。1961 年开春，刘宗棠去万县采访，发回一条《川东喜降春雨》的简讯，登在《人民日报》不显眼的角落，又遭省委领导斥责，认为分社哪壶水不开提哪壶，似乎专与省委唱反调对着干。一时大家蒙得晕头转向。

分社派我到粮食厅去打听，一问又是为粮食问题而引发的。此刻，中央正在召开全国粮食工作会议，落实各省当年征购上调任务，讨价还价争得不

人民日报

1967年8月16日

毛主席指出：庐山出现的这一场斗争，是一场阶级斗争，是过去十年社会主义革命过程中资产阶级与无产阶级两大对抗阶级的生死斗争的继续。在中国，在我党，这一类斗争，看来还得斗下去，至少还要斗二十年，可能要斗半个世纪，总之要到阶级完全灭亡，斗争才会止息。

中国共产党八届八中全会
关于以彭德怀为首的反党集团的决议

（摘要）

——一九五九年八月十六日——

从彭德怀的失败到中国赫鲁晓夫的破产

《红旗》杂志一九六七年第十三期社论

中共八届八中全会通过了《关于以彭德怀同志为首的反党集团的错误的决议》。该决议 1967 年在《人民日报》上公开发表，题目略有修改。

可开交，听说李先念几乎到了“乞求”地步。恰在这时，传来这条四川发来的消息，一场春雨意味着丰收有望，于是顺势借雨落实任务，四川代表顿失发言权，不容再有讨价余地。情况传到省里，省委领导大为恼怒，对分社劈头盖脑一顿批评。

这时，远在川东大山里的刘宗棠，怎么也想不到，这条平常的气象简讯，竟会引起中央和地方的如此关注，成了双方在会上争执的焦点。一条在不当时机发出的消息，笔下会人命关天，生死攸关。灾难临头，四川每多调出一亿斤粮食，就会增加几十万人的缺粮面，导致水肿病死人大大增加的后果。那时分社记者采访如同走进地雷阵，步步都是陷阱，报道稍有不慎就会触雷引爆，触发一场不小的震动。

邓拓赠诗留绝笔

由于多年做新闻工作养成的习惯，遇到一些难以理解的问题，总要借古鉴今，忆往思昔力求找出答案。抗战期间我曾在四川待过，群众生活艰苦，负担可谓不轻。1945 年 10 月 5 日，重庆《新华日报》发表题为《感谢四川人民》的社论指出，在抗战八年中，四川是大后方的主要基地，负担了当时国家财政总支出的三分之一以上，最高时超过了一半，供应的粮食占全国征解粮的 38.6%。直到抗战终止，四川的征兵额达 302.5 万人，还有 350 万人服工役，完成了川陕、川黔、川滇、川湘四条公路大动脉，修筑了 33 个军用飞机场。这些工程都是打着灯笼火把、挑灯夜战，不分昼夜在极其艰苦的条件下完成的。当时，四川人口不过四千多万，以不到全国十分之一的人口，支撑半壁江山，承受的人力、物力、财力负担，时间之长、劳役之重，都是历史上罕见的。那时也有天灾人祸，但没有发生过成千上万人饿死的事件。

抗战期间，宽厚包容的四川人民容纳了大批内迁工厂和几十万入川难民，有 48 所高校从战区迁川，开办了一批专门安置辍学流亡学生的国立中学。那时物价飞涨，不仅缺肉，连蔬菜也不够吃，吃的是霉变掺杂的所谓“平价米”。

我在昆明西南联大附中和成都光华大学附中读书期间，食堂吃的都是这种米，里面稗子、沙子、老鼠屎都有，粗糙难咽，但敞开肚子能吃饱，没听说过水肿病，只有营养不良症。许多国立学校的流亡学生免交学费，吃饭不要钱。分社一些老记者当年流亡入川，就是这样靠公费刻苦完成学业的。

那时，老百姓大骂国民党腐败，一些大小贪官污吏乘民族危亡之际，大发国难财，但人们仍是爱国的。1943 年正是抗日战争最艰苦、最紧张的阶段，为了配合盟军对日作战，当局急需补充兵员，掀起“一寸山河一寸血，十万青年十万军”的从军高潮，全省一个月内有 4.5 万名知识青年投笔从戎。他们飞赴印度经过短期训练，殊死反攻缅甸，喋血高黎贡山，捐躯怒江两岸，青史留下了英名。回顾四川这段历史，天灾大都出于人祸，离开四川七年我重返故地，没想到在太平盛世会有千百万冤魂坠入深渊，“大跃进”的教训不能忘记。

在分社会议室，“文革”前挂着一幅邓拓写的一首“七绝”：“身居天府写文章，瀚墨清新立意强，记者生涯当自励，一言一动慎思量。”1958 年 3 月，中央召开酝酿总路线的成都会议，吹响了“大跃进”的号角，邓拓在与会期间抽暇到分社和记者站看望大家，临别挥毫留下这幅墨宝。作为一名知识渊博，熟知党的历史，久经磨练，具有高度政治警觉的人民日报社领导人，当时似乎已预感到一场政治风暴即将来临。全诗满含愁虑悲悯委婉，没有激情昂扬的豪语。

在上世纪五六十年代，新华社四川分社记者大都比较年轻不明世事，但每当笔底疮痍心潮起伏的时候，都会想到这首“七绝”以自勉。对邓拓这首诗的含义，分社记者各有不同理解，但有一点看法是一致的，那就是对极“左”思潮的提醒。邓拓直抒胸臆勉励记者，但在那个政治风云多变、莫测高深的非常年代，他自己却不断遭受到“书生办报”、“死人办报”和“占着茅坑不拉屎”的辱骂和责难。士可杀、不可辱。他终于含冤含恨离开人间，为分社留下了“身居天府写文章”的绝笔。

（原载《炎黄春秋》，2006 年第 12 期）

二十二、我在“大跃进”期间的经历

黎　白

（一）

1958年5月，我和寒风背着在“反右派运动”中受的处分离开了北京，离开了总政治部文化部创作室，被下放到昆明军区分配工作。

到昆明后，寒风和我拜会了军区组织部和宣传部的程、任部长。他们十分热情，几乎是每三天分头到招待所来看望我们，每当周末和假日必定请我们吃饭、看戏。只是闭口不谈分配工作问题。

寒风对我说：“我们是关羽入曹营，三日一小宴，五日一大宴。日子过得不赖！”他当然是讲反话。

我说：“你看，我的长篇都快写完了。急什么？咱们俩都是营团干部，又都是政治工作干部，又都受了留党察看的处分，让军区如何分配？用这个机会写点东西么！咱们在创作室这一年多，除了反右，谁有时间写东西？”

我们不着急，工作反而有了着落。总政治部谭政主任发电到军区，申明寒风和我仍是总政的干部，到昆明军区只是下放。于是，军区很快下令寒风任十三军三十七师政治部宣传科副科长，我任十三军三十八师政治部宣传科副科长。我们立即到任。实际上，我们内心还是急于工作的。

到了师里，我的工作分工也给师首长和师政治部主任带来了麻烦。我背着处分，有些会议不能参加，有些文件不能阅读，有些事情不应知道，只好让我分管文化娱乐工作。恰逢此时全国掀起了“大跃进”，大炼钢铁，人民公社化，各种“卫星”满天飞，战士们连下盘棋打几把扑克牌的时间也很少，结果是我分管的只有一副法国军队留下来的、无缝钢管制成的、可以推动的、专供师直属队和团直属队用的篮球架子。偏偏严重的问题就发生在这副篮球架子上。

这里地处漠南，森林不少，最缺少的是矿石。没有铁矿，但是，钢铁还是必须大炼的，于是，就要机关单位、企业、住户居民把凡是铁制的东西献出来用以炼钢铁。例如，单位的铁栅栏、铁门、铁柜、窗户上的铁合页，居民家里的铁锅、铁壶，甚至于摊贩的铁秤砣。部队当然也不例外，更要积极争光。

一天，师部宣传科的通讯员跑来向我报告，师部和团部共用的篮球架子被从操场上往下运，准备砸碎了炼钢铁！

我立即奔去制止。我向战士们说：“谁也不能动它！”这下我捅了大娄子啰！

宣传科长马泽民、副科长翟维青找我谈话，很关切地说：“这是张政委决定的，你怎么不许砸呢？”

他们两位和我相处很好，又都是积极热情的战友，他们那种关切中带着些紧张的神色也使我很感动。然而，我却说：“张政委下命令也不行，篮球架子就是不能砸。”

马泽民说：“张政委要和你面谈，别顶他！”

我于是去见张政委。

张政委是“三八式”的知识分子，很儒雅，也很和气。他客气地让坐，递来大名鼎鼎的“云烟”，笑着说：“你为什么不准把篮球架子砸了炼钢铁？是我同意的啊！”

我也笑着说：“政委，您是抗战前读过大学的，我是大学毕业的。高炉炼铁、平炉炼钢这个常识我们都懂。篮球架子是无缝钢管的、砸烂了它再去炼钢铁不是荒唐吗？何况，现在炼铁的炉子简直和北京烤白薯的炉子差不多，不要说是钢，合格的铁都炼不出来，只能炼出烧结铁，那是毫无用处的废料啊！”

张政委严肃地说：“大炼钢铁是中央的指示，全民炼钢是‘大跃进’，任何人都必须无条件拥护和执行的。党员、军人更应该坚决执行，你是总政的干部，更应该懂得纪律。你再想一想，你还带着留党察看两年的处分，为什么还要为一副篮球架子犯严重错误呢？我没有再下命令砸篮球架子也是出于对你这总政来的同志的尊重，或者说是对你的关心啊。你不能再犯大错误了。”

我内心确实很感动。张政委是会关心人的好同志。我说：“政委，咱们师直和团部只有这么一副篮球架子，也是唯一室外运动和文化娱乐的工具，砸了它，就打不成篮球了。我分工负责文娱活动，我认为没有非砸烂它的理由。刚才我也说过，无缝钢管再砸烂去炼钢铁，实在是荒唐，您有这个知识水平，会批准保留它的。”

张政委的脸色很不好看了。

我说：“我可以写一个书面报告给您，请求保留篮球架子，一切后果我承担！”

张政委说：“可以，你写个报告给我，我负责转给军首长，在上级没有决定之前，篮球架子可以不动。就这样吧！”

我们似乎谈得很僵。我写了报告交给张政委，篮球架子仍在，战士和干部或许知道了这场争执，尽管大炼钢铁极累人，篮球场上打球的人却大大多了起来，好像再不多打几场，就没有篮球架子了。我站在球场外，真说不出是什么心情，感慨？忧烦？迷惘？百感文集。

“大跃进”确实是讲速度的。第二天，军里通知师政委和我即刻到军政委处。

找我们谈话的是军长、政委、政治部主任——三位军党委常委包括书记。

军长朝我说：“你的报告和张政委的汇报已经讲清楚了。大炼钢铁是党中央的决定，师直机关打不打篮球不是问题，本来可以简单处理的。因为你是总政治部的干部，所以，我们几个常委研究了一下，两个办法解决，你可以讲你的态度。一个是以你们的政委指示为准。砸了炼钢铁，至于你的建议和你的书面报告，可以还给你，就算了事。第二个办法是你如果坚持，军里负责把你的报告呈报给秦司令员，由军区首长决定。说明一下，这是因为你是总政下放到我们军里来的，你还是总政的干部，我们无权处理，并不是我们同意不砸篮球架子。”

师政委说：“军长是出于对你政治上的关心和爱护啊！希望正确了解你的处境啊！军首长和我们几个师的同志也是出于好的愿望啊！”

我的确很感动，也深知我的处境，也了解为了一副篮球架子而坚持己见实在是愚蠢，但是，烤白薯式的炉子炼无缝钢管是反科学的，是非不能不坚持，我既然懂得这个常识，就不能学鲁迅杂文中写的那种聪明人。我站起来，向军师首长敬了个礼，说：“由衷感谢首长们对我的爱护，也了解自己的处境，不过，我同意军长说的第二个办法。”

军首长仍然热情地留我和师政委吃了一顿丰盛的晚餐。我当然放开肚子大吃，因为近来部队的伙食直线下降，肉、菜几乎难以吃到，云南那种辣死人的小朝天椒是唯一下饭的菜了。我问过司务长，他吭吭巴巴地说：“汽车都运钢铁了吧？”

篮球架子的事就暂时放置下来了。谁料到又有了变化，为了反映“大跃进”，拍摄故事片，八一电影制片厂厂长陈播到了昆明，带来了编剧黎阳、导演沈剡。通过军区把寒风和我极快地调回军区，住进了九号楼高干招待所。寒风和我都是原总政创作室的创作员，我又是电影创作小组的成员，所以，和陈播、黎阳、沈剡还算熟悉。

当天晚上，陈播对我们讲：“目前云南有三个要立刻写的剧本、立刻投入拍摄的题材。一个是《人民日报》已经发了头版的新闻，标题是《一步登天》，将来影片的片名也可以用，就是佤族从奴隶社会末期封建社会初期的制度一下子建立人民公社，跨入了社会主义。保山县的佤族一个寨子几天之内也建立人民公社，你们和省、地领导一起去参加庆祝大会，访问三天左右立即回昆明交提纲，研究之后，一周内，最迟半个月内写出文学剧本。第二个题材是十三军有一个学哲学的标兵向胜昌，目前在北京参加英模代表大会。你们先到他所在的部队去访问，军区小报有半版报道，到团里找找还有什么材料，再访问一下连排干部战士，时间也不能超过十天，回来讨论提纲。第三个题材是将军当兵，可以稍靠后几天，因为厂里也派人到其他军区去了……”当寒风、黎阳和我听得发怔的时候，陈播说：“‘大跃进’嘛，一切要争时间，抢速度，一天等于二十年嘛！中宣部开过会，要求全国人人能读书、写诗、唱歌、画画、舞蹈、表演、创作……让我唱歌，跳舞蹈恐怕困难，创作嘛，我倒很想‘大跃进’一下的。”

谈话结束，我和寒风立刻上街，彼此心照不宣，一个心意：喝一杯鲜菠萝汁，吃一次过桥米线。遗憾的是，转了几条街，小摊贩一个不见，大饭馆不卖米线，十分冷清。

寒风说：“奇怪，徐水县不是吃饭不要钱吗？人家徐水书记发表宏论：一县进入共产主义！怎么昆明一下子变成什么吃的都没有啦？”

我们败兴而归。招待所秦管理员看见我们，立刻叫起来：“到处找你们两位首长呢！秦司令员来了，请你们和八一厂首长吃饭。”

寒风说：“秦基伟是个热心人，没什么要小心的。”

我们进屋，秦司令员笑着说：“寒风是个好向导，想上街吃米线吧？缺货？我请客啰！”

大家入座，酒过三巡，菜过五味，秦司令员朝我笑着说：“你这个黎白，年龄不大，胆子不小哇，竟敢顶住十三军和三十八师两级领导坚持不准砸篮球架子？一副法国鬼子丢下的篮球架子有什么了不起？我家铁门拆去炼铁，我家窗户上的合页全部拆去炼铁，我都不吭气。早晚会给我装新的，我着什么急？篮球架子么，留下了，总有人去打球。我这个司令员的大门有警卫，铁门开来开去多麻烦，拆了好，省事嘛！”

秦基伟讲得挺风趣，听不出他是拥护大炼钢铁，还是反对大炼钢铁。不过，三十八师的篮球架子经他批准保留下来了可算一大喜讯。

（二）

为了准备参加佤族村寨建立人民公社“一步登天”的庆祝大会，我和黎阳连夜访问了省民委的有关同志，向他们了解一些佤族的知识，免得现场失仪。在少数民族盛会上失仪是很严重的问题，不懂民族风俗礼仪习惯而出了差错是会影响团结的。

民委的同志告诉我们，佤族过去称“佧佤”族。“佧”是娃子即奴隶的意思，对兄弟民族有歧视的含义。“佧”又分“生佧”和“熟佧”两类。“熟佧”居住在高山之下，与汉族及其他少数民族杂居，会讲汉语，有的还认识汉字，某些习俗也有些变化，能与汉族互相适应，互相往来，彼此也比较团结，生活水平也接近于当地汉族。“生佧”居住在高山上密林中，极少与其他民族往来，基本上是奴隶社会，三权统治，政权由头人掌管，还有一位神权或鬼权的至上领袖人物。他们信鬼，还没有达到神权的时代。人分三等：贵族——头人（佤语称“朱米”、“夜郎”等），其实也很穷苦；自由民——永远升不到贵族却很容易降成奴隶；奴隶——没有任何自由，可以交换、买卖，与黄牛差不多。生产方式是刀耕火种，所以常常迁移。耕种之前要“人头祭谷”，就是下山砍掉别人的人头，提回山上插入竹签上用米“祭谷”。人头分等级，优等的是汉人头，以大胡子最为优等，其次为其他民族男性的人头。实在找不到这些类人头可砍，山下“熟佧”人头也可以。每个寨子都有两三个扎红头巾的壮小伙子，红头巾是砍过人头的光荣、勇敢的标志。

回到招待所已是深夜，躺在床上怎么也睡不着，冥思苦想，佤族或许应该属于原始社会末期和奴隶社会初期，还达不到封建社会一般具有的初期特点。我在建国初期在部队里曾经编写干部理论学习丙组《社会发展史》教材，为乙组《政治经济学》班讲课，为甲组班担任辅导员，多少懂得一点人类发展和几个社会制度的重要特征和分期。怎么想，也想不出佤族如何“一步登天”踏入社会主义。如果仅仅以公有制作为唯一的条件，那么，原始共产主义社会与社会主义社会又有什么区别呢？

从昆明到“佧佤山”要乘汽车，走山路，过几个州县，行程几天并不好走。何况省地政府准备了相当多的礼物：布匹、盐巴、糖、火柴、药品、衣被、粮食……不过，也有好处，路过沿途城镇，见到了大炼钢铁的大小炉子和辛苦的群众，不断敲锣打鼓“放卫星”报喜的群众队伍，特别是村庄寨子里的茅草屋门前大都有一个新的装置——信箱，每天黄昏，有专人开箱从里边掏出形形色色大小不等的纸，抓起这些纸往背篓里一塞，开头，我们很惊奇，问当地衣着很破旧的少数民族干部这是怎么回事？对方答：每家每户每人每天写“一张”诗，放入纸箱，天黑前，统一收取，交小学教师阅读。我问：“教师看得过来这么多的诗吗？”对方摇摇头，不回答。我问：“我能看几篇诗吗？”对方一指背篓，说：“随便看！”

我看了看背篓里那些被揉得一塌糊涂的诗篇，选了几张揉得还不算太烂的纸，小心铺开来一看，一张纸上画了一个应该是太阳的不圆不扁的球，周围有大小无数见楞见角的似是堡垒的东西，写着几个实在难认的汉字：“太阳挂，放卫星。”另一张纸上写了几个字：“写尸多，笑也多。”这“尸”字，应当是“诗”吧！我把诗篇放回背篓，沉默了。再大的跃进，也做不到要文化程度很低的少数民族群众天天写诗啊？莫非是疯了？还是神经病？贯彻下来的结果就是小学教师每天黄昏背着背篓挨家挨户收烂纸，纸上有字：“尸”！古今中外也没有这样出格的荒唐事啊！我们却有，而且颇为自豪，复何言哉？

我问对方：“你们把这些诗怎么办？”

对方答：“每天晚上向上边报个数字，选一二十篇，一起送上去。”

我问：“你怎么选？”

他答：“纸完整些的，纸上写的字多一些的。我看不过来，就这么选。报告数字是按每户有几口人就有几张诗上报，天天一样的。上头只管收下，我知道他们不看的，只统计数目再往上报就完成任务了。”

我问：“群众愿意吗？”

他答：“管他们呢！黄昏上山砍树，准备烧火炼铁，白天炼铁，吃得饥一顿饱一顿，又没得多少睡觉时间，再说，多数不识字、不敢不写，画个东西在纸上也就成了。开头，群众很害怕交不上诗，慢慢也就不怕了，纸头上划几条道道，画个圈圈，塞进信箱，没人查问的。我管收诗上报，开头还看几遍，如今是不看的！”他朝我笑了笑，背起背篓，里边盛满诗篇，疲惫地走开了。

一路上，所见甚多，大都如此。我带着这种心情进了佧佤山，只觉得身心交瘁。

亲眼见到今天就要“一步登天”的“生佧”寨子，给我的第一印象就是这里几乎是原始部落。一个方圆不足百米的坝子，尽头处最宏伟、最显眼的佤族首领的“官邸”是一座没有剥皮的树干搭起来的两层阁楼，没有窗户只有充当窗户的栅栏，没有玻璃，没有纸的栅栏，风雨无阻，一目了然，颇大的屋内只有一个火塘，没有桌椅，没有任何现代或古老的陈设，一面墙壁上挂着带毛的牛肉，地下堆着一堆包谷，杂乱地放着不少粗陶坛子。

我们的民族干部带着山下的“熟佧”翻译已经把寨子里的三巨头请来，他们身后是几十位“生佤”男女。显然，政府已经和寨子里的佤族首领沟通了感情，达成了协议，经翻译再加以解释，佤族首领向全族人叫喊了几句，立刻传来一阵欢呼声。三巨头与我们的领导人相会了，居然是互相把臂。我似乎从什么古书上读过的，这种把臂礼是春秋战国时代就有的。成箱、成袋、成匹的礼品抬到坝子上，佤族老幼们的表情是亲切、诚恳、愉快、充分信任的。庆祝佤族人民公社成立大会结束后，首领的厅里和坝上都举行宴会。我和黎阳与省地政府代表是贵宾，都坐在厅里的地上参加宴会。厅角摆着的粗陶坛子被搬来，是他们自酿的美酒。我们面前都有一坛插了一根竹管的美酒，用竹管吸酒，面前的酒必须喝干才算对主人的尊敬。

宴会和歌舞延续了一整夜。本来应该等待佤族首领分配政府送来的大批礼物，看一看是不是人人一份，平均分配，娃子即奴隶是不是除外。省代表却指示返回昆明。我其实也是愿意尽早离开的，不通语言，三五天采访就写出一个“一步登天”的电影文学剧本？无论怎样“大跃进”，我也是办不到的。

（三）

回到昆明，我向陈播厂长表示，我采访战士学哲学的事迹，写这个题材，因为模范出在我们军。这个理由很充分，所以，我又回到三十八师。陈播给我的时间是半个月带详细提纲到军区向他汇报。军首长更加具体，指示我一周内采访完毕，提纲写出，师团研究通过。而我现在手里只有一份军区报纸，上边有小半版关于向胜昌学哲学的报道，他本人仍在北京。任务艰难，我却极有干劲，用“大跃进”的速度拼起命来！

我用了半天时间聆听了军、师首长关于如何写向胜昌学哲学的指示。他们的指示是：向胜昌学哲学是从艾思奇的《大众哲学》开始的，接着是读了马列经典著作，读了多遍的《历史唯物主义和辩证唯物主义》，最后是读了毛泽东的两篇哲学著作《矛盾论》、《实践论》。写的时候，要把次序颠倒过来，写他学哲学是从毛主席“两论”开始的，并且是在实践中用的。我没有明确表态，不过，我已经看了多遍军区报纸上的报道，就是这样写的。我对军、师首长对一名战士学哲学了解得相当具体，还是深为钦佩的。

我用了三天时间在向胜昌所在的连队进行了逐个的访问和座谈。他们已经接受过多次访问了，发言积极踊跃，谈起来倒背如流，套路极熟。不过，他们讲完之后，我提出的问题却大多是他们想不到的，但又是他们熟悉的。加上我这三天就住在班里，和他们一起吃，一起打扑克，一起出操，很快就彼此融洽了，谈及向胜昌的经历、性格、生活琐事也就很自然地多起来了。我相信这些情况都是没有经过加工的真实材料，但也显示出部队政治工作的深入，向胜昌学习的刻苦，他学哲学毕竟不是吹出来的。这使我增加了信心，也增加了创作的激情。第五天，召开连营两级有关干部会研究怎样表现战士学哲学，营、连是怎样领导战士展开学哲学的……当晚我回到师部，向政委、主任汇报了设想，深夜，和宣传科长等三人研究结构。拂晓，思考结构提纲，第六天上午，写出剧本提纲请师首长审查。为了“大跃进”，抢时间，师政委决定由他和政治部主任、宣传科正副科长和我立即乘车赶往军部，进行军师两级一次性的汇报和研究。提纲仅仅是主题思想，粗略的故事梗概，只要不太出格是不难通过的。所以，晚饭前，我就到了军区，见到陈播。距他要求的十天完成提纲的时间提前了四天。回想起来，难以想象，实在是“大跃进”的速度。也不可否认，尽管我对大炼钢铁、佤族的“一步登天”、人人每天写一首诗是持异议的，但是，“大跃进”的精神，我是拥护的，而且是全力以赴去拼博的。如果说我那时就对“大跃进”有深刻而正确的认识，同样是“天方夜谭”，我绝对没有这样的水平。

提纲很快就被陈播通过了，给我的任务是一周内写出文学剧本初稿交他审查。又是“大跃进”速度。我连续作战七天七夜，毫不含糊地完成了初稿，而且，我自信是竭尽全力去创造一个有人物、有一定思想性的故事片剧本的。我为剧本定名为《插翅高飞》，按时交给了陈播。他连夜看完，通知我带初稿返京交八一厂打印，并指定沈剡执导，而且把沈剡和我找来一起商量组成摄制组和选演员的诸般事宜。真是“大跃进”的速度。这时，人人都在拼搏，效果和结果都来不及去想。

我奉命回京，而且要快，当然是坐飞机。招待所的同志去买票，我终于有了一天一夜的空闲，也实在要好好大睡一场了。就在这个时候，省文联秘书长李鉴尧来看望我们。我和李鉴尧并不熟，他却和寒风很熟。他一到就约我们去参观或者是参加深挖田以备亩产十五万斤小麦的大规模夜战。

当我们来到田头，只见几盏聚光灯照耀如同白昼，虽不算万头攒动，也可以形容成人山人海，口号声响彻云霄，景色壮观，气魄宏大。

一亩见方的田已经深挖近丈，翻起的土用粗绳和筐吊上去，人们上下用梯子，田——深坑下的人们仍在挖土不止。

我问李鉴尧：“这是干什么？”

他说：“探挖一丈，分层施肥。计划用五千到一万斤化肥，三千斤优质谷种……”

我打断了他的话：“不用秧苗？”

他答：“种谷，唔，小麦！”

我问：“你是农村出来的吗？”

他答：“一半吧！”

我说：“我连一半也没有，纯粹城市出来的。不过，没吃过猪肉，还没见过猪跑吗？深挖一丈、八尺土全是生土，寸草不生。万斤肥丢进生土里会起多大作用，我不懂，只知道会起副作用。三千斤谷种，怎么下种？一亩地铺满了下种？”

他答：“梯田式下种。”

我说：“太荒谬了！我敢保证你们这三千斤种子播下去的结果是颗粒无收。大秘书长啊，你怎么能干出这种超出一般常识的事情来？”

李鉴尧沉默了一阵，才吞吞吐吐地说：“党报头版头条刊登了亩产十五万斤小麦的照片啊，上边还坐着几位中央领导人，我能不信吗？我敢不信吗？我能不执行放高产特大卫星的指示吗？我敢不执行吗？”

我说：“要是我，就坚决顶住，绝不执行！”

李鉴尧说：“我知道你和寒风的情况，留党察看两年离开除党籍就差一步，是虱子多了不咬，债多了不愁。说良心话，我不敢。就算颗粒无收，也不过是扔了万斤化肥、三千斤谷种，大家劳累了几天。我顶了，还会派别人来的。”我叹了口气，说：“你知道这样干一定是颗粒无收啊？”

李鉴尧不回答了，聚光灯照得他那劳累过度的苍白面孔更显疲惫和憔悴，还显出一种悲伤和无奈的神色。我把要冲出口的几句“慷慨激昂”的话咽回去了，只说：“我们走吧！”

我在云南只有短短的几个月。却是经历了太多的不可想象的事。带着无数的迷惘和惆怅飞回了北京。而且，陈播也改变计划，为了促《插翅高飞》上马，他和我一起飞回北京。

反映战士学哲学的文学剧本《插翅高飞》本来是陈播厂长主张迅速上马投入拍摄的。我也住进八一厂拼命加速修改剧本。谁知大跃进的奇想是任何人也难以预料的。上级决定将中国人民解放军八一电影制片厂下放交给北京市卢沟桥人民公社领导和管理。这个变动太突然，也太震动人心了！何况还有一系列的交接。八一厂有故事片、军教片、纪录片三个室，还有洗印、录音、制景、特技、化装、服装、道具等八大车间，有厂部政治、行政、管理等机关部门，专业性极强。人民公社尽管已经接近了共产主义，社员们正在“人人能读书，人人能写诗，人人看电影，人人能表演，人人能唱歌，人人能画画，人人能舞蹈，人人能创作”，却实在难以达到“一天等于二十年”的“大跃进”速度，办好一个电影制片厂，胆子再大，短时间也是无法实现的。而厂里的军官、职工的思想不能有一点混乱，工作步调不能有一点失控，剧本最后审查通过和投入拍摄也不能有一点推迟。

我呢？只好是边修改剧本边待命了，我和陈播想“大跃进”也跃进不起来了。其实，我很明白，《插翅高飞》是飞不起来了。改了三四遍剧本，已是1959年5月。早在3月，西藏上层反动集团发动武装叛乱，解放军正在平叛。这时，总政治部决定派几名部队作家去西藏参加平叛，体验生活，进行创作。寒风、黄宗江和我都准备进藏，同行的还有北京电影制片厂编剧海默。6月初，在北京站正待登车，我突然被总政召回。要我参加刚刚由中央军委主席毛泽东下令组成的红一、红二、红四方面军战史编辑委员会中的二方面军编委会去编战史。我再三要求去西藏参加平叛，却不获批准。军人以服从命令为天职，我开始了编写战史的工作。说起来，从1958年5月下放昆明军区所属部队到调来编战史，时间整整一年，而我在云南只有七八个月，上上下下跑了许多地方，甚至“深入不毛”，却真可称是一事无成，愧对了“大跃进”这热火朝天的时代。

我于1959年6月到“红二方面军战史编辑委员会”报到。需要调来的许多编写人员还没有到齐。7月，中共中央在庐山召开了政治局扩大会议，8月7日，中共八届八中全会决定批判“彭德怀、黄克诚、张闻天、周小舟反党集团”并发出《中共中央关于反对右倾思想的指示》，接着，在全国开展了一场来势猛烈的“反右倾”运动。

我们编委会虽是刚刚组建，“反右倾”的斗争是毫无例外必须全力投入的。而原红二方面军改编的一二〇师及后来的第一、第二兵团几乎在整个解放战争时期都是在彭德怀为司令员兼政委的第一野战军于西北战场进行战斗的，指战员们对彭总崇敬有加，更要说清问题、划清界限、反对右倾、投入斗争了。

本来，我当时比较平静。我认为对“三面红旗”和“大跃进”，我没有什么反对的错误，战争期间我在华北作战，又是下级干部，也没有什么可以要与彭德怀司令员划清界限的必要，只遗憾又将拖延了编写战史的时间。

无论如何我也没想到，我们编委会开始“反右倾”不久，原军委训练总监部军校部部长兼红二方面军战史编委会办公室主任和党委书记杨秀山就找我单独谈话。他让我坐下，他面前的桌子上摆着一个卷宗，却没有打开。他对我说：“庐山会议开过，中央决定反右倾，我们收到总政治部转来有关你反对‘大跃进’的言行，你的问题可真不少，也不小哇！你反对大炼钢铁，反对大办农业增产，反对人民公社化，反对人人写诗，反对得很全面呢！我们党委研究决定，首先，你要写一份书面检查，把事实和错误言论行动都要交持清楚，交待仔细，写完直接给我。第二，你思想上必须要认识到问题的严重性……”

我真的懵住了。在云南的几件事，不分大小，不分真假，不分是非，居然全有文字报告上报给总政。我虽知道，这一次，我是在劫难逃了，但却按奈不住一股冲天怒火，居然打断了杨秀山主任的话，说：“我不认为我有错误言论和行为，我可以讲清楚的。”虽然，我也认为依据历次运动的规律，我讲清楚也没用。

杨秀山却笑了，说：“莫急，让我把话讲完嘛。我就是心性很急的人，你比我还急？你听着，你调来参加编写二方面军战史，是贺老总指示的，写个材料给我就没得你什么事啰。接受教训就可以啰。我是洪湖人，去年回洪湖看过，有名的鱼米之乡搞得缺粮少鱼，我也讲过怪话的，跟不上嘛，改了就是，不要再讲就是，讲几句怪话嘛，算啰。安下心来，好好编写战史，莫辜负了老总的期望！”

天哪，灭顶大祸，片言解除，我实在是运气太好啰！以我这一年的言行，不划个右倾机会主义分子是不可能的，再加上反右派斗争中所受的处分，我还有什么希望？我虽然从来不讲迷信，也不由我不默默地感谢上苍对我的宽厚啊！

（原载《中共党史资料》，第75辑）

二十三、跃入“共产主义”的悲壮实践

王　泓

读了季羡林的《沧桑十年·序》，他说：“‘文革’浩劫才过去二十年，人们已经淡化了，给年轻人再谈，已被看作是‘天方夜谭’、‘海客谈瀛洲’；我们许多人的血白流了，应得的教训白白放过了。”对此，我久久不能平静。特别是想到“大跃进”，它对“三农”的破坏、摧残，决不次于“文革”，真使农村到了古人所说的“人亡政息”的境地。对历史负责，就应把它的教训很好地传给后代，不使他们重犯。怎么办呢？李锐的意见我很赞成，他说：“我们不妨来个双峰对峙、二水分流：一方面鼓励史学家放出眼光，不是按照现在的结论，而是按照历史的真相，总结历史的经验，写出确有见地的现当代历史佳作；另一方面，鼓励历史事实的亲历者，真实而无涂饰地写出自己的遭遇、见闻、思考和情感，不要限定什么标准框框。现在这样的著作面世的不多。”这是一个很好的补救办法。

我是亲历者

我自己可说是“大跃进”的“亲历者”。那时我在国家计委工作，曾几次去河南、河北、天津、安徽、江苏做过调查研究，又是万名干部支援农业队伍中的一员，在河南叶县的旧县公社（后改为区，下属八个小公社）担任过两三年的公社书记或区委书记。我们下去时，国家几个副总理在人民大会堂给我们作动员报告，都比较笼统地说，现在农村出了问题，情况比较严重，有的公社化、食堂化都成了危机。这是社会主义也是共产主义的阵地，一定得保住，也要解决群众的困难。为什么会出现这样严重的问题？原因有三：一是天灾，二是人祸，三是苏联逼债。下去一看什么都明白了。没有什么天灾，苏联逼债不会造成没饭吃，实际上只有人祸这一条。我们下去原来是为“大跃进”擦屁股的：一是尽快制止人口非正常死亡；二是恢复农村瘫痪的政权；三是恢复农业生产；四是处理各种“大办”的遗留问题；五是维护食堂化。食堂要办好没条件，要坚持就不能制止饿死人，要解散又不许。总之，所有工作之难、责任之重、压力之大，是我有生以来从未遇到过的。因此，我自认为自己是“大跃进”的亲历者，也是受害者。

为什么说我是个受害者呢？因为“大跃进”初期，我几次下去调查研究，结果都不好。例如到南京看大炼钢铁，见南京大学、南京工学院将学生正在使用的原国民党中央大学等校留下的小钢丝床、院墙铁丝网都炼了钢，结果变成一堆堆烧结铁、废物。我写报告说，炼钢是因为它有使用价值，不该有用变成无用。特别是很多学生还在搭地铺，国家还得花钱给学生搞床睡，又是一笔浪费，等等。于是，这就成为我反对大炼钢铁的铁证。庐山会议后，国家计委的第一张大字报就是对我的，看来“右倾机会主义”的帽子我是戴定了。后来不知为什么“反右倾”突然停止，对我也就不了了之了。

又如一次去河南调研，随便了解某大学毕业生分配情况（那时周总理确定大学生毕业分配由三个部门管：计委管计划、教育部管调配、人事部管调整），谁知该大学竟自作主张停止分配工作，要大学毕业生都回家劳动，并说这是毛主席的号召，搞得学生家长到学校来大闹。怎么办呢？对此，我只说了两句话：学生毕业分配问题，到目前为止，我没听到毛主席、党中央有什么新的指示；你们要搞，工作要注意做细，不能出意外问题。可是我还没回来，告状信已经来了，说我下去指手画脚，给“大跃进”、新生事物泼冷水。这信多亏落到我的一个领导王汝之手中，他给压了下来，未做任何处理。不然也成了我反对“大跃进”的罪状。

1960 年，全国大面积受灾，其中以河北、山东、山西最为严重，占耕地面积的 60%以上。

再如我和老领导张北华（原为计委劳动工资局副局长，宋平为局长。第一次成立国家经委时，计委一分为二，我和张一起到经委，他任干部计划局局长）去天津参观水稻的大卫星。到地里一看，一眼就能看出是把二十多亩地中快成熟的稻子合并移栽到一起造成的（各地都出现这种办法）。由于挤得太紧，上边装了许多大灯泡照明，下边用鼓风机吹风。张是一个只说实话的人，他在地里就说：“这是胡闹，算什么卫星，非减产不行！”出了稻田刚上公路，就碰到几个拉车担扁担的人，带着铺盖锅盆碗筷，他要停下来去问问是干什么的？他果然猜对了，是山东逃难出来的。他是山东人，当即表示：看来我们山东政策出问题了，农民故土难离，怎么这时还出来逃难?！他看到经委北门外也搞土炉炼钢，便摇摇头说：“怎么我们也这么搞，这能炼出钢来吗?!”他将他的看法都对领导作了汇报。结果，很快被调往甘肃，听说他在甘肃又是老说实话，被反复折磨致死。我完全同意他的看法，也被调回计委。

回计委不久，又被暂调国务院科技队伍规划办公室。这时“大跃进”的后果已经显现出来，影响到国务院食堂。我在那里还占了点便宜：一是口粮定量时，给周总理也评了定量，由于他每月有许多顿饭是招待外宾的，把他的粮食定量的一半左右均给大家，给我也涨了一斤；二是副总理兼国务院秘书长习仲勋不知从哪儿搞到豆腐渣，每天早上由食堂免费、免粮票供给每人大半碗，很解决问题。大家都很感激这位好秘书长。但好景不长，突然调我回计委去农村支援农业。不管怎样，是党员，就只能二话不说的下去。

下去工作上困难不说，生活上也很难过得下去，要能带领群众渡过难关，首先得与群众生活在一起，同甘共苦。因此，我在叶县吃过17种不是人吃的东西，包括树皮、树叶、谷物秆、玉米芯、红薯蔓、观音土、棉枣、麦苗等等。一次肚子特别饿，到老乡家去，正碰人家吃午饭，吃的是玉米芯（剥去玉米当柴烧用的玉米棒），吃多了，一两天也缓不过来，肚子烧得很难受，整天喝水也不行，而且怎么也拉不下屎来。这样不久就浮肿得很严重，首先感觉走路很困难了，我就托人买了辆自行车，平路、下坡都可以，可是上坡就麻烦了，怎么也推不上坡，只好坐在路旁等熟人，请人帮我推上去。有时我知道有人在办公室等着我，我坐也坐不住，急得直想哭。接着反应在眼睛上，晚上办公，开始还可以，不多久文件上的字就密密麻麻一大片，模糊不清了。闭上两眼靠椅背休息二三十分钟，才能再看一会儿文件，这个罪也很急人。这时农民一天三两八钱粮食，干部、民工再多占一点，一顿一两也难保，死人的现象就很难制止。我自己身体也难以支持，请大夫来给我看病，都说吃不饱，缺营养，热量不够，就给开半斤或一斤酒（那时买酒必须大夫开条），叫我必要时喝上一口。至于营养，我两年只吃过两个鸡蛋，还是我爱人去广东出差拐到叶县来看我，在路上花高价买了带给我的。为了吃这两个鸡蛋还犯了难。我虽然在区里单独住一个小屋，但鸡蛋皮不能叫人看见，就出去到田边散步，在野外吃了，蛋壳埋在地里。

就这，我还是性命难保：一次我在思诚村驻村，一天饿得昏了过去，起不了床了，村里请大夫给我诊治，大夫说有危险，但无药可治。她悄悄对村里人说，看样子吃什么东西也不行，他已难以吃下去了。最好弄点鱼汤给他喝，也许有希望。村里几个人商量，叫谁打破薄冰下水库摸鱼呢？人都饿得很虚弱，下水危险也很大，最后几个青年一起去摸了鱼回来救活了我。这件事使我很感动、很难过。吃，感到吃不下去，落了泪。不吃也感到对不住群众的情意，心里也很难受。群众多好呀，我终生难忘！

第二次是我又不行了，当地大夫说，那儿还有两支进口葡萄糖取来给注射。谁知这葡萄糖已变了质，注射进去后马上发烧到昏迷状态，一试温度计四十多度到了头。几个大夫都感到束手无策，叫地方准备后事。主治大夫是个女的，带着两个孩子，竟然把孩子扔在家里，两天两夜陪着我，坐在我身边痛哭不已。她以为我十之八九不行了，我死了，她也就活不成了。我偶尔清醒一点，就赶紧叮嘱地方干部：我死与大夫毫无关系，她是好心，无论如何不能归罪于她。但我命大，终于活了过来。最后还是因我病危被送回北京。

根据以上情况，我深深感到现在到我说话的时候了，应该把过去想说不好说、不敢说的话说出来，给后世子孙留一点宝贵的教训。

我的几点看法

对"大跃进"我有一些与众不同的看法。大跃进表面上似是经济的跃进运动，实质上也是一次政治运动，问题比较复杂、涉及面很广，我的见解不一定准确，需要提出来求教于专家、学者和领导。

一、大跃进是一次重大的为时不短的政治运动与经济运动，但人们在谈我国发展历史时则说"58 年大跃进时期"、"三年困难时期"。似乎"大跃进"是 58 年一年的事，完全把三年困难、大量饿死人与"大跃进"割裂开来。当时说困难是"七分天灾，三分人祸"造成的，既然主要是天灾，还能追究老天爷的责任吗？这样写历史，本身就淡化了"大跃进"，实际上那几年老天爷很帮忙，没有什么大灾，58 年还特别风调雨顺，丰产不丰收能怪老天爷吗？三年困难、死人是"大跃进"造成的恶果，因果关系显而易见，况且 1959 年"大跃进"仍然处在高潮期，许多"大办"并未停止，这一年也是死人很多的一年，60 年许多"大办"才有所收敛。因此，把"大跃进"的下限划到三年困难时期，甚至 1963 年恢复期都是有道理的。

二、搞“大跃进”目的何在？我看目的很明确，就是要跳跃式跨进共产主义。这从当时中央最高领导直到普通农民都是很清楚的。彭德怀在给毛泽东的信中就指出：“总想一步跨进共产主义。抢先思想一度占了上风”。毛在回答彭的批评时也说：对“想早点搞共产主义，这种热情如何看法？总不能说全是小资产阶级狂热性吧？”当毛泽东发出“人民公社好”的号召后，中共中央作出《关于在农村建立人民公社的决议》，认为：“建立工农商学兵相结合的人民公社，是农村经济发展的必然趋势，是在农村加速建成社会主义，并向共产主义过渡的桥梁。”《决议》还强调：“在我国实现共产主义已不是遥远未来的事了。”不少人都到河北徐水县参观过那里的共产主义规划。毛泽东视察后非常高兴，还在那里提出要大家考虑“粮食多了怎么办？”《人民日报》在《徐水人民公社颂》中说：“徐水是全国粮食亩产2000斤的高产卫星县”。“徐水的人民公社将会在不远的期间，把社员带向人类历史上最高的仙境，这就是各尽所能、各取所需的自由王国。”告诉人们徐水要提前进入共产主义了。

我到河南叶县旧县公社后，听说我们公社有七八个老太婆在食堂吃不饱饭、开始饿死人时，便凑到一起谈共产主义问题，我就去找她们，结果人已死去一半，只找到两个，请她们回忆一下当时是怎么谈的。她俩的话大致相同，很精彩，很深刻，大意是说：“我们几个也不知怎么凑到一起的。开始谈现在食堂没粮吃，怎么办？谈着谈着就谈到我们农民祖祖辈辈受欺压，种地吃不饱饭；祖祖辈辈盼来个大救星，救我们能安居乐业，吃饱穿暖；现在大救星来了，大救星就是毛主席，所以我们爱唱‘东方红太阳升，中国出了个毛泽东’。现在毛主席要咱们‘大跃进’，公社化，实现共产主义，这还能有错，我们不懂的是为什么搞共产主义就要大糊弄、刮共产风。现在吃不饱饭，是小和尚把毛主席的经念歪了。我们要相信毛主席的话，他不会让我们都饿死，人都没了，还要共产主义干什么？所以我们要听毛主席的话，能干的庄稼活还要干。为了共产主义，为了子孙后代能过上好日子，饿死也心甘情愿。更要管住孩子，不能因饿而去偷馍，干坏事。”这些话深深打动了我，说明老百姓多么盼望共产主义的到来。“大跃进”适应了老百姓的要求，满足了他们的幻想，所以也就能顺利地开展起来。

看来，在我们的社会主义建设中，念念不忘我们的终极目标和理想，也会起到动员鼓励作用。问题是那时所说的共产主义是乌托邦式的“左”倾幻想共产主义，而且是混淆共产主义两个发展阶段，幻想一步登天。这种错误列宁干过，但不能与我们相比，列宁初试即止，我们不同，我之所以把它称为“悲壮实践”，因为我们不是小打小闹的试验，而是全国全面的实践，是来真格的。而且知错不改，即大跃进失败后接着反彭德怀、反右倾，延长了错误的时间。

三、“大跃进”的主要经验教训是什么？大家几乎异口同声地说，是犯了“左”倾机会主义的错误。这没有错，我们党的历史就是左、右倾路线斗争史。毛泽东一再强调“思想上、政治上的路线正确与否，是决定一切的”。在这种情况下，也只能作出这样一个结论。但这样讲多了，使人觉得有点公式化、概念化、不实际，也缺乏针对性，不能给后世留下可资借鉴的经验教训。为此，我和农村干部和农民群众都广泛交谈过，他们一般的认为：路线斗争左呀右呀的，那是上边领导的事，我们不懂。我们农民讲实际，什么事错了，为什么错了，讲清楚我们喜欢听。不要上面路线斗争，使我们老百姓糊里糊涂白吃苦。因此，有人甚至讽刺地说什么“今反左明反右，越反百姓越糊涂；今反右明反左，百姓遭殃无处躲。”

那么怎样表达这一错误为好呢？我看还是再学学周恩来在1959年庐山会议前在中央书记处会议上的批评为好。他说：“1958年的大跃进否定了时间、空间、条件，打破了客观规律，主观主义大发展。本来就是客观规律与主观能动结合的，结果是客观可能无限大，主观能动也无限大，造成另一种迷信。”这几句话对这一错误作了高度的概括。“人有多大胆，地有多高产”就形象地表明主客观都无限度。这里不由使人想起当初的荒唐事来：《人民日报》登出一个女孩（看来已有七八岁）坐在稻穗上的照片；我在基层还看到一幅招贴画稻穗上不是小孩，而是大人在跨步前进，标题则是：“俺的稻子不算好，社员可在稻穗上跑”。

四、所谓“抓纲治国”、“政治统帅经济”、“阶级斗争为纲”、“以钢为纲”、“以粮为纲”、“纲举目张”、“抓革命促生产”等等这一套方针，在“大跃进”中贯彻得淋漓尽致，破坏性之大，尽人皆知。“大跃进”中的一切活动，都带有阶级斗争的意义，阶级斗争取代了一切，冲击了一切。连社会主义、共产主义的主要目标也由发展生产力一变而为纯洁生产关系。反对“大跃进”、消极对待“大跃进”，都成了反对社会主义的右倾机会主义分子。在河南抓了“小潘复生”又抓“小彭德怀”，搞得不亦乐乎。群众吃不饱饭挖点野菜、搞点树叶等，说是给社会主义丢脸，扒了树皮被说成是扒社会主义的皮等等，不一而足，都要批斗。河南的批斗会叫“逛荡会”，就是批斗者围一圈，把被批斗者放在中间，推过来，推过去，有的倒下，就再也起不来了。搞得党群关系、干群关系尖锐到了极点。据说，这样翻来斗去，都是为了纯洁生产关系。这也是为了要执行最高指示：“生产关系要适应生产力发展的要求，否则生产力会起来暴动”。农民不搞农业生产了，被逼得以死相抗，还不是生产力的暴动吗?!“生产关系过度革命，生产力暴动”，这可能就是结论。

五、有人说：“大跃进”不考虑人民死活、不顾及生产发展。我认为这话要加以分析，不能说出发点就没考虑这些。想迅速改变一穷二白面貌也好，超英赶美也好，物质极大丰富也好，都是从发展生产出发而提出的。问题是大家的思想都跟不上毛泽东的要求。周恩来为此还作检讨说：“由于没有认识或者不完全认识生产关系变革后，将要有生产跃进的发展”，“这是一种右倾保守思想”。国家计委对1958年钢铁生产搞两本账，一本是必保指标，一本是争取指标，都是为了把生产搞上去。甚至毛泽东在庐山会议上也说：“我有两条罪状：一个1070万吨钢，是我下的决心，建议是我提的，结果9000万人上阵补贴40亿，得不偿失。第二个人民公社，我无发明之权，有推广之权，北戴河决议也是我建议写的。”

至于死人问题，更是难以预料的事，是“大跃进”错误造成的恶果。死了多少人，众说纷纭，有的说两千万，有的说三千万，也有的说数千万。其原因：一是非正常死亡持续时间比较长，而且并非全部属饿死，情况比较复杂；二是上报死人特别是饿死人情况，从上到下都感到不光彩。在基层“上有所好，下必甚焉”的情况十分严重。他要高产量，我尽可能弄虚作假往高处报。要报人口死亡数，你不愿听我可不报或少报。因此，吴芝圃（我下去时他还是河南省委第一书记）倒说了真话，指示下边：“人口死亡不要调查，查也查不清，越查越多。”三是像我所在的公社那样，后期政权已基本瘫痪，生产队以上干部大都抓起来关押在县里，谁来做这一吃力不讨好的工作。因此，我认为今后谈“大跃进”死人问题，取其中数说个大概就行了。

一个公社是怎样“人亡政息”的

我下放担任书记的公社，是河南省叶县旧县公社。河南是全国“大跃进”的先进省，全国第一个人民公社是遂平县嵖岈山人民公社，第一个粮食高产卫星也出自他们；毛泽东在河南发出了“人民公社好”的号召；全国唯一的大炼钢铁先进县是河南禹县，等等。

出了叶县县城沿许（许昌）南（南阳）公路下行，不远就见到在我们公社

毛主席在莲花社。

与邻近公社接界处新建了个大公园（这里原是一片大好的麦地）。公园纵横修了几条大道。中间建了凉亭。公园名叫“麦海公园”，这无疑是文人给起的。具有麦浪翻腾的诗意。再往前到公社所在地附近，一长排新房很耀眼，据说这是公社的工业区，到了公社（即区委）则见门口不远处新建起一座庞大的大礼堂。只这三大件，就使人震惊不已。我问当地干部，为什么要建这么一个礼堂？他说：“这是省上规定的，要限定时间在各公社所在地建起三大建筑：一是像军区礼堂式的大礼堂；二是像河南饭店式的招待所；三是像郑州百货大楼式的百货商店。我们只是建了大礼堂，砍光了附近的树不说，还拆了群众400间房。上级还规定里边要有多少座位，现在一个座位也没有，已经无能为力了。而且一次也没用过，不知道建这有啥用？其他两大件也无法再搞了”。

社办工业方面，在工业区建了几个工厂，在平顶山搞了个小煤窑。工业区的几个所谓厂子，除化肥厂没有搞成外，已建成的两个厂子简直使人哭笑不得，不可思议。一个是把全县所有的铁匠都集中到这里，办了个飞机厂，没有钢就搜集农民的农具（大炼钢铁时已经收集了不少），据说还真打出一架飞机，就是没有发动机不会飞。我下去后，不少铁匠还没遣散回家，住在那里白吃饭。因为这是共产主义的方向，谁也不敢轻易解散它。另一个工厂是专给牛做牙刷的。以为要进入共产主义了，牛也要刷牙讲卫生，这不知是谁的发明创造？这个厂子我下去时已经解散了。厂房里还堆了许多已做成的牛牙刷，完全是一堆废物。直到我离开旧县时，还没个处理办法。我只得向接替我工作的同志交待说：“大跃进”中的遗留问题，大部分已经处理，没来得及处理的，我提个意见供你们参考。唯有牛牙刷，我不知该怎么办？留给你们研究吧！除此之外，煤窑还有一百人左右，住在山上，多吃多占社员的口粮，这些人不撤回社员意见很大。但派谁去处理也处理不了。首先上山的农工坚决反对，因为他们回家吃不饱饭，还被折腾。你提出解散，他们给你上纲上线，说什么解散煤窑就是解散社会主义。没法，我去了一趟平顶山，也下窑看了看，事实上他们早已停工，也没条件生产。那个斜井是个小斜洞，一根支撑坑木也没有，爬进爬出背那么一点煤，还很危险。我向他们做通思想工作后，让他们马上解散回家，他们向我提出：几年了，这里什么家产也没有，只有一头大猪怎么办？这头猪大得像头牛。我说，这是你们养的，你们有权杀了它，除了吃一顿外，家里两年多没吃过肉了，还可带点回去。他们听了简直感激得热泪盈眶。

农业生产方面，1958年起就处于半停顿状态。丰产不能丰收，好多庄稼都糟蹋在地里。红薯则套犁耕一下，露出地面的大个，捡一个就完了。第二年一年猪总在地里拱，才没饿死。男劳力基本上都调到大炼钢铁、大搞水利等工地去了。剩下的妇女社员很快也患了浮肿病，还加上子宫下垂，基本上不能下地干活了。对此，我问过一些人，我说我也有浮肿病，不能说一点活也不能干了吧？我这句话说得不好，把我们的妇女主任逼急了，她说，现在不是一般的下垂，而是掉出体外，挂在裤裆里，不信你来看我的。说着就要脱裤子。我只好赶紧阻止说：“别！别！我信！我信！”那时，种地只是为对付上级检查，只干路边、地头的农活，地中间的草比庄稼高。施肥套辆马车装上有机肥，检查团到了村东头马车就飞跑赶到东头，检查团到西头，这车粪又拉到西头，永不卸车。他们把这称作“生产第一线”。

大搞水利方面，我们一个公社要同时在淮河上游的一个支流上修两个水库。两个可能都算中型水库。一个大点的是在上游建的一个跨公社水库，我们是主要受益公社，派的民工数量最多，我到叶县后，民工还撤不回来。我去看了一下，这个不小的大坝，只是堆了大量黄土而已，连个溢洪道都没有，白耗了大量民力。不久上面决定这个大坝要扒掉。还未完全建成，又要开始扒坝，民工还是不能撤退，只好当个大包袱背起来。另一个社内的水库，我原打算请专家来看看，争取保留下来，后来听说我走后也扒掉了。这两个水库劳民伤财，损失之大难以估计。

人民公社既然是攀登共产主义天堂的天梯，就要贯彻“一大二公”的方针，“共产风”也应运而生。农民特别不理解、特别恼恨的就是这个“共产风”。他们认为，“共产风”刮得他们农民不能种庄稼，什么都一平二调三共产。土改刚得到的土地又收归公有，连自己原有的土地也归了公；现在什么生产资料都“归大堆”，牲口也要归公，种啥不能由己，打的粮食也都拿走。拆掉了我们的灶，砸破了我们的锅，非要人们吃食堂不可。一会儿要人“放开肚皮吃”，“吃饭不要钱”。一会儿食堂断了炊，叫我们怎么活?! 农民把主要罪过都归咎于

“共产风”是有一定道理的，因为“一大二公”、“一平二调三共产”已经搞得他们一无所有了。我看过许多农民的家，屋内空空如也，一般只有这样几样东西：一个所谓的“床”是几根木棍或小树杆搭起来的，没床板只架上一层高粱秆；在地上挖个小坑，用三块砖头架起一个小锅为灶，旁边铺几块砖头放个瓦罐（装水用）和碗筷；农具也只剩下铁镐和铁锨。我问他们为什么这两样农具没被收去炼钢或造飞机？他们说：“修水库总不能叫人用手挖吧？而且我们还要用来埋人哩！家里的门、缸都用作棺材了（两个缸对在一起装尸体下葬）”。他们还开玩笑说，我们这儿新鲜事可多了：我们已经是“夜不闭户，道不拾遗了”，因为无门可闭，无遗可拾。我们用缸埋人，千百年后发掘出来，还真够文物专家研究一阵子的。农民还说：缸，我们过去都用来装粮食，现在倒好，家无颗粒粮食，今后有了粮食都会被老鼠抢去。这里只有老鼠生命力最强。但也很反常，白天照常出来活动，说明洞里藏的粮食也空了。我在区里住的小屋（兼办公）也是这样，当地干部告诉我：它不光乱跑，有时还咬人的脚腿。得防着它，见了就打。于是，他们帮我拣一些砖块放在办公桌头，我还真打死过两三个。为了体现“一大二公”，一度要把公社范围内的两个街镇铺面与邻居的间隔全部打通，进了一家的门，就可在里边通行全街。据说这是为了打破“自立门户”的界限。只是由于群众抵触情绪很大，没有完全执行就停止了。

食堂化是饿死人的最大祸根。但它是社会主义的根基，是绝对动不得的，而且一村一食堂还嫌小，要两村三村合办。群众说，吃不饱饭还要跑几里路，来回一走，吃的那点东西都白吃了。我到旧县时，群众口粮已经完全由国家供应，虽然每人每天只有三两八钱粮食，搞好了可以制止饿死人问题。但放在食堂吃大锅饭，群众每人每顿能吃到一两就不错了。在外边搞工矿、修水库的民工要多吃，队里一部分人要多占。难怪群众有顺口溜说：“一两二两饿不死队长”，“一钱二钱，饿不死炊事员”，“脸红脖子粗，不是会计就是伙夫”。那时办食堂根本没有条件，不仅粮食不够，烧的也没有，“瓜菜代”也无法解决。我认识到不解散食堂，让群众分散渡荒，死人就制止不了。有一次，我到马庵大队，晚上住在那儿，食堂没煤了。第二天可能要断炊，半夜派人套牛车到平顶山拉煤，第二天中午车早该回来了，但怎么也等不到。我站在村头张望了很久才远远望见有车过来，我高兴极了，谁知到了跟前，才见车上无煤，只有一头死牛。原来牛也没吃的，快到矿上时一头牛就饿死了。河南农用工具很落后，那时的车还是二牛抬杠，一头死了，一牛拉车，不平衡，走得慢，耽误了时间。怎么办呢？这时候，群众一顿饭，特别中午饭一点不吃就可能死人的。那天准备吃的午饭是红薯蔓（秆）拌面粉，这种饭很费火，太硬了咽不下去。红薯蔓本来是当柴烧的，现在成了这个队的主要代食品，绝不敢再烧它。在这种情况下，我决定今天把食堂散了，面粉分给大家，谁要红薯蔓也给一些。这个村我比较熟悉，刚下去第一次驻队就在这个村。因此，当我提出解散食堂时，干部群众同声劝阻。干部说：“你不要党籍了？”“你不怕坐牢？”群众说：“我们宁可饿着不吃饭，回家睡觉去，你也别冒险。”结果，也把我逼急了，我说：“请会计拿纸笔来，我给你们写个字据，说明这是我坚持要干的，你们没任何责任，好不好？”这才得到解决。饭后，群众纷纷来看我，问我吃了没有，并说：“两年了，我们没这样好好吃一顿饭了”。食堂解散后，有一天，全集镇的支部书记给我打电话，说他那里发现一个寡居老太太用鸡粪摊饼子吃。我马上赶去看她。见面后，才知情况更为严重，那时鸡已很少，她怎么能攒到这么多鸡粪呢（小柜子里还有半柜）？看来她早作了长期打算，而且说食堂化时，她吃不饱就拿它来贴补，有时感到食堂没啥吃也吃不饱，就不去食堂了。对此，我愧疚得无地自容。我哭了，老太太哭了，赔我去的人也哭了。此事使我终生难忘。

能否吃上饭是一个涉及生死存亡的天大的事。这个问题越大，人民内部矛盾也越大，阶级斗争这个纲也才更能派上用场，把许多人民内部矛盾上升为敌我矛盾。“小潘复生”、“小彭德怀”则是反对“大跃进”的“右倾机会主义”；你反对“一平二调三共产”就是反对共产主义；你没吃的，挖点野菜，扒点树皮，就是给社会主义抹黑，就是扒社会主义的皮，就要给“逛荡”致死；你要晚上出去搞点代食品或出去逃荒，民兵发现了，可以随便开枪，打死不偿命。我问过农民群众：“你们这儿过去不是有逃荒习惯吗？这次这么大的灾荒为啥不逃呢？”有人说：“王书记你不知道？现在不是国民党时，那时他管不到村里，现在共产党村村有支部，党员插花到农户中，我们想跑也跑不了，况且晚上还有民兵看守呢？怎么逃得了?!"

这话简直是在骂我，从此以后，我再也不敢问这样的问题了。农民还特别说，逃荒不让逃，没饭吃还不让瘦，说面黄肌瘦是给社会主义丢脸，检查团来了就得把你集中锁在一个偏僻的地方，不让见人。有的事后忘了开门，两三天就全饿死了。反正我们只有死路一条。这样党群关系、干群关系急剧恶化起来，社员以死抗争，干部束手无策，放弃不管了。而揭了盖子以后，又把罪过全归到基层干部身上，一般都抓起来，押在县里。政权也就瘫痪了。

这时，公社至少还有三人坚持办公，一是必须留一个书记或社长，对付上级检查团，一是管统计的行家，一是管总结报告的秀才。他们可以把粮食报表计算到斤、两，假造得极其细致逼真；工作还没做，就可写出工作总结，说得天花乱坠，而且早准备好一套群众的顺口溜，生动感人。我打算首先换掉这两位虚报浮夸、弄虚作假、欺上瞒下的天才。恰好我们计委有位与我一起下去的王景五同志，他是我们综合局一位搞统计报表的专家，便让他顶替那位搞计统工作的天才。结果，不几天就出了麻烦，上边要报农民家果树情况，要求分村、分户还要按树统计，今年各产多少，自食多少，出卖多少等等，限三天内上报，这样的报表根本无法完成，急得我们这位专家哭了起来。我问明了情况，便给县里打电话说：你们是要真情况，还是乱估些数？真的搞不了，假的你们自己去估。不过要估，我可以说点情况供参考：一是果树只有少数农家院里有一两棵小树；二是结果很少；三是都自己吃了，个别给亲戚送一点；四是没有出卖的，农贸市场全取消了，要卖也无处卖。于是，这个报表才不了了之。

到了村里，往往一个干部也找不到，只能找会计，因为没有会计食堂就散伙了。你要开展工作，就得恢复政社合一的政权，首先分期分批地把干部解放出来。但恢复起来难度之大是难以想象的。在向县里领人时，要先看材料听取群众意见，然后开条子派人去领人。回来后，要与群众见面，由干部作检讨，赔礼道歉，群众点头才算完事。但两方面都诉苦，互相顶牛。干部说：我打人是上面逼的，要两三天内把群众家的锅头都刷成白色，人都不行了，回家躺在床上就像个死人，我去催一次、两次都说他马上起来就刷，第三、第四次去还没刷，自己就急了，打了人。上边和群众都不答应我，我有什么办法，吵架、打人，我也很冤，没有什么可赔礼道歉的，我根本不想再干了。有一个中年妇女坚持光道歉还不行，她把我的头发拔掉了一块（连带头皮），我非得拔下她一撮头发。这当然也不能同意，但工作却做不通，最后，请她的亲属来，连劝带拉，把她拉回家，才算勉强下了台。

看来，他（她）们都有苦，向谁诉？只有向“大跃进”诉，我自己只能和稀泥罢了。

至于旧县公社究竟死了多少人？我没搞清楚。但我有两个底：一是驻村时，在有的小村作过调查，到摸底时为止，大致死亡人口占30%；二是经过我自己挨村调查，全社死绝户的占7%。这个情况过去我一直没敢写到报告中，也不敢对人说。最后，我用恩格斯的话来结尾，那就是“我已经说了，我已经拯救了自己的灵魂。”

（原载《炎黄春秋》，2006年第1期）

二十四、“大跃进”期间我给毛泽东的三次上书

李　锐

在“大跃进”期间，我作为毛泽东的兼职秘书，先后给他写过三封信。三封信都是反映我对“大跃进”的观感的。毛对这些信件都表示过他的看法，有的是在小范围谈话中的即兴评点，有的则是在大庭广众中语惊四座的议论。现在回想当时的情景，仍然印象深刻，感慨无穷。

毛泽东听到我说他“不到黄河心不死”，不仅不以为意，还笑了起来

1958年6月上旬，毛找我去谈过一次话，说到当年钢铁要翻一番的打算。6月中旬到7月上旬，我到上海主持华东区电力系统下放会议，接着参加华东区计划会议。这些会议是在5月八大二次会议正式通过社会主义建设总路线之后，紧锣密鼓地部署“大跃进”的重要步骤。在开完会议离开上海的头天晚上(7月7日)，我给毛泽东写了第一封工作性质的信。我的信委婉地反映了华东地

区1959年产钢600万吨的计划对机械工业造成的严重困难，尤着重于发电设备高速增线的困难。我认为在工业全面跃进的形势下，电力供应将严重不足，这种情况在短期内还难以改变。信的末尾指出：“有些事情需要也可以‘霸蛮’（按：这是一句湖南土话，即勉强蛮干之意），但有些事‘霸蛮’也无济于事”。“大家确实都是鼓足了二十四分干劲，但是在计划上很少听见‘留有余地’”，“人们还是不大愿意多听困难之言，困难之言有时也使人难以启口，至少先给自己戴顶‘中游’帽子，才好开讲”。（此信留有底稿）

这封信发出不久，就是8月北戴河会议的召开。北戴河会议决定为实现钢产量翻一番的高指标发动全民炼钢；作出建立人民公社的决议，号召在全国农村实现公社化。这次会议成为把“大跃进”和公社化运动推向最高潮的标志。我的这封信同这种狂热势头太不协调，有点泼冷水的味道。当时毛泽东正在“大跃进”的兴头上，对我的这封信自然不会看重。整个北戴河会议期间他没有找我谈过话，之后也没有见面的机会。

河南许昌专区用土法修建的遍地开花式的脱氧磷肥炉。

到1958年11月的武昌会议，情况起了变化。“大跃进”初期的狂热已过，乱子和问题出现不少，中央开始降温。毛泽东在这次会议的第一天讲话时，提出要把空气压缩一下。也许是他想起我那封信来了吧，会议初始的一天晚上，我接到通知，要我到他的住处东湖招待所去。这个地方我很熟悉，我的母校武汉大学就在附近。1952 年我从湖南调北京之前的夏天，我到中南局组织部谈话时，在这招待所里住过几天。这是一个不规则的长廊式的平房，就在东湖之滨。见面时毛先提到这封信，说是“观点不甚明朗”。我没多作解释，心想不过是“不中下怀”罢了。谈话不到一个小时，现在记得起来的谈了三件事：一是大炼钢铁，谈到“小土群”，几千万人上山并不能解决问题，而且决非长策，钢铁这个东西还是要靠“大洋群”，否则不能保证质量，从而会影响到用户，首先是机械行业一系列问题。我最后说了一句：不到黄河心不死。他也笑了起来，这些话听进去了。其次谈到大炼钢铁产生乱砍树木毁林的恶果，当时我就有所接触，联想到水土流失。这个问题未能深谈下去。第三件事是粮食“放卫星”问题，我特意问他，你是农村长大的，长期在农村生活过，怎么能相信一亩地能打上万斤、几万斤粮？他说看了钱学森写的文章，相信科学家的话。原来 1958 年农业“放高产卫星”时，钱学森在报纸上发表了一篇文章，说太阳能如果利用了多少，科学论证，一亩地可以打几万斤粮。钱的文章对毛固然起了作用，当时我心里想，一个自己种过地对农业如此熟悉的人，恐怕主要还在欣赏群众的冲天干劲，也相信这种积极性或许真能创造奇迹，不想给这种“热情”泼冷水，因而对高产“卫星”宁可信其有，不愿信其无吧。说受钱文影响，是否有点推卸责任呢？何况，即使在武昌会议上，他还是相信 1958 年粮食产量硬有 7500 亿斤。这个比头年翻一番的产量，他是很满意的。（后经核实，只有 4000 亿斤）

我的《龙胆紫集》中，“戊己诗”九首组诗有一首七绝，即记这夜谈话情景：

岂有闲情忆少年，湖边夜召话当前。

黄河不到心难死，特作如斯斗胆言。

这晚谈话使我感到，钢铁也好，粮食也好，毛确实比较清醒了，“不到黄河心不死”这样重的话，不仅不以为意，还笑了起来。虽然粮食产量仍坚持公布 7500 亿斤，他还是号召反对作假，直接批评了当时盛行的浮夸和弄虚作假的恶劣风气，这就有利于降温工作的进行。

毛泽东批评我的第二封信只有“骨头”没有“肉”。我再次上书，有些话是对着毛的心态而言的

1959年初春，“大跃进”和公社化运动的势头比以前有所减弱，农村开始整顿公社，一些工业指标也有所下降。但是，问题并没有从根本上解决。人民公社在整顿过程中，陆续暴露出一些此前尚未察觉的政策性问题。工业方面问题更多，已经下降的指标（如钢产量）仍然同可能实现的产量有相当大的距离，而一些部门和地方为完成1959年的指标，还在争材料、争设备、争资金。这时我愈发感到问题很多，矛盾丛生，曾反复考虑1959年钢的指标难以完成；这个问题不解决，其他问题就很难办，会影响到全局。一次开会时遇见计委廖季立，他是计委委员兼综合局局长，我们是延安“抢救运动”时一同关在保安处认识的。我直率地问他，钢2000万吨到底能不能完成；他也直率地答道，不可能完成。有了这个底，我便于2月底或3月初给毛泽东写了第二封反映问题的信（这封信的底稿至今未能找到）。信里主要讲了1959年钢产量指标必须下降，并且落实，这样才能免于影响全局。否则，最大问题是同一机部的矛盾无法解决。一机部的主要产品有赖于钢的数量尤其质量，而电力也是无法保证的。信的末尾，还引用了列宁的话：“宁肯少些，但要好些。”信写好后遇见周太和（陈云的秘书，延安时是老熟人），他将信给陈看了，并跟我说，信中所反映的问题不少牵涉到计委，最好能给富春也看看。于是，我将信的抄件送富春，原件送毛泽东，并说明同时给了富春一份抄件。

1959年3月的上海会议，主要讨论1959年国民经济计划和农村人民公社整顿问题。会议刚开始两三天，得到通知，毛泽东要我去谈话。他住在一所很宽敞的花园洋房。进客厅时，胡乔木也在座。刚坐定，他就指着我对乔木说：这个人是不敢做强盗的。转入正题谈钢铁指标落实，对计委的工作有很大意见时，我才醒悟到，刚才的话是指我写给他的信为什么要送一份给李富春看，认为我胆子太小了。谈到我的信，毛说，为什么只给他几根骨头吃，不给些肉吃？我这第二封信写得大概很简要（这同武昌谈话说第一封信“观点不明朗”

有关)，主旨在1959年钢的指标肯定不能完成的理由何在，如不立即落实，后果会如何等。看来，这封信内容被接受了。不然，谈话不会如此风趣。出门时，乔木还跟我谈到，去年赫鲁晓夫来北京，请吃饭时，毛问道：苏联有无粮食多了怎么办的问题？赫答：苏联没有这种经验。对这种问话，乔木当时是不以为然的。

我同毛谈话后，受到一定的鼓舞，决心进一步提些意见，于是立即写了第三封信。这封信的底稿保存下来了。从南宁会议到上海会议这一年三个月时间中，我除了自己的水电业务工作外，有一半时间是泡在各种会议和调整计划指标之中，对这种"纸上谈兵"和"画饼充饥"的生活，体会极深；对中央和地方高层决策程序和毛泽东的领导方式及性格特点等，也略知一二。当时心中最焦虑的问题也即经济工作较有经验的干部最关心的问题，是1959年和二五计划主要指标的具体落实。我觉得我可以将这点心情和意见向毛透露了。第三封信全文如下：

想到几点意见（仍只是几根骨头），供您参考：

（一）在1958年大跃进过程中，关于1959年计划安排（也包括第二个五年计划指标的几次调整），从成都会议到这次上海会议，大体上涨了五、六次，下降了两次；如果画一根曲线，则北戴河为最高点，武昌为转折点，上海为落实点。这是一个冷与热、浪漫与现实、蔑视战略困难与重视战术困难的发展过程。从做计划来说，回忆一下这一年来的情况，接受一些经验教训是必要的，这对于安排明年和今后的计划有很大的好处。中外古今没有过这种大跃进的经验，一年来计划安排的上下过程是不可避免的。但有一点要引起注意，就是今后做计划，应当避免再这样几上几下、大上大下了。对于全国条条块块成万上千做计划工作的人来说，这一年中是极为辛苦的，是颇有苦可诉的。由于计划的上下摆动，长期不定，思想不实，对日常工作也有一定的影响。例如今年一月的订货迟了，影响到一季生产任务完成得不够好；现在二季订货还在北京难解难分。

在这一年的计划波动过程中，也有个思想问题，就是对一些问题不敢大胆怀疑，否则会有离开总路线和产生立场问题的担心。

（二）也许经过今年一年的工作，可能基本估计出钢、铁、煤炭、重型设备、发电设备等几种重要工业产品年度跃进的可能限度，可能澄清工业交通内部几个最重要的比例关系。三委（按指国家计委、经委和建委）和各工业交通部应当有专人来研究这种限度和比例，以利明年和长远计划的安排，以免今后不必要的几上几下和大上大下。

（三）同时还应当很好研究苏联、美、英、德、日等国跃进经验特别是苏联的经验。去年一年的思想解放运动，确实带来某些副作用，对苏联的某种“不足为例”是副作用之一。还是要认真研究人家的经验，哪些是必须参考的经验。它山之石，可以攻玉。

（四）以上这些有了进一步的考虑，对于如何才叫做贯彻了总路线，才可能得到比较一致的认识。例如重工业跃进的限度，主要决定于哪些因素？在哪些部门，这些因素又各占怎样的比重？这些重要因素如：头年已经达到的可以充分发挥作用的设备能力，当年基建可以发挥的能力，两条腿的作用，鼓足干劲的能动性，等等。

（五）主席在成都会议上着重讲过留有余地和事物波浪式前进的问题。这两条去年大家不大多谈了。留有余地和波浪式前进是客观的东西，违反不了的。做计划工作不应当忘记这两条。

（六）三委和各部门现在就应当有人来考虑明年的计划和第二个五年计划的轮廓。我们现在是用尽全部精力和全部当前条件来赶今年的任务，其间譬如在基建方面，就同明年和长远计划有一定的矛盾，如何解决好这些矛盾，与安排明年计划有很大关系。尽管还会改多少次，第二个五年计划的轮廓还是早定出为好。

从当时的气候看，信中所讲的一些意见还是比较尖锐的，讲了“冷与热”、“浪漫与现实”、“藐视战略困难与重视战术困难”的关系；讲了订计划要避免“几上几下，大上大下”；讲了工业交通内部的比例，工业跃进的限度；甚至讲了

“去年的思想解放运动带来某些副作用”；讲了人民担心离开总路线和产生立场问题而不敢大胆怀疑。可以说，这些话都是直接对着毛的心态而言的。

毛泽东号召大家学海瑞。胡乔木提醒说，实际上还是要求不要出海瑞

在上海会议结束后紧接着召开的八届七中全会最后一天大会上，毛泽东作了一次长达三个来小时的讲话。毛在讲话中回顾“大跃进”一年多来的历程，提出十六个问题，评古论今，说长道短，涉及到许多党内上层之间的历史纠葛；讲得疾言厉色，很有情绪。其中讲到第十四个问题即他要找几位秘书时说：我要找几位通讯员，名曰秘书，从三委（计、经、建委）二部（冶金、机械）找，一部一人，人由我自己找，找那些有一点马列主义的、脑筋灵活一点的人，借此同你们唱对台戏。然后再逐步增加，找几个部的。前面乌龟爬上路，后面乌龟照路爬。你们可以找通讯员，为什么我不可以找？你们反对得了呀？我找了个李锐，在长江水利上和林一山是唱反词的。他写了三封信给我。我看这人算是好人，有点头脑，就是胆小，给我的信先给李富春看，怕你的顶头上司，不怕我；我这里不是正统，是播野鸡毛的。

讲到这里，毛大声地问：李锐来了吗？我坐在会场的最后一排，只好应声站了起来。毛说：你坐在后面干什么？你坐到前头来嘛！你写的东西有“骨头”没有“肉”，你给我点“肉”吃嘛！你给我写了三封信，给我很大帮助，我很感谢你，是共产党感谢共产党。

在讲到第十五个问题即要解放思想时，毛又点我的名说：李锐怕鬼，要改。要解放思想，不要怕鬼。现在我们同志中有一种空气很不健康，怕挨整，以为总不知有哪一天要整到他头上来，所以谨小慎微。好嘛，公事公办，怕什么？只要不杀头就行，其他都可以，戴机会主义帽子，记过，撤职，开除党籍，老婆离婚。“舍得一身剐，敢把皇帝拉下马”，王熙凤乃是治世之能臣，乱世之奸雄。舍不得砍掉头，就下不了最后的决心。岳飞不是砍了头，比干不是

挖了心吗？明朝有廷杖制，顶皇帝就打，廷杖打死者几百人、千把人，至于推出午门斩首者更多。但是那些人敢讲，冒死上谏。我们共产党高级干部很不勇敢，不肯尖锐。无非是怕穿小鞋，怕失掉职务，怕失掉选票。我就讲透这些人的心事。我跟陈伯达讲过，你不尖锐，无非怕丢掉选票。连封建时代的人物都不如。无非是开除党籍、撤职、记过、老婆离婚，砍头也只有一分钟的痛苦。风波亭的戏还要唱，岳飞砍了头，为什么不好？

接着讲第十六个问题即党内批评时，毛又借海瑞敢于冒死上谏的历史故事作了发挥。毛说：现在搞成一种形势，不大批评我的缺点。你用旁敲侧击的办法来批评也可以嘛。我送了《明史·海瑞传》给彭德怀同志看了。你看海瑞那么尖锐，他写给皇帝的那封信，那是很不客气，非常不客气，皇帝看了这封信丢在地下，然后又捡起来看一看，又丢到地下，然后又捡起来，想一想觉得这个人还是个好人，但是终归把他捉到班房里头，恨透了，准备把他杀掉。嘉靖皇帝炼丹修道，昏庸老朽，坐了四十几年天下，就是不办事。有一天皇帝死了，班房里的人告诉海瑞，恭喜你了，你要出班房了，要升官了。他听了这话以为是假的，他就拼命吃饭吃肉，准备被杀头，以为是要杀头了。班房里的人告诉他。不是要杀他。是皇帝死了。他听了以后哇哇大哭，把所有吃的东西统统吐出来。我们的同志哪有海瑞那样的勇敢，海瑞比包文正不知要高明多少。有一个戏叫《三女捻牌》，有海瑞出场。我把这个《明史》给彭德怀同志看，同时我也劝你（指周恩来）看，你看了没有？

周恩来当场回答：看了。

我自己真没有想到会在大会上受到如此奇特的夸奖。“你坐到前头来嘛”，“给我点肉吃嘛”，“共产党感谢共产党”，此种声调、语气、神态，至今仍历历在目。南宁会议讨论三峡发电问题时受到表扬，“要培养像李锐这样的秀才”，但那毕竟是在小范围讲的。这次是中央全会，坐了满礼堂的人，而且是满篇怨言、气话中冒出来的称赞。于是，我又一时成为关注和议论的对象。一些人对“骨头与肉”不知所云，甚至有人对我开玩笑说：“你真是红得发紫了”。

当天晚上，见到田家英，同我一样，他和胡乔木等人都对毛的有些说法感到突然和费解。家英甚至说，是否头晚安眠药吃多了。这样谈到海瑞，似乎是鼓励人们学海瑞，敢于讲真话，不要今不如昔，连明朝的廷谏之风都赶不上。家英向我谈了乔木的看法，引出海瑞的说法不止这一次，实际上还是要求不要出海瑞。当时我和家英都认为乔木这个看法很深刻，他对毛理解得比较深。(吴晗写的论海瑞的文章，庐山会议后在《人民日报》发表时，胡乔木加了一个尾巴)

我个人再次受到此种夸奖殊荣，自然也感到一种安慰；但心中却又怀着一种惶恐，即今后这个“秘书”怎样当下去？能否再这样“若即若离”下去呢？同家英也谈到这个问题，他还是比较乐观的。

第二天，赵尔陆（机械工业部部长）找我长谈了一次，主要谈他们部同冶金部的关系。机械产品的周期都比较长，其数量、品种和质量三者都同冶金部提供的原材料分不开，彼此依赖，互相制约；一年多来，计划的多次改变，重点任务的变化，突击小高炉，突击轧钢机，造成许多半成品，尤其是铁含硫量高，不能使用，等等。他准备将面临的问题，向中央作一次全面报告。1958年6月的华东计划会议，我就接触到机械部的问题，部长助理陈易也跟我谈到同冶金部的矛盾。关于大型电机的制造，主机与配套之间的复杂情况，我多少知道一些。赵所谈的问题与困难，我是很同情的。记得后来庐山会议时，赵还带了一些不能使用的生铁样品，准备用物证来说明问题，后来会议形势突变，就没有摆出来了。

当时也还有经济方面的领导同志，找我谈同主席接触的经验，我只能根据自己的一点感想这样谈到：还是如实反映情况，不要顾及对方听不听得进去或听后的反应如何，直说比打折扣好。

记得在总理主持的一个小会上，总理对我写信反映情况很是赞同。于是，我趁机动员他去新安江看看。这是除三门峡外，正在施工的大型水电站，完全靠自力更生，由我们自己设计的（三门峡由苏联设计），72500千瓦一台的发电设备也是国内生产的。4月9日，由我陪同，总理去新安江工地看了半天，留下了这样一句题词：“为我国第一座自己设计和自制设备的大型水力发电站的胜利建设而欢呼！”新安江值得欢呼：施工三年半后的1960年，就开始发电，造价没有超过预算，保证了工程质量，一直安全运行了几十年。水库形成的千岛湖，已成为东南旅游胜地。

自第一次郑州会议以后，经过武昌会议、第二次郑州会议到上海会议，以至 1959 年庐山会议前期，面对现实，纠正错误，形成了对“大跃进”运动的节节退却和渐渐降温，这个趋势是好的。谁能料到风云不测，局势突变，庐山会议后期竟然发生那样巨大的反弹，这股纠“左”思潮被更加“左”倾的狂澜完全淹没。我个人“一跌风波二十年”不足挂齿，党和国家遭到的灾难真是太令人痛心了。

（原载《百年潮》，1997 年第 4 期）

二十五、与农民竞赛放“卫星”

——1958—1959年生物学部种高额丰产田的回忆

薛攀皋

逼上梁山

1957年11月13日，《人民日报》发表社论，题为《发动全民，讨论四十条纲要，掀起农业生产的新高潮》。它同“反冒进”针锋相对，提出了“大跃进”的口号，从此揭开了瞎指挥、浮夸风、弄虚作假的序幕。

1958年夏季，全国各地农村的小麦、早稻、花生等作物的高产“卫星”竞相“上天”，令人眼花缭乱。在“人有多大胆，地有多大产”的思想的影响和支配下，放高产“卫星”运动席卷全国，有些科学研究机构、高等学校也被迫卷入这一场神话般的竞赛中。

1958年7月1日上午，中国科学院党组书记张劲夫在院第二届党代会上讲话，谈到全国已经出现很多亩产一万斤的小麦试验田。这时，坐在台下的全国科联代表聂春荣递上纸条，上面写道：湖北、河南、河北等地小麦高产能手，准备向北京的中国农业科学院、北京农业大学和其他有关单位挑战。张劲夫当场号召中国科学院组织各方面专家，连夜开会搞个综合试验田的研究计划，向农民生产能手应战。(《文汇报》1958年7月6日)

1958年7月5日至9日，全国科联和北京科联为在科技界中“破除迷信，解放思想，促使科学家深入实际、虚心向群众学习”，组织首都科学家与湖北、河南、浙江、江苏、河北、安徽、陕西等省及京郊的30多位小麦、水稻、棉花高产能手，在北京东城南河沿文化俱乐部举行丰产座谈会。中国科学院生物学部和中国农业科学院、北京农业大学的有关负责人、科学家应邀参加。范长江、于光远主持座谈会。于光远提出：科研单位要同农民开展种高额丰产田的竞赛，如果竞争不过农民，就要摘掉科研单位的牌子。在这种压力下，根本不容许讨论，中国科学院生物学部和中国农业科学院被迫仓促上阵应战。

“大跃进”中，各地都“除四害”(苍蝇、老鼠、蚊子、麻雀)。图为往展览会送“除四害战利品”的车队。

指标大战

1958年7月5日和6日两天，会议组织者安排各地丰产能手介绍丰产经验、大胆创造的事迹，以及当年下半年和次年的计划。7月7日，各地丰产能手参观有关研究所。7月8日，分为小麦、水稻、棉花三组座谈。名为交流经验，实际是展开了高指标大战。

为了迎接这次农业丰产座谈会。生物学部早在7月2日晚就召开了有北京地区生物学研究单位的负责人、科学家参加的准备会。在会上，院领导同志讲了话。他说：目前科学的发展落后于工农业“大跃进”的形势。科学工作者要从六亿人民利益出发，打破常规，跟上形势。“大跃进”的关健在于政治挂帅，应该不断解放思想，以虚带实，走群众路线，提倡集体主义、大协作。在研究工作中应该贯彻以任务带动学科，并把它作为主要的方法。这样，不仅研究目的性明确、具体，可以吸引更多人参加工作，而且通过综合性的研究，可以促使不同学科的发展。科学工作者要多快好省地进行工作，就必须把实验室的工作同六亿人民的创造结合起来。他鼓励大家搞试验田，并表示院部将给予大力支持。但是他没有对产量提出任何具体要求。

在准备会上，大家表示“要通过试验田的工作，在思想上、耕作技术栽培管理上、理论上和作物产量上来四个大丰收”。会议决定由土壤队、北京植物生理室、北京微生物室、动物所、昆虫所、应用真菌学所、植物所和遗传室等八个单位大协作，把试验田办起来；并且商定了向农民丰产能手应战的1959年丰产试验田单季亩产指标，第一本账：小麦1.5万斤，水稻2万斤，籽棉3千斤，甘薯15万斤；第二本账：小麦2万斤，水稻3万斤，籽棉4千斤，甘薯20万斤；第三本账：小麦3万斤，水稻4万斤，籽棉6千斤，甘薯26万斤。

7月5日和6日听取农民丰产能手的报告后，大家觉得原定的应战指标已经远远落后了。7月7日，借农民丰产能手参观有关研究机构，丰产座谈会暂时休会之机，生物学部召开了会议，把产量指标调整为：小麦亩产2万斤，争取3万斤；水稻亩产2万斤，争取3万斤；甘薯亩产30万斤，争取40万斤；

籽棉亩产 6 千斤，争取 1 万斤。

7 月 8 日，分组座谈。原定是交流经验，但是会议一开始就展开了指标大战。

在小麦组的会议上，湖北省谷城县新气象五社主任王家炳首先发难，提出 1959 年小麦亩产 3 万斤的指标。紧接着出现了拍卖行里经常见到的那种竞相抬价的景象，亩产从 3 万 2 千斤、3 万 5 千斤升到 4 万斤，话音未落，那边又冒出了 4 万 2 千斤……，竞争主要在农民丰产能手之间展开。

在这紧张的第一回合的较量中，生物学部彻底打输了，不仅不能向农民挑战应战，就连中国农业科学院发出的点将挑战（小麦亩产指标 4 万 5 千斤），还犹豫了好久才应战。就在生物学部仓皇应战时，河北省邢台县一丰产能手一下子把小麦亩产指标提到 5 万 5 千斤。

7 月 8 日晚，生物学部召开紧急会议，连夜讨论新的高产指标和保证措施。9 日上午是丰产座谈会的最后一次会议。生物学部向中国农业科学院贴出了挑战书，指标是：小麦亩产 5 万斤，争取 6 万斤；水稻亩产 6 万斤，争取 6 万 5 千斤；籽棉亩产 1 万 5 千斤，争取 2 万斤；甘薯亩产 40 万斤，争取 50 万斤。

到 9 日会议召开时，这些指标又迅速退居下游了。河南、陕西两个农业生产合作社提出小麦亩产 10 万斤；江苏一个农业生产合作社的水稻亩产指标为 7 万斤。

血本

丰产座谈会开过后，生物学部组织了一个由中国科学院在京的生物学单位负责人、科学家、青年科技人员、农场工人代表组成的生物学部丰产试验田委员会，下设小麦、水稻、甘薯、棉花四个小组，立即着手进行丰产试验田的准备工作。

小麦丰产试验是借用中国农业科学院南墙外该院农场的六亩地进行的，当时设计了不同播种密度、不同耕翻深度和不同施肥量的各种对比试验。其中，播种量多的达240斤，最多的竟高达460斤；深耕土地最深的达十市尺；施肥量最多的每亩粪肥（牛马粪）40—60万斤。试验田里，白天鼓风机齐鸣，为的是促进通风，增加二氧化碳，强化光合作用；晚上灯光如同白昼，为的是增加光照。许多科技人员使尽了浑身解数，投入了注定要失败的高产试验。由于违背了自然界的客观规律，土地并不按照人们的主观意愿做出酬答。1959年6月麦收时，在所有的七个试验小区中，折合亩产最高的只有902斤，最低的541斤。“卫星”放不出来了，值得庆幸的是，因为有了不同的对比试验，得到了许多可贵的科学数据。

说真话难

放农业高产“卫星”，是“左”的思想占统治地位的特定历史时期的产物。当时并不是所有的人都赞成。如果各级领导从广大人民的利益出发，出以公心，倾听一下行家的意见，这出闹剧本来是可以避免的。在全国科联召开丰产座谈会期间，有些科学家在会下算过细账，拿白薯来说，打个形象的比方，如果每个白薯长得像30斤体重的小孩那么大，那么，亩产15万斤就相当于7个半小孩挤在一平方米的土地上；如果亩产50万斤，就相当于25个小孩挤在一平方米土地之内，这根本不可能。但是在反右派斗争中，不少说真话的人，一些诚心诚意向党提意见的人，被错误地打成了反党反社会主义的“右派”分子，有些人为此家破人亡，妻离子散。这就使一些有识之士只能噤若寒蝉。

不要白交学费

我写这篇简短的回忆，也是对自己从事过的科研管理工作的反思。那时候我是生物学部的普通干部，虽然只做具体工作，并不处在决策的地位，但也是放高产“卫星”的积极拥护者。在全国科联的丰产座谈会开过之后，我曾以《风讯台》记者的名义，写了一篇题为《学农民赶农民超农民——生物学部办丰产试验田》的报道，通篇是套话。

在那场运动中，人们的心态不会是完全相同的。就我自己而论，从新旧中国的对比中，深感共产党好，没有共产党就没有新中国。因此，共产党号召的事，我打心眼里赞成，没有怀疑犹豫过。反“右派”时，我也积极参与了斗争。这种朴素的感情，同样使我对高产“卫星”运动的可行性没有怀疑。此外，我对农业生产没有感性和理性的知识，无从分辨其现实性。更何况那时还看到一位著名科学家作过这样的推算，如果农作物能全部利用照射到地面的光能，那亩产数万斤在科学理论上是可行的。直到 1958 年下半年，我到湖北、河南农村实地参观了高产“卫星”水稻田，明显看出了并田的痕迹（即把几丘地的作物在快成熟时合并植到一丘地上），才恍然大悟我是上当受骗了。但在公开场合，我不敢讲这些事。

高产“卫星”运动有许多教训。今天，像这样的傻事不会有人再干了。但是交了巨额学费之后，大家是不是都真正地变得聪明了呢？就以善于听真话、敢于说真话这一点来说，至今还不是那么容易做到，为什么呢？

（原载《科技日报》1993 年 11 月 14 日、21 日）

二十六、“大跃进”要改变中国面貌

韦君宜

“大跃进”一开始的时候，我一点不懂。

那时反“右派”刚完，我们这些“漏网之鱼”对文艺界已经心惊胆战，对一切文艺工作都已心惊胆战，恨不得找个与文化文艺一概无关的地方去逃避。正好1958年春天，作协要下放干部，请了一个张家口地区涿鹿县的县委书记来作报告。那位书记讲他们要怎样改天换地，挖“劈山大渠”，还要修扬水站，建设“塞北江南”，要干活，干到三年改变自然面貌。说得我实在动了心，会后，和秋耘同志一起议论，他说：“这多好啊！干点这个活，多切实啊！”我也点头同意。我们以为，一切荒谬、黑暗、冤屈，都发生在这文艺圈子至多是文化圈子里。工农业生产，这是块淳朴无邪的天地，是桃花源，逃到那里去就一切天下太平了。何况人家那里的干劲又那么大！可以踏踏实实干活。

于是，当号召下放的时候，我们出于自愿响应了号召。我到了怀来。

我是下放大队长，本人住怀来县西榆林村，属花园乡。一乡有一个下放干部小组。刚去的时候，正修扬水站。原来和作协一起下放的有一批水利部的干部，他们帮助县里定了一个水利计划。过去因为修官厅水库占了一些民田，所以国家有一些拨款。县里用这笔款修扬水站，要把湖水扬到岸上浇田。我听了，觉得是一个很好的计划。刚去那一阵的确心劲儿很高，墙上刷着“苦战三年，改变面貌”的标语，县委书记王纯在大会上讲话说“咱们说的是苦战三年哪，苦一苦，三年总要改变些面貌。要是说苦战一百年，那谁还干？不就总是个苦嘛！”县里很富裕，是北方的水果产地，槟子、葡萄、海棠、香果都有。当果树全部开花的时候，果林灿烂如锦绣。而县委很朴素，一直住着民房，所有书记出门都骑自行车。

下放干部指导社员高温积肥。

我真的爱这个县，我们都爱这个县。诗人邹荻帆、田间的下放地点都离我不远。我们用扬水站的水，初步开辟了稻田。田间的妻子葛文亲自跑到白洋淀去请种稻的师傅，我们和村民一起学种稻。我们不会种，村民和我们一样不会种。秧插得歪七扭八。大队长高江云学得快，到底是农民出身，我不如他，但是我比那些农村妇女强一些。她们连脱袜子下水也不敢，大家叽叽嘎嘎笑着在水里乱 、乱插。但是，最后还是插好了一大片地，一望绿油油的一片，人人心里愉快。

看着这绿的稻田，粉红色的果花，青葱葱的杨柳，邹荻帆做起诗来：“垄头绿柳满乡村，快马加鞭西榆林……”我也做了诗：“村北连畦水稻地，村西万树海棠花……”“没有共产党，哪有官厅湖，年年忙抗旱，今年学打鱼……”心里怀着愉快的信念，诗兴甚高。

我们真是天真极了。尽管我经历了那么多的运动，亲身尝受了不公正的待遇，但是那时我真像一个调皮孩子挨了妈妈的打，气一会儿，却仍然爱妈妈。那些教训还不够提高我的认识，我又相信起一切来。

当时看着那些扬水站，的确喜人。因为扬水站水源离西榆林村远，后来我们村还自己另修了一个，以村北遍地冒水的大泉为水源，这是村长刘振声提出干的。当时我很佩服这样的乡村能人，全力支持他。以为这一下就把干旱的塞北水田化了，吃稻米了，多么好啊！

我一点也想不到，三年之后，我重访这个地方的时候，所有扬水站的机器声一点都没有了。水不扬了，水稻地也大部分不见了。问村干部，他们的回答很简单：“电费那么贵，浇一亩地花那么多钱，粮食才值多少？”——这，我不懂。但我想他们本来是懂得的，却在修的时候花那么大的劲。这为什么？

使人震惊最大的，自然还是公社化和大炼钢铁。公社化真是“忽如一夜春风来”，昨天刚见报，今天就要实行了。“共产主义是天堂，人民公社是桥梁”，而且迫不及待，都是连夜写申请书，连夜宣布，好像迟了一步那桥梁就会撤掉，天堂就爬不进去了似的。决定成立公社的那一夜我没有睡觉，坐在公社办公室里，编公社快报。公社书记耿长春说：“我们今天夜里去浇花生地，动员全体社员都去。”刘振声说：“何必呢？半夜里闹得大家不安生，也浇不了多少。地又不算多，明早叫大家起个早，那点活都能干完。”耿书记却摇头道：“不，我们这是苦战夜战，得算政治账呀。”原来半夜里浇地是能上报的事例，清早浇地则是常事，就没什么稀罕了。我心里开始感到了虚夸的苗头，但还没有认真考虑。

浇完地回来，还不能睡，接着编我的公社快报。自然把这件事——夜战浇地写了进去。

田间在这里创办“诗传单”，不但他写，而且把所有村干部、社员都拉进去写诗。我们身为下放干部，就得负责给人家改诗，还得自己做诗，我坐在那里，一会儿一首，真正是顺口溜，从嘴角顺口就溜出来了。什么“千日想，万日盼，今天才把公社建。七个乡，成一家，社会主义开红花”，诗歌泛滥成灾。

诗传单后来铅印了，还编成集子拿到石家庄出版了，并在《人民日报》上发表了。把参加写诗的农民马秉书、王瑞斌他们也弄得头晕眼花。后来，这一场诗歌运动越闹越大。闹到在火车上每个旅客必须交诗一首，闹到制定文学创作规划，各乡提出评比条件。这个说："我们年产诗一万首"，那个说："我们年产长篇小说五部、剧本五部"……挑战竞赛。最后，张家口专区竟出现了一位"万首诗歌个人"，或曰"万首诗歌标兵"。他一个人在一个月里就写出了一万首诗！当然，我们谁也没见过他的诗。只听说他的创作经验是，抬头见什么就来一首诗。譬如出门过铁路见田野、见电线杆……都立即成诗。写成就投进诗仓库——一间空屋。后来听说这位诗人写诗太累，住医院了。说文艺可以祸国殃民，我们常不服气。而像这样办文艺，真可谓祸国殃民，谁也不能说是假的。

难道我们自己就高明一些吗？我还得说，一点也不。在"大跃进"的高潮里，一切要多快好省，一切要大办快办。文联下放干部在怀来几天办了个"文艺大学"。我们就在三天之内创办了一张报纸《怀来报》。抓两个下放干部来，坐下就写，写了往一起凑，报纸出刊了，报社也成立了。我还曾把这项成绩拿回北京去汇报过，可见自己也扬扬得意，头脑发昏。

那时的确是发了昏。记得刚开始食堂化的时候，西榆林各队都争着制作大笼屉，指派炊事能手到食堂。到开饭时，一个个拿着茶缸饭碗来打饭，真好像"到了共产主义"的样子。连高社长也对我说："现在当农民，有多舒心啊！从前农民要计划他那几亩地，又打算房子，又打算粮食，现在什么都不用管了，只一样要琢磨的就是不知今晚食堂给我们开什么饭！"他也真的昏了。毛主席在《人民日报》上发议论："粮食吃不完怎么办？"提倡大家吃好的，要农村食堂办小吃部。我们那些食堂也就真的响应起来。我们的下放干部、女编辑张希至，担任了一个村食堂小炒部的大师傅。她当然会做菜，炒出来的肉片和北京饭馆的差不多。我到那个村去，该吃饭时到了食堂，她就端出菜来。我吃了自然觉得真好，幻景就成了我们的农村真的都吃得很好了。——当然，食堂开的饭也不坏。我们西榆林在一个院子里设了食堂。每个生产队一只大桶，一个人掌勺，和机关食堂开饭一样。顿顿是热炒或煮的蔬菜。净玉米面饼子，还常有馒头。要知道，那时候西榆林一般农户向来都只吃腌咸菜，通常是全家一只腌菜碗。我们有一个下放干部要另拿一只碗装腌菜，就曾引起过农民的意见。除了过年过节或招待贵宾，谁老吃炒的煮的热菜？这样一吃，就把可怜的中国农村吃垮了！而这些，却都当成好事上了报！

更厉害、声势更大的自然是炼铁。只见报上登载，钢铁要达到1070万吨，这是毛主席对外国人亲口谈的。因为原来钢产量是535万吨，要整整翻一番。报上天天登什么“应举社”的炼铁经验，而且附加评论，说中国老早就发明了炼铁，何必非得用外国高炉？土高炉就行，于是几天之内，由公社派人赴县学习，立即建炉，把所有农民从田地中赶出，都去上山采矿建炉炼铁。对这些经过，我曾写过一篇《一个炼铁厂的历史》加以歌颂，到后来醒悟之后，又写过一篇《对梦呓的注释》。不想再重复了。现在要说的是我自己当时的情绪，我怎么写那篇文章的。

花园公社的炼铁炉设在一片开阔地上，原来没有村庄，距公社所在地南水泉村有五六里，距我所住的西榆林村十来里。我来参加炼铁，有一次，直到深夜。各炉的人是轮换的，换下来的人到炉旁的帐篷临时宿舍去睡觉。我走到那帐篷里，只见许多人打开铺盖，却没有一个睡的，都席地而坐，我也坐下。听耳旁叮哨一片，眼前帐篷中点着小马灯。大家围坐谈论哪一炉出铁情况如何。我忽然发生联想，觉得这不简直跟当年抗日战争中宿营的光景相似吗？我异常兴奋，把我在北京所受的种种委屈，所见的种种不平，一下子都弃诸脑后。我觉得这才是崇高的事业！于是他们说着，我拿起笔来就记。

我回村的时间是深夜4点半。我推出自行车，骑上就走，在完全没有人的旷野里奔驰，只觉得心旷神怡。到了南水泉村，走进暂时借居的女会计室，我到了，她已经起床了。我就接了她的“班”，和衣躺在她床上迷瞪了一会儿。睁眼时已经天光大亮，大约快7点了。我这就算睡过觉了，立即用冷水擦擦脸，接着又干。

那真是把命都拼出来了。而拼命的结果如何，已为众所周知。人们都去炼铁去了，地里的庄稼置之不问，已过秋收季节，许多老玉米根本还没有砍倒，棒子也不收下来。当时我碰到涿鹿县委书记王纯，他说：“老百姓的怪话可多哩，说过了秋吃钢铁吧，有个咬嚼劲儿。”

可是，到后来由于中央领导去视察徐水，除了钢铁之外又想起粮食来，提出所谓"钢粮两帅展翅齐飞"。粮食也要"放卫星"。

钢铁老百姓没有炼过，可以用种种海外奇谈来唬他们，而粮食是老百姓天天种的，叫他们怎么"放卫星"呢？这一年就忽然出现了许多"科学种田法"。一曰深耕，越深越好。开了展览会，把那根扎得深和根扎得浅的两种作物作对比展览。二曰密植，越密越好，算出科学账来，一亩地植株多一倍就能多产一倍。老百姓无法可想，只好把几亩田的庄稼拔下来插在一亩田里，于是亩产万斤、六万斤以至十万斤的报道全登出来了。号召刚刚过了三四个月，徐水亩产几万斤的"卫星"已经放出来了。

我看见了作家菡子同志的文章，说她去参观的那些丰产田，用自来水笔向田里的稻子中间插，竟插不下去。这密到了何等程度！

我所在的怀来县还不能算太坏，我们没有搞这种自己骗自己的移植丰产田。北京作家协会来人参观，我领着他们去。他们问："你们这稻田亩产多少？"我答："能达到700斤，最好的800斤。"这是了不起的数字，过去这里种粮食作物低的100多斤，顶高的才300斤。但是参观者现出不满的神色："这么低！你们有没有一万斤的？"我没有说什么。显然我们还瞎吹得不够。

一切深耕密植的办法都实行过了。西榆林村头试验深耕，刘振声带队。已经用铁锹挖到一尺五寸深，刘振声说行了。但从县里来的检查组却说不行。人家报上登的深耕经验是要挖五尺，于是只好继续挖。人站在下面挖，直到把这块挖完。且都是第一天发通知，三天内就要收集全公社推广的数字，要汇报。农民接受不了，干部交代不了。稍微肯说一两句直话的农村干部都受了气，低了头（例如刘振声）。只有一天到晚喊"挑战"的人才混得下去。

到这时我才明白，荒谬和冤枉并不是只发生在文艺界里。文艺界挨的骂是多一些，但真正残酷的事情并不在文艺界。工农业生产一点也不是淳朴无邪的桃花源。

相反，我们这些搞文艺的由于不了解真实情况，容易被谎言所欺骗，反而会助纣为虐。前边我说了那些诗传单的情况。后来，在怀来县还举行过全县赛诗会。县委副书记王俊禄要写一首开场诗。由我和徐迟两人代笔。我写道：

工农当中出诗才，人民歌手满怀来
跃进声中比文采，大礼堂作赛诗台
赛诗台是擂台，新诗歌拿来赛
赛诗台是擂台，谁是好汉谁上来

当时各地都在炼铁，刘仁说他派人去河南参观过，炼出的是一些疙疙瘩瘩像豆腐渣似的铁。刘仁看了，后来就光在城里炼钢了。我听了，明白了。北京市的领导干部较有头脑，对大炼钢铁来了个阳奉阴违。城里拼命炼，农村不去干。做得不错。后来在“文化大革命”中，毛泽东骂北京市委“针插不进水泼不进”，北京市委的干部都觉得冤，他们说他们是紧跟毛主席的。但是现在细看，似乎也未必尽然。不紧跟，不见得就那么坏；紧跟的，未必好。他们其实跟得并不甚紧，这是一点可取之处。

北京市搞的“公社化”，好像主要在市内，就在党中央的眼皮子底下干。所有的街道一律改为公社，包括机关宿舍也不例外。还大张旗鼓地成立食堂，也写文章鼓吹，说成立食堂是干不干社会主义的分水岭等等。其实，城里哪一个机关、工厂、学校没有食堂？我们就一贯吃食堂。有人晚间回去自己做顿晚饭，有人连晚饭都在食堂吃完才回家，顶多星期日自己做一点。食堂化算得了什么革命呢？要革命，无非就革自己晚上回家煮的那点面条的命吧。于是，各街道腾出房子，成立食堂，让街道家庭妇女不要再在自己家煮饭，都到食堂去当炊事员。同时自己家不准再开饭。我记得邵荃麟住的那个大雅宝胡同成立食堂后，他也到食堂去吃饭，说：“他们的肉丝面煮得还好。”好像是谈对于某饭馆的印象。我们东交民巷10号北京市委宿舍也要成立食堂。这里住的基本是领导干部，好几家有保姆。于是议论着要把保姆辞掉，让她们到食堂去工作。同院同志看中了我家的保姆张文英，她是上海人，做得一手好江苏菜。于是，大院组长来找她谈话了。这可把她吓坏了。我回家，她向我告状诉苦，说无论如何不行，绝对不干，“我管你们一家的伙食，知道你爱吃什么，杨述爱吃什么。孩子们我也知道怎么打发他们。一下子干这么一大摊，这个是南方人，那个是北方人，我怎么弄得清楚？比饭馆还要难干”。我说：“干这个就不能那么细致了。你开大锅饭，人家爱吃不吃。”可是怎么说她也不答应。最后，大概还是市委刘仁说了话，弄不成就算了。对市委宿舍就睁只眼闭只眼了。

作家协会闹得更凶，不仅要求大家都来吃食堂，而且要求都搬家。新副秘书长王西凡是部队转业来的，雷厉风行，准备把作协原来的平房宿舍院和外单位交换楼房，然后全体集中住在一起，然后编组，吃饭有炊事组，穿衣有缝纫组……真来个公社化。我记得还正式召集过会议，讨论此事。许多作家坐在那里，准备编组，军事化。要作家赵树理的夫人任炊事组长，出版社总务科长刘子玉的夫人任缝纫组长……又讨论了搬家事宜。出版社的办公室主任王组化原住的是人民文学出版社的房，一个安静的小院。他不愿搬，为此还批判了他一顿，说他不拥护公社化。我到这时实在忍不住了，便表态道：“我不是不肯搬，我没有办法搬。我现在住市委宿舍，是杨述机关的。家中还有三个孩子，我怎能把杨述和孩子们都带到作家协会来集中呢？”平时一向态度最激进的罗立韵，这时忽然出头支持我道：“她是实在不可能搬，别搬了。”她是邓力群的妻子，大约也属于搬不了吧。到最后，作协这个伟大的计划，终于也没有实行了。大约如此搬家，牵动大量住房问题，共产主义化并没有到这个程度，弄不动。

说可是说得十分厉害，报纸上宣传，马上要实行共产主义，废除家庭，儿童公有制，夫妻关系打破，男的集中住男宿舍，女的集中住女宿舍，星期六允许会面一次……可能有的县或农村已经这样办了吧，北京市委也震动起来。有天晚上，杨述回家来边脱衣服边对我说：“有新的精神哩，就要废除家庭了”。不过，那天时间已经很晚，我并没有细问如果废除了家庭，我们这个家怎么办，这三个小孩又怎么办，我只记住了这件事。后来，不见他再说起。大约也是说说算了，要不，就是被人坚决反对掉了。

现在想起来，“文化大革命”期间让大家下干校编连队，男归男营，女归女宿，孩子也编连，大约是 1958 年早就想实行的“共产主义”幻想。

（原载韦君宜《思痛录·第五章》，北京十月文艺出版社 1998 年版）

二十七、记饿
——“大跃进”余波亲历记

资中筠

1956—1959的三年间我奉派在国外工作，所以鸣放、反右、“大跃进”都躲过了。只是1959年回国后赶上承受“大跃进”的后果，通常称为“三年困难时期”，如今回忆起来，最突出的竟是一个“饿”字，与“吃”有关的故事、轶事源源不断涌现出来。

首先要交代的是，本人当时虔诚地“爱国、爱党”，政治热情极高，毫无独立思考能力，对一切公开的宣传和内部传达的情况、指示、精神从不怀疑，一味紧跟。越是困难、艰苦，越认为是对自己的“考验”，从不问一个“为什么”——是为大背景中个人思想状况的小背景。1958年“大跃进”开始时，我在维也纳，随中国代表常驻“世界和平理事会书记处”（一个苏联领导下的国际组织），只从定期收到的《人民日报》上得知国内轰轰烈烈、如火如荼的景象。加以同事间互传国内来信中描述的神奇数字和预期的远景，以及工、农、兵、学、机关干部全体动员大炼钢铁、除四害、搞“超声波”试验等，令我们兴奋不已。觉得身在万里外，不能亲历其盛，实在遗憾。我们可以做的就是向外国人宣传“大跃进”的成绩。在这段时期一切对外活动中，中国人只要发言，都宣传“大跃进”。外国人如果对此有质疑，一律认为“不友好”。记得那一年有一次国际和平会议，中国代表团团长郭沫若的发言中当然也是大段宣传“大跃进”，提到“十年超英，十五年赶美”，一位长期在美国的老领导在审阅英文稿时说：英国已经在走下坡路，十年超英的目标太低了。但因为这是上面定的口号，他不能改。此一例足以说明当时全民头脑发热的情况，连见多识广经验丰富的老革命也不例外。

到1959年夏，就陆续传来国内供应紧张的消息，而且急剧恶化，特别是基本食品供应发生问题，开始削减每月粮食定量。我们对“自然灾害”之说当然毫不怀疑。只感到国内物资匮乏，而我们还在国外“养尊处优”，都于心不安，十分内疚。于是，我和陈乐民以及另一位年轻同事一再向领导提出申请，要求调回国内“与全民共甘苦”，并经受艰苦的“考验”。对于我们这种和平年代才参加“革命工作”的青年知识分子来说，没有经过艰苦斗争的考验是经常被敲打的弱点，也是自己的一块心病，所以有了“艰苦”的机会，不问情由都不肯放过。

1959年8月，我和陈乐民果然奉调回国，倒不是领导同意我们与人民“同甘苦”的要求，而是中苏关系恶化，国内对这个和平机构的方针有所改变，准备逐步撤出。此是另一个大题目，暂且不表。且说我们回国兴奋劲头过去之后，开始感到物资匮乏的现实，首先是每人登记粮食定量，按月领粮票。我们都自觉把粮食定量按低标准报。我一向饭量较小，以为一个月二十多斤粮食足够了，还没有意识到在一切其他“油水”都没有的情况下，饭量会大得自己都吃惊。机关食堂每人限买半个菜。用不了多久就明显感到食堂的肉菜稀少，日益清汤寡水。早餐偶然有鸡蛋卖，每人限一个，稍晚就轮不到了。再后来鸡蛋就绝迹了。刚回国时我还有一次尴尬的经历：我们夫妇二人与朋友夫妇相约到附近一家熟悉的小餐馆去“打牙祭”。饭后我抢着付账，却不意那价钱高出我出国前许多倍，我完全没有心理准备，囊中羞涩。朋友笑笑说，还是我来吧！经他解释才知道那是当时的一项特殊政策，开一些高价饭馆，在特定的商店卖一些高价糕点，以便货币回笼。以我们当时的工资，那种高价餐馆也是很难问津的。

以后匮乏的形势日益严重。偏巧我开始怀孕。应该说，我从未有过一般孕妇的反应——呕吐、挑食，等等。我对怀孕的记忆只有饥饿感。胃口出奇的好，空前的“馋”。平时那种不吃肥肉、不吃羊肉、怕油腻、怕膻气啦，种种娇气一扫而光，可以说见“油”开眼。我自工作以后一直住集体宿舍，吃机关食堂，婚后依然如此，不过两人在集体宿舍楼中分到一间房而已，其他仍与单身汉一样，是集体户口，全部粮票、油票都交到食堂。这样就更加没有丝毫自主的机动性。家中连面包屑的储备都没有。一旦错过了食堂开饭时间，就只有枵腹待天明了。而那些独立安家自己开伙的同事就灵活一些，各显神通做一些调剂。有一段时候还有人在家门前试着养鸡，居然真的有了鸡蛋。有一个冬天，我与一位男同事C君一起到另一单位去开会，回来晚了，食堂早已关门。我回到冷冰冰的宿舍空空如也，可谓饥寒交迫。C君就把我拉到他家去（那时有家的都住在机关大院后面一排平房中），他的夫人是理家能手，自己养了鸡，给我们端出来热气腾腾的小米粥和烙饼摊鸡蛋。我简直觉得美味无比，吃罢周身暖和。此一饭终身难忘。在那种食物极端匮乏的情况下，这样待客实属慷慨。于是，我在一段时期内逢人便说C君家有贤妻，真是福气。以至于一位女同事半开玩笑地对我说：可别老这样说了，不然好像你恨不得也找一位“贤妻”！稍后，在机关大院中个人养鸡也不允许了。

我的女儿是1960年5月出生的。那正是全民挨饿进入高潮。当时“孩子他爸”正在农村下放劳动（长期在国外工作的人回来都需要下去锻炼，我如不是有此特殊情况，也会下去的）。我们都认为这是宝贵的锻炼机会，决不想要他为我生产而请假回京。我全靠父母家作后盾，在家坐月子。他们几个月前就把全家的票据和蛋、糖等副食品配额集中存起来，做好准备。但是肉票是过月作废的，而且有票也不一定买得到肉。家里的老保姆为此费尽心机，在算准的预产期前夕，以全家的肉票早起排队买了一支蹄 炖汤。偏偏我实际生产的日子比预产期晚了十多天，那时又没有冰箱，急得老保姆直掉眼泪，只有每天煮一开，保证它不变质，到我产后吃到时已经只剩汤了。反正“肉烂在锅里”，并未损失，营养保留多少就不得而知了。至于产妇最需要的鸡蛋，靠全家的配额也是不够的。母亲托一位亲戚从农村弄来一篮鸡蛋。那时报上正在大力批判农村自由市场，说是“挖社会主义墙角”云云。我就认定那鸡蛋一定是从自由市场来的，拿出“耻食周粟”的精神，坚决拒吃，真乃饿死事小，“失节”事大！其“左”、其愚也不可及，而且是诚心诚意，即使外人无从知晓，也要“慎独”。事实上，我还是享受了某种特殊条件的，因为父亲的级别属于“糖豆干部”，有一些特殊供应，尽管有限。父母的年龄超过60岁，可以订到牛奶。我产假没有满就被单位一个电话召回，随代表团出国，孩子完全丢给家里靠牛奶喂养。她之能够健康成长，我也没有因产后营养不良而落下后遗症，都是仰赖父母加上老保姆省吃俭用的支持和精心护理。

关于孩子的名字也与当时的背景有关。人们以为像我们这样的家庭总会起一个有点书香气的名字。至今还有人问，女儿“陈丰”的名字有何出处。实际上就和饥荒有关。当时陈乐民在农村与贫下中农同劳动、同挨饿（口粮每天只有不到半斤的没有去皮的“毛粮”），热情的老乡听说他添了孩子，纷纷给起名出主意，最多提到的是“满仓”或“满屯”，这代表了最朴素的向往。他就真的写信回来建议以“满仓”为参考取名。父母和我商量的结果就用了一个“丰”字，取盼丰收之意。所以后来我们常常和女儿开玩笑说她差点叫“陈满仓”。

由于我从事的是“涉外”工作，供应再差，对外总还要撑面子。所以外宾的伙食标准，特别是招待会，还是颇为丰盛的。于是，就发生有趣的现象：过去我们为接待的外宾举行招待会，邀请中方高级人士作陪，往往发出请柬到不了几成，因为他们都很忙。而在“困难”期间，只要有酒会、宴会，那些忙人、要人有请必到，十分踊跃。在那种冷餐会上，服务员端着盘子走过来，大家一拥而上，顷刻间杯盘一扫而光。有一次周总理在场，我亲自见他不动声色地走过来，轻声对一些高级干部说：“注意点吃相”！我们接待外宾往往需要请一些单位的负责人或专家来同外宾座谈，讲解有关国情和政策。有一位某经济单位的负责人，专业水平高，情况熟悉，一些数字如数家珍，口才又好，还懂外文，每次谈话效果都令客人十分满意，所以在我们单位组织座谈的名单中他总是首选。可以想见，他是大忙人，平时特别难请。但就在那段时期，却一点架子没有了。因为他烟瘾很大，那时没有禁烟之说，接待外宾除茶水外必摆香烟，而且一定是好烟，规格高一点的有时还有点心、水果。大家都知道他就是冲着那中华烟而来的。不但在谈话中不断地抽，等送走外宾后，桌上剩下的都放进口袋。不仅他一人如此，外宾离去后香烟入某些私人的口袋已是公开的惯例，总务部门都视中方来什么人而有所准备。

临时出国的人员按规定在国外期间发少量的零用钱，好像是一天 1 瑞士法郎（那时不用美元），如果出去十天半月，可以凑足十几法郎。过去，人们大多买一些有当地特色的小工艺品，或精致的日用品。而到了 1960 年，出国人员无论级别高低，都不约而同地用那点零用钱购买食品带回国，也有买维生素和其他补品的。还有人闹笑话，买了黄油放在箱子里，回来化了，衣物都被油污。我也有过一次经历，曾在另一篇文章《在胡志明家做客》中提到，说的是我在女儿三个月时随一个规格很高的党政代表团访问越南，主人发零用钱并陪我们到“友谊商店”购物，我买了白糖，结果引起陪同的主人注意，竟送我一大盒白糖，我因此回国写检讨。那时还没有明令禁止出国购买食物，我只检讨而没有受处分。后来（可能是 1961 年下半年），出国人员在外购买食品日益成风。与此同时，尽管对外封锁甚严，还是没有不透风的墙，国际上对我国经济情况也议论纷纷。于是，传达了一道命令：临时出国人员不得在国外购食物回国，以免损害国家形象，“授人以柄”。在那之后，就成为纪律，事关反帝反修大业，如还有人犯规就是客观上为敌人反华宣传服务了。此之谓饿死事小，面子事大。

还有一次与面子有关的趣事，大约是 1963 年春，我被借调到全国妇联，随妇女代表团出国参加国际妇女会议。会议在莫斯科举行。此时中苏关系已经相当紧张，争论已经公开化，此类国际会议早已成为中苏代表吵架的场所，其他国家代表一部分追随苏联，一部分追随中国，多数中立，看热闹。无论是工（会）、青、妇、和平会议，内容都大同小异，争吵的议题在同一个时间也基本相同，其激烈的程度视当时中苏两党谈判的情况而定。那一次照例在出国前召开全体代表和工作人员会议，由团领导交代方针、精神。团长讲完“寸步不让，坚决斗争”等精神后，做了一项特别交代：大家要注意仪表，脸上化化妆，免得在各国花枝招展的妇女群中显得“面有菜色”，人家更要说我们是饿的！那是“不爱红妆爱武装”的年代，但为外交斗争需要，为了国家体面，不妨爱一次“红妆”。

事实上，那时我和不少同事已经得了浮肿。有一段时期每天早晨醒来感到睁不开眼睛，总觉得没有恢复疲劳，勉强起床。后来就越来越明显，脸上、腿上一按一个坑。陈乐民下放一年回来后更加严重，他本来很瘦，回来变成了大肚子。据说他在下面有一次看水堤时因腿软站不住滚到了水沟里，幸亏被人看见及时救起，没有淹死。可能1961—62年间是最困难的时候。此时出现了两点极不寻常的政策精神：一是默许，甚至鼓励有海外关系的人接受海外亲友寄赠物品；二是不再强调全力以赴地工作，而号召“劳逸结合”，减轻工作负担，必要时缩短工时以保存体力。前者与我无关，因为我没有海外亲友；后者也没有惠及我，因为那段时期是中苏关系最复杂多变之时，多反映在国际会议中，所以我所负担的工作不但不能减，反而更重，照样开夜车。不过按规定，晚上工作过11点就有夜宵，大师傅端上热汤面或烙饼，是一大享受。甚至为此故意把工作拖到那个时候。那段时期出国开会照常进行，我发现一个奇特的体验：每到国外，两三天后浮肿自然消减，有一种忽然神清气爽的感觉。很明显，就是吃了三天饱饭，而且有足够的高蛋白补充。

我在那段时间还有一项工作，就是中央领导接见外宾时被召去做翻译，大多在中南海，而且大多在半夜。安排此事的是国务院外办，每有任务，由他们通知我所在的单位办公室通知我待命，那我就不能睡觉了。当时廖公（承志）是外办负责人，又主管我们单位的工作，我们参加国际和平会议的代表团经常是他主要负责，所以对我本人也熟悉。我得了浮肿以后，我们单位领导就以此为例，并以我工作特殊为由，乘机向廖公呼吁，申请补助。刚好此时又发生陈乐民在工作中晕倒抢救之事。于是，在廖公授意下，我们单位以我们夫妇健康恶化为例，打报告为本单位职工申请营养补助，由廖公特批若干数量的牛奶。从那以后一个时期，每天上午10时，工间操时间，大家到一个地方去喝牛奶，鱼贯而入，有人掌勺，从一大锅热气腾腾的牛奶中每人发一碗。虽然供应人数不少，也不可能全体职工人人有份，名单如何定的，不得而知。可以想见必然有人感到不平。当时喝到的同事开玩笑说沾了我们两人的光。但是到“文革”开始后，此事反过来成为本单位领导和我们本人的一条罪状，特别是廖公靠边站后，此事更成为批判内容。尽管有此照顾，我的健康还是严重透支，到1964年虽然形势已经好转，我却积劳成疾，全面垮台，大病一场，足足休养了两年才恢复正常。此是后话。

总之，关于“大跃进”，不想则已，回忆起来贯穿始终的是“吃”的问题，其余“大事”都隐退为背景。“民以食为天”，信然。

平心而论，相对说来我的处境还是比较优越的，可以说间接地享受了某种特权。在极端困难时期，城市居民处境比农村好得多，机关干部又比一般平民好，更无论按级别分配的特权了。饿死人的现象大都在农村。所以与“反右”以知识分子为重点不同，“反右倾”时机关中批判的对象多为家在农村的干部，因了解家乡情况在机关中发牢骚而获罪。我就曾亲历一次上级机关召开的批斗“右倾机会主义”重点对象的大会，那是一位中层干部（其级别足以看到内部文件），其罪状就是回乡一趟后，在办公室“散布”家乡饥荒的情况，表示对“大跃进”不满，而且还泄露他看到的内部通报中的某些实情。多年后，我家先后请过两名安徽保姆。她们都讲述过家里饿死人的情况，一个家里八口人饿死了四口，一个九口人饿死八口，只剩她一人，因为在外面当保姆而幸存。令人心寒的是，她们讲述时非常平静，没有眼泪，没有叹息，好像是在讲别人的事。她们都说，这事在当时太普遍了，家家户户都饿死人，整个村剩不下几个人。过去可以逃荒要饭，那时连要饭都没处去，因为千村万户都一样，没有一户是有存粮的。由于虚报浮夸，上面催交的粮食数量极大，谁家藏一点粮食，村干部挖地三尺也要取走上交，她家中最后一罐偷埋地下的粮食就是这样被挖走的。

比起农村的饿殍遍野，万户萧瑟，我的“记饿”真好像有点无病呻吟了。

（原载《书屋》，2008年第1期）

二十八、“大跃进”失败的教训何在

李　锐

恩格斯说过：“我们自己创造着我们的历史，但是第一，我们是在十分确定的前提和条件下进行创造的，其中经济的前提和条件归根到底是决定性的。第二，历史是这样创造的，最终的结果总是从许多单个的意志的相互冲突中产生出来的，而其中每一个意志，又是由于许多特殊的生活条件，才成为所成为的那样。这样就有无数互相交错的力量，有无数个力的平形四边形，而由此就产生出一个总的结果，即历史事变；这个结果又可以看作为一个作为整体的，不自觉地和不自主地起着作用的力量的产物”（《马克思恩格斯选集》第 4 卷，第 477 页）。恩格斯晚年这段经典性论述，可以看作是研究人类的历史创造和解读一切历史事变的钥匙。

“大跃进”也可以称作古往今来中国历史的一大“创造”。它对中国经济的破坏自然重大，但思想影响更是源远流长。毛泽东在领导中国革命过程中，也无法摆脱特定社会的经济前提和条件的限制，同样，在领导中国社会主义建设过程中，也无法摆脱特定社会的经济前提和条件的限制，也仅仅是作为“单个意志”去参与这种创造。这情形就如戏剧中演员与舞台的关系一样，演出生动威武的戏剧，要受到舞台的制约。舞台的大小、深广决定了演出的规模和持续的时间。甚至也影响到戏剧的成功与失败。这个比喻用之于革命很恰当，用之于建设也同样恰当。毛泽东所导演的“大跃进”，问题就出在大大超越了中国经济政治所提供的现实舞台。这就决定了它不能不归于“失败的命运”。

毛主席参观炭黑生产。

我们的革命理论是从马克思那里来的，我们的建设理论也是源于马克思的。马克思去世已经一百多年了。他的学说创始于资本主义发展初期的西欧，正进行残酷剥削、掠夺世界，又周期发生危机之时。他不可能预见到20世纪将要出现的巨大的生产力和科学技术的巨大发展。《资本论》中所分析的资本主义和第二次世界大战之后现实的资本主义已经有极大的不同。同样，我们也必须承认，马克思学说中的社会主义同我们实践过（和实践中）的社会主义是有很大区别的。马克思认为：无产阶级的社会主义革命，只能在经济高度发达的国家发生。可是事实上，世界上的无产阶级革命，从俄国到中国都发生在生产力落后、资本主义很不发达的国家，中国比俄国尤甚。这同马克思设想的无产阶级一旦取得胜利，立即实行全社会的共同劳动，共同占有，直接分配社会劳动，取消商品、货币，全部社会生产直接由中央计划控制、调节的状况和条件相去甚远。这种理论与现实的巨大差距，造成长期以来社会主义实践中两种必不可免的趋向：其一，是教条主义地按照经典理论去“复制”社会主义的“原型”；其二，是在现实国情与经典描述明显不符的状态下，去进行属于自己的有特色的创造。当然，上述两种趋向，很大程度上在人们头脑中是同时并存、兼而有之的事；就是说，人们常常既有“复制”、“摹写”的一面，又有“借鉴”、“创造”的一面。并且随时间不同也常侧重不同。大体说，着重“复制”的一面趋于保守，着重“创造”的一面显得富于生气和活力。由于领袖人物的马克思主义修养、革命与建设的经验，以及文化性格等等方面的差异，他们在社会主义实践中的思想趋向往往存在某些差异和各具其特色。苏联如此，我们中国亦如此。毛泽东晚年的实践更突出地表现为后一种趋向。他发动“大跃进”主要是为了有所“创造”，有超越前人的意识在内，但整个思想状况又是十分复杂的。中外学者著书立说，对毛发动“大跃进”的动机和原因作各种分析，我们应当将这个历史性的“创造”作更深入的研究，以求解释得更合理一些。

“大跃进”形成的潜在原因，自然同中国走怎样一条工业化道路分不开。工业化萌芽期本身是受到历史的限制和规定的，西方的历史说明了这一点。第二次世界大战后，各国工业化、现代化发展道路，大体有四种类型：(一) 发达资本主义国家模式；(二) 较发达社会主义国家模式；(三) 新独立的民族国家模式；(四) 阶级矛盾解决后不发达的社会主义国家模式。第一种模式以美、英、法为代表，继续实行私有制和完全的市场经济，辅之以海外投资和殖民掠夺，在长时期内大量积累社会资本和财富，促进科学技术不断发展。随着资本结构的变化，国内阶级关系也在起变化，逐渐形成国家垄断资本主义。其中美国上升为世界最大的资本主义国家，在世界经济中占一定的领先地位。日本和德国经济的迅速发展和赶上英法，是由于美国的支持和各种内外的原因促成。在发达的资本主义国家这一模式中，还可以附带提到北欧、西欧一些福利国家，如瑞典、丹麦、荷兰等等，就阶级关系和社会经济结构来说是资本主义的，但已有了较多的公有制。第二种模式则以苏联为代表，实行公有制和高度集中的计划体制，按照马克思政治经济学原理和国际形势，优先发展重工业和军事工业。20世纪30年代以后，苏联凭借这种经济体制，迅速壮大了经济实力，增长率获得了长期稳定的提高，并使它在卫国战争中顶住了德国法西斯的残酷进攻，赢得了战争的胜利。但在战后全球普遍发展和加速现代化过程中，仍继续坚持国家高度集权的政治与计划经济体制、封闭的对外关系，使得经济长期停滞，科技相对落后，加以改革的失败，终于导致东欧剧变和苏联的解体。实行或靠近第三种模式的，主要为新独立的民族主义国家，这些国家一般刚刚摆脱殖民统治，经济羸弱，但由于殖民统治的影响，独立后大都实行资本主义的经济制度，以私有制和市场为主导。但因其对外依赖严重，以及民族工业薄弱等原因，发展较慢，亦不稳定。第四种模式同第二种模式具有相同性

刘少奇同志访问太原钢铁厂。

质，一般为革命取得胜利的国家所采纳。差别在于刚刚摆脱帝国主义统治的这些国家，长期的兵燹与社会动乱，使得经济基础极为脆弱，生产遭到严重破坏，起步艰难。但正是这一点，又促使共产党人在夺取政权后，试图以较快速度改变国家的面貌。这就要求他们主动学习第二种模式，即实行高度集中的计划体制，以充分调动全国的人才物力资源，优先发展重工业，压缩人民暂时的物质需求，实行高积累。从本质上说，第四种模式采取的是一种加速型发展战略，即一方面客观基础较差，另一方面又强烈要求改变国家面貌，于是尽可能运用强有力的手段，推进工业化和经济建设的进程。所谓“急于求成”的倾向，很大程度上是从这种模式发展而来的。

按照中国当年的情况，选择第四种发展模式是必然的。这不仅是由于马克思主义的社会主义理论的规定，即应当采取最能保证社会公正的公有制度，最有可能加快生产的高度集中的计划经济制度，苏联的榜样又摆在那里，而且，由于我们长期遭到压抑的民族自豪感和革命胜利提早到来，更增加了我们加快发展的愿望。毛泽东在1956年党的第八次代表大会预备会议上说过一段广为传诵的话，明显表现了这种“跃进”的情绪。他说：“我们这个国家建设起来，是一个伟大的社会主义国家，将完全改变过去一百多年落后的那种情况，被人家看不起的那种情况，倒霉的那种情况，而且会赶上世界上最强大的资本主义国家，就是美国。”又说，“假如我们再有五十年、六十年，就完全应该赶过它。这是一种责任。你有那么多人，你有那么一块大地方，资源那么丰富，又听说搞了社会主义，据说是有优越性，结果你搞了五、六十年还不能超过美国，你像个什么样子？那就要从地球上开除你的球籍！所以，超过美国，不仅有可能，而且完全有必要，完全应该。如果不是这样，那我们中华民族就对不起全世界各民族，我们对人类的贡献就不大”。

由此看来，中国的发展模式同世界格局及一定历史条件下人们的心态，是紧密相关的。如同斯大林不可能改变以重工业为主的发展战略一样，20世纪50年代的中国也不可能认识到社会主义也必须实行市场经济。当时的中国要发展，只有学习苏联，走一种历史规定好了的道路。正如毛泽东所说：前八年照抄外国的经验。

从1953年开始，在苏联的巨大援助下，我们边进行社会主义改造，边展开大规模经济建设，成绩是十分辉煌的。到1957年年底，第一个五年计划的各项指标已全部超额完成。工业总产值比1952年增长128.6%，平均年增长率达到18.40%（世界银行的统计中，这是当时世界最高增长率之一），超过了第一个五年计划原定的14.7%的速度。钢产量达到535万吨，比1952年增长了266%；煤产量1.31亿吨，比1952增长了96%；粮食产量达到3900亿斤，比1952年增长了19%。同贫穷落后的旧中国比较，这一连串的数字确实是值得自豪的。

但是，这毕竟只是中国工业化的起步，离工业化目标的实现还有相当大的距离，离超过美国的目标则更加遥远。旧中国遗留下来的一穷二白旧墟清理完了，但一穷二白的面貌并未改变，因为在这个旧墟上还没有建造起共和国强盛的大厦来。所以毛泽东对这一前进步伐仍感到不满足。早在1955年夏季，他违反自己原来的设想，批判所谓农业合作化运动中的"右倾机会主义"，斥责坚持实事求是的邓子恢是"小脚女人"。于是应该"花几代人的时间"（列宁语）完成的对农民的改造，在不到半年时间即告结束。有关这一问题第二个《历史决议》已有定评。在工业方面，由于受到农业合作化"热潮"的影响，毛在指导思想上急于求成的倾向更加强烈起来。1955年12月，刘少奇向在京中央委员传达了毛关于批判右倾保守思想的谈话："我们要利用目前国际休战时间，利用这个国际和平时期，再加上我们的努力，加快我们的发展，提早完成社会主义工业化和社会主义改造"。"我们可以有几条路前进，几条路比较一下，要选一条比较合理正确的路线。按常规走路，时间拉得长，成绩不大，这是保守路线。现在各方面的工作都落后于形势的发展，我们有不少同志正走着这条保守的路线"。毛泽东当时还设想八大的中心思想："要讲反对右倾思想，反对保守主义"。可见其"加速"愿望在心中占有的位置。

薄一波在《若干重大决策与事件的回顾》（上卷）中说："在我的记忆里，毛主席是在1955年底就提出了'以苏为鉴'的问题。"这同刘少奇上述传达时间和意向上是互相印证的。也就是说，1955年至1956年之际，毛已在重新考虑"前进道路"问题，原有发展模式所带来的速度，已不能令他满意，要探

朱德副主席参观南京市工业大跃进展览会。

索“非常规”的道路与速度，即是说，要采取不同办法，要超过苏联，比苏联走得快些。1956年2月中旬，毛开始分别听取中央34个部委办的汇报，经过思考、比较和总结，4月作出《论十大关系》的报告。《论十大关系》开宗明义即说：“最近苏联方面暴露了他们在建设社会主义过程中的一些缺点和错误，他们走过的弯路，你还想走？过去我们就是鉴于他们的经验教训，少走了一些弯路，现在当然要引以为戒”。斯大林时期经济发展战略的确存在严重缺陷，主要问题是片面发展重工业，忽视农业，结果长期解决不了粮食问题，而且对农民剥夺过甚，造成经济失衡。毛泽东和中央领导看到了这些缺陷，并试图在中国的实践中加以克服，当然是十分明智的。由于感到经济建设方面中国创造不多，仍处处受到苏联经验的限制和束缚，回顾革命年代的教训，毛的心情自不平静，强烈希望从中国情况出发，在建设方面也有所创造，走出自己独特的道路。在《论十大关系》中，他批评了苏联和东欧国家片面发展重工业，忽视农业和轻工业，使农民生产积极性受到伤害，提出必须兼顾国家、集体和个人三个方面，正确处理这三方面关系的问题。他还批评过去什么都集中在中央，把地方搞得太死，从而提出发挥中央和地方两个积极性的问题。他论证了正确处理好十个方面的关系，把国内外一切积极因素调动起来，就能够多快好省地建设社会主义事业。从1955年到1956年春，周恩来在政府工作报告和有关中央会议上，曾提出"又多又快又好"的社会主义建设方针；随后李富春加了"又省"。这八个字为毛欣赏而接受。

但是，从后来的实际效果看，我们不但未能摆脱苏联模式的影响，继续维持过高积累，追求以钢为纲的片面发展。造成经济的严重失衡，而且"创造"出"大跃进"这种荒唐的"运动"。结果比同期苏联经济的损失要大得多。这又作何解释呢？难道我们所极力肯定的"探索"就这样含糊其词地被事实否定了吗？难道我们不应该对所谓"探索"的正反两方面经验，加以科学的总结和合乎逻辑的说明吗？

在成都会议上，毛泽东讲过这样的话：1956年4月提出十大关系，开始提出自己的建设路线、原则和苏联相同，但方法有所不同，有我们自己的一套内容。我以为，这段话可以作为解释上述疑问的一条重要线索。

所谓"原则相同"，指的是我们仍然承袭斯大林创造的经济模式，即高度集中的计划体制，把工业化特别是重工业的追求放在经济首位，这是为主的东西。前文已经指出，作为不发达的社会主义国家，我们在50年代似乎只能选择这样一种发展模式。同时在理论上，从斯大林起，我就把马克思主义再生产理论，理解为优先发展生产资料的工业部类，即优先发展重工业，认为这是由社会主义生产目的所决定，也是社会主义制度能否巩固的关键所在，因此必须实行先建设后生活的方针，也就是要高积累，对工业高投入。在中国，则特别要求人们"勒紧裤带"。早在1953年，毛泽东和梁漱溟之间就发生过实施"大仁政"还是"小仁政"的争论。道理已经说得很明白："我们施仁政的重点应当放在建设重工业上。要建设，就要资金。所以，人民的生活虽然要改善，但一时又不能改善太多”。在当时的历史条件下，毛的这些话并非没有道理。中国这样经济落后的社会主义大国，又在当年那种国内外形势下，当然首先要加强基础工业和重工业建设。应当指出的是，我们并没有发明新的发展模式，基本上还是在前人计划经济体制的轨道上运行。这就是毛泽东所说的与苏联“原则相同”。在经济结构上，“一五”计划以苏联援建的156项工程为基础，奠定了突出重工业的建设格局。

因此，事实很清楚，1956年前后有关社会主义建设的探索，主要表现在毛的那后半句话上，即“方法有所不同”，“有我们自己的一套内容”。《论十大关系》是一篇重要的理论文献，它从中国实际情况出发，针对苏联建设中畸轻畸重的偏向，用辩证的观点阐述经济建设中的诸多关系，在一定意义上对旧的一套观点有所突破。后来，八大提出“三个为主，三个补充”的意见，以及正确处理人民内部矛盾的思想，都可以从讨论十大关系前后的思想中找到源流。这是应该予以充分肯定的。但是，尽管阐述的是经济建设中各种因素之间的关系，兼及政治方面的内容，《论十大关系》并不是一篇经济学文献。虽然问题的两方面都说到了，却没有规定性，也就是说，缺少严格的定性定量的经济指导意义。而经济运行最需要的就是精确的规定性、比例等量化的东西。因此，在很长时期内，我们总有这样一种感觉，就是《论十大关系》在理论上有很多重要的内容，而在具体实行中，却难于照顾到这一面又不丢掉那一面。特别是一股什么风吹来之时，两面性就被冲掉了。这种现象使人想到“大跃进”中不少貌似“两点论”的东西，比如“工农业并举”、“土洋并举”等等，当时都是作为中国工业化的独特性而大加赞誉的，称之为“一整套两条腿走路的方针”。但是，同十大关系类似，这些“并举”更像运动的口号，而不是经济学用语。它们没有准确的经济学定义，因此，人们无法掌握“并举”关系的度，也无法了解工业与农业、重工业与轻工业、土法与洋法等之间的比例关系。只是在感觉上认为提出了“两点”，有了自己经济建设的新方法、新内容，可以傲视前人了。结果，“两条腿走路”和“同时并举”，造成了两条腿一起狂奔，土法、洋法一轰而起，完全打乱了正常的经济生产秩序（当年计划经济中的综合平衡规则)。几千万人上山，土高炉遍地"开花"，如同回到人类炼铁的上古时代。这就根本不是什么"独创"的问题，而是虚幻和荒谬，恰恰与经济工作要求的精确与科学背道而驰。在革命年代，靠"农村作风"、"游击习气"战胜了强大的敌人；在建设时期，却不能靠这两手实现工业化。因此，"大跃进"时期那些所谓"有我们自己的一套内容"的东西，表面上似乎是"两点论"，实质上不过是在苏联旧体制之上，运用我们自己在战争年代行之有效的方法而已。所谓"一整套两条腿走路的方针"，像诗的语言，是形象思维的产物，而非理性思维。结果反而把苏联经济建设中那些弊端扩大化了，造成更大的结构性失衡。以 1958 年为例，全国上马的大中小型项目成千上万个，积累率由 1957 年的 24.9%，陡然超过 40%，而同期国民收入只比上半年增长 22%。这就意味着国家大量挤用消费资金和压低农业投入来上工业项目，如此何来"兼顾"、"并举"呢？因此，"大跃进"中这一套自诩的"创造"，在经济模式的意义上说来，无非是"新瓶"与"旧酒"的关系，"新东西"没有创造出来，"折腾"和"胡闹"倒非苏联所能比拟。这就不是辩证法所能解释的了。因此，是不是可以得出这样的结论，即"以苏为鉴"，实际借鉴的仅仅是浅层的或操作层次上苏联的缺陷，是一些表面上的东西，而这些表面上的东西又大多"过度"或"无度"。这同苏联模式即其经济政治体制无关，我们仍然在这种模式的旧体制上进行，但在"冒进"上却非苏联所可比拟，他们在几个五年计划中没有出现过我们当年的猛上猛下、出现过那种"三年困难"时期。他们出现过饿死人，是农业集体化时期的事，同工业发展无多少关系。

为了"创造"，搞出一套与苏联不同、有自己特色的建设方法，毛泽东曾大力提倡"解放思想、破除迷信"，乍看起来，这个口号同上面"形象思维"的"两论点"一样，都是正确得不能再正确的东西。但是"热烈"的气氛过头，荒谬就接踵而来。如西谚所说：伟大与可笑相差一步。在成都会议上，毛讲到对教授的态度，他当时说：怕教授，进城以来相当怕，不是藐视他们，而是无穷的恐怖，看人家一大堆学问，自己好像什么都不行，马克思主义者恐怖资产阶级知识分子，不怕帝国主义，而怕教授，这也是怪事。由此还称赞柯庆施敢兼任教授之举。当时听来，颇有新奇之感，把教授或有科学知识的人作为建设的对立面，这于理不通，但当时听者动容，很得启发似的。这些话无形中也成了一种“创造”。如果说毛对广大知识分子在政治上早有反感的话，那么在一年前的反右运动中已经充分显示出来，他此时此地讲这番话的目的，却是针对着以系统性、规律性和客观性为特征的科学知识而言的。因为不打破这种“迷信”，那套“豪放”的“创造”就难以为干部和群众接受，毛自己是知识分子，并非不了解科学知识的重要性。他也提过“向地球开战”，“开展技术革命”，“向科学技术进军”之类的口号，但他主观上超乎想象的一面，又时常与实实在在的科学规定相冲突。他在经济建设中的浪漫情绪和超越前人的追求，时时让他感到科学知识对想象的束缚。“可上九天揽月，可下五洋捉鳖”，正是以诗言志。政治斗争可以“无法无天”，可以厌恶法律的约束，结果不过错划了几十万个右派。经济上也“无法无天”，也厌恶规章制度的束缚，那就不止是几十万“右派”挨整，而是亿万黎民百姓遭殃了。28 年的残酷斗争，战胜一切内外敌人，取得革命胜利的成功经验，自然养成一种绝对自信的心理；客观上六亿人民齐唱《东方红》的最高音响，是否也使历史伟人对不可违背的客观经济规律和许多基本的科学道理时有违背呢？不然，“大跃进”时期出现那么多荒谬的事情，一时怎么能信以为真呢？缺乏科学素养和排斥科学精神，这也是毛泽东和我们党在很长时间内一个重要的历史教训。

排斥知识，破除迷信，在“大跃进”拉开帷幕之后，有一股狂热而不可收拾之势，以致在思想上连老祖宗马克思主义也有些看不起了。成都会议上毛说过：对于经典著作要尊重，但不要迷信。马克思主义本身就是创造出来的，是随时代发展的，当然，不能抄书照搬。一般的说，这段话很有道理，教条主义的东西在中国共产党的历史上害人不浅，曾经使革命遭受严重的损失，毛泽东感触最深，为“破除迷信”奋斗不已。这已经有了历史的总结。在社会主义的经济建设中，当然也不能照搬教条，应该走出适合自己发展的道路。同我们这些人个别随谈时，毛不止一次说过，马克思主义可用的东西不多了。这种精神是完全对的。但是，“大跃进”中鼓吹的“不要迷信”，不要“抄书照搬”，则是另外的事情；说明白了，是觉得马克思主义也不在话下了。我们要创造向共产主义过渡的典范，要搞些独一无二的东西。在八大二次会议上，毛又讲到

"破马克思"的问题。他说，自整风以后，我们大多数同志慢慢地不大怕资产阶级教授了。但是不是还有另外一种"怕"，即怕无产阶级教授，怕马克思。马克思住在很高的楼上，好像高不可攀，要搭很长的梯子才能上去。他说："我这一辈子没有希望了。不要怕嘛，马克思也是两只眼睛、两只手，跟我们差不多，无非是脑子里一大堆马克思主义。但是，我们在楼下的人，不一定要怕楼上的人。我们读一部分基本知识就够了。我们做的超过了马克思。马克思没有做中国这样大的革命，我们的实践超过了马克思"。又说，"马克思革命没有革成功，我们革成功了。这种革命的实践，反映在意识形态上，就是理论。西方资产阶级能办到的事，东方的无产阶级为什么办不到？要打倒奴隶思想埋葬教条主义"等。这些话，这些感想，应当说都是对的。一个真正的革命家，一个抱有雄才大略的人，应当具有这样的精神和气质。问题还在于任何人都要受客观规律的约束。不可以超越客观规律胡思乱想。即马克思主义的本质，理论必须联系实际。何况如恩格斯所说，任何一个人都受三种限制：即时代的局限，自己已有的经验、知识水平和思维能力的限制。否则，还是那句话：伟大与可笑，只差一步。

"敢教日月换新天"，1949 年得到证明，1958 年却不能同日而语了。建造"新天"、"新地"的"大跃进"和人民公社运动，就气势而论，也同三大战役时一样，曾经在全中国铺天盖地奔腾而来。这种主观随意性，远离毛泽东思想中实事求是原则所造成的严重后果，毛泽东自己在仅仅三个月之内也觉得太过分了，不得不连续召开会议"纠乱"。但问题就在仍是坚持高举"三面红旗"下"纠乱"，作一些量的调整，而不是作质的变更；不是放下"三面红旗"，回到客观实际中来。这里想特别指出的是，在"大跃进"的狂热年代，上面和下面某些领导人总是揣摩毛的意图，投其所好，即上有好者，下必甚焉，把马克思主义丢得更远。柯庆施的"乘风破浪"开其端，李井泉等人紧随其后。可举一个具体的例子：1958 年 7 月，在湖北省委机关刊物《七一》的创刊号上，发表了该省第一书记王任重的开篇之作：《学习马克思主义，发展马克思主义》。该文原题为《学习马克思主义，超过马克思》，由于时任武汉大学校长的马克思主义哲学家李达的反对，才改为现在的题目。此文可看作是毛泽东在成都会议、人大二次会议有关讲话的诠释和发挥。当年王任重是很被毛赞赏的地方领导人。文章一开始就批驳了有些人尊马克思、恩格斯、列宁的著作为理论，而不认为毛泽东著作为理论的观点，提出毛泽东同志的著作“是马克思主义的普遍真理与中国革命的具体实践相结合的理论，是现代最重要的、最好的马克思主义理论”。“只把马克思、恩格斯、列宁、斯大林的著作看做理论，不把毛泽东同志的著作看做理论，这是一种迷信，是一种非马克思主义的观点”。并提出，在当前学习理论的过程中，必须“反对厚古薄今的偏向”。接着，作者以讥讽的口吻说：“某些读了很多马克思、恩格斯著作的人，实际上他们的马克思水平很低，其中有些人简直是在那里反对马克思”。“假若有一个企图在《共产党宣言》里，或者在马克思、恩格斯、列宁、斯大林的所有著作当中去查找制定的社会主义建设的总路线，你能说这个人对马克思主义一有所知吗?”文章的用语是犀利的，有点大兴讨伐的檄文味道，但读来给人印象最深的不过是“不要迷信”几个字，那就是说不要“迷信”马克思主义，要多看毛泽东在当代的“创造”，看那些毛泽东“超过”了马克思主义的东西。因此，必须“厚今薄古”，而不是“厚古薄今”。在“大跃进”的背景之下，在“一天等于二十年”，“共产主义的到来已不是遥远的事情了”的形势面前，这些话当时真给人们以“激动不已”的力量。

然而，人们不能总靠“激动”过日子。几个月的狂热下来，许许多多的人已有所顿悟：在我们中国到底是马克思主义多了还是少了？我们目前所做的，到底是按照马克思主义的原理，在中国这块经济文化都十分落后的土地上虚心探索社会主义建设道路，还是目空一切，在那里妄自尊大地进行所谓“创造”?《共产党宣言》中固然没有“总路线”、“大跃进”，但它绝不会告诉人们去做如河北徐水、湖北当阳闹共产主义那样的荒唐事情。据说李达当时闻得王任重书记的这番高论，甚感焦灼，曾据理力争，甚至还当面向毛进言，说已经发高烧了，再热下去不得了。杨献珍其时也有“百分之九十九的浪漫主义”之说。可见当年有不少头脑清醒的人。这篇文章虽说最后不得不换了题目。但点睛之笔犹在：“学生要超过先生、儿子要超过老子，青年人要超过老年人、活人要超过死人……这都是马克思主义者所赞成的”；“毛泽东同志也是学习马克思、超过马克思、发展马克思主义的一个人”。学习马克思主义、发展马克思主义，这是完全正确的，尤其是后者，一切科学都是发展的。但该文作者的本意却在“超过”，就字义而言，“超过”与“发展”也是两码事。作者当年的意思就在于：马克思的东西已经不管用了，毛泽东已经超过了，只要学毛泽东的就行了。

“大跃进”时期，一切“旧”的思想、理论、规章、制度都可以破除。唯有一件是可迷信的，那就是“群众”。毛泽东认为，群众中蕴藏着极大的社会主义积极性，只要将它们释放出来，可以创造任何人间奇迹。“大跃进”中无论是大炼钢铁还是兴办人民公社，无不以群众运动推行之。前面谈到，这种做法同长期进行革命战争有不解的渊源，同时又是试图打破一切常规的寄托。或者说，也是一种对生产组织、制度的“超越”。毛多次在中央会议上批评反冒进：离右派只有50米远了。一反冒进就泄了气，六亿人民泄了气不得了。毛为什么要说得这样严重呢？核心在于他要在经济建设方面搞一个大突破，超过前人的设想，超过前人的速度。而要实现这个抱负，就必须打破常规，运用战争年代、革命时期搞群众运动的经验，人多力量大，只要焕发出六亿人民的干劲，天下哪有办不成的事情。应该说明的是，群众运动与群众路线根本是两回事情。群众路线是无产阶级政党特有的工作方法和思想作风，来源于理论依赖实践又指导实践的认识论，属于毛泽东思想的范畴。群众运动则是一种激励人们的手段，它具有规模大、力量强、激烈性和无序化等特征，同稳妥、科学、秩序化、条理性等等格格不入。在革命年代，群众运动往往能达到一定的革命目的或工作目的，如土地改革，参军支前，以至春耕秋收等等，革命形势成熟时，其排山倒海之势，可以迅即打翻旧的统治制度。这是为中外历史所证明了的。但在建设时期，群众运动的上述同优势相对称的缺陷，却会造成灾难。“大跃进”中的群众运动，是以“革命的冲天干劲”的面貌出现的，针对的正是计划与平衡、规章和制度，以及一切经济生活必须遵从的程序和秩序，它们的外在关系和内在联系。这些“正规化”的东西，应当说从理性到感性，毛都是很不熟悉的，他没有过这方面的直接经验。他早就不满意国务院的工作，因为计划与平衡就来自国务院，毛认为国务院、尤其是计划工作是搞条条框框，这些东西束缚了人的手脚，影响群众的热情，即给群众的积极性泼冷水。在南宁会议、成都会议上，毛多次谈到规章制度问题，认为国务院各部门的规章制度，要同群众见面，不适用的应当改革。实质上，这同批判反冒进的“保守”、“右倾”是一个意思。《人民日报》1958年2月28日社论《打破旧的平衡，建设新的平衡》说，1956年的反冒进，“是那时候有一些人被这种跃进所造成的国民经济迅速发展中的不平衡状态惊呆了，简直惶恐得很，因此就错误地提出了‘反冒进’的口号，给当时正在蓬勃发展的群众高潮泼了一瓢冷水”。因此，社论提出：“我们必须反对庸俗的平衡论，或均衡论，反对消极的平衡方法。要求从庸俗的平衡论的思想束缚中解放出来”。这篇社论将平衡视作庸俗，等于贬低了生产管理的科学性，于是为一轰而起的乱来开了方便之门，通了畅行之道。毛对国务院工作的不满，还在于没有抓住主要矛盾，几十个部委，平均使用力量，没有抓住纲。于是提出“以钢为纲”等口号，“三个元帅”、“两个先锋”的说法。造成全民办钢，各行各业为钢铁让路的局面。破除条条框框，大搞群众运动，在大炼钢铁中得到了淋漓尽致的发挥。1958年9月中下旬，毛泽东在视察了安徽几个钢铁厂以后，曾感慨地谈到：“发展钢铁工业一定要搞好群众运动，什么工作都要搞群众运动，没有群众运动是不行的。”这些话同其后几千万人搞小土炉，所谓群众性大炼钢铁有直接关系。王鹤寿10月29日给中央的报告中就说：“现在全民大搞钢铁，声势浩大胜过淮海战役的群众运动。毛主席提出了书记挂帅，全党全民抓钢铁工业。两个月的实践证明，在钢铁的生产建设上，只要书记挂帅，群众一起来，什么问题都会很快解决。完全没有搞过钢铁的群众，很快能生产出几百万吨的钢铁。”毛即予批示：“此件很好。这是我要鹤寿写的”。可见钢铁战线上“一场真的革命”，也是毛亲自发动起来的。此事还有另一层意思，这就是“超越”“苏联的经验”。“大跃进”中批判“马钢宪法”搞两参一改三结合，实际是否定苏联搞工业的方法。认为“马钢宪法”限制了人的积极性，还加以“不准革命”的罪名，实际的着眼点还在于实行工业上的群众运动，大炼钢铁也就附带破除了“马钢宪法”。至于“小土群”遍地开花等等，表面上轰轰烈烈，实际不仅没有经济效益，反而造成生产力的破坏，尤其是大量破坏森林，多年也难以恢复。但当时搞这些乱来的东西，却被说成是“弄清楚了一个工业中的根本问题”。从本质的意义上说，迷信群众运动，并不是真正的依靠群众，而是一种“放大”了的主观主义，即把个人意志强加给群众，借群众运动来达到某种主观的愿望，无论从方式还是最终效果来看，都跟群众的需要相距甚远。在广大群众的文化素质还普遍处在较低状态时，这种群众运动往往易于怂动起来，产生很大的破坏作用。为了进行科学有效的生产，人们必须制定各种规章及责任制度，这是现代化生产所必然的要求，任何人为的“超越”都将自讨苦吃。“大跃进”和“文化大革命”发动群众乱来的做法，为我们民族留下了长久而惨痛的教训。

实现经济建设的高速度，是毛梦寐以求的。高速度绝非坏事，但要看怎样来实行。前文说过，我们所取的建设模式本身即是一种“加速”型模式，极易诱发急于求成，但就“大跃进”发动的过程看，导致急于求成，又有特定的国际因素和主观作用的交互影响。毛很早就对苏联的建设速度表示怀疑，多次讲到我们自己能否快一点的问题，并认为在总结苏联经验的基础上，可以做到更快一些。1956 年形成《论十大关系》前后，即有这样的想法，但提法上是借鉴苏联经验，少走一些弯路。1957 年以后，“反右派斗争”取得“决定性胜利”，情绪高昂，一再讲要把工作重点转移到技术革命上去（按：此处所讲“技术革命”是广义的，指政治以外的经济建设，而不是狭义的技术上的革新和革命，但后者也包括在其中）。而就在此时，国际局势发生了某种程度的变动。两大阵营的对峙，在朝鲜战争结束后趋向缓和。50 年代中期以后一段时间，世界局势不再像二次大战结束时那样两个阵营间剑拔弩张。1956 年前后，毛泽东和中共中央明确判断世界形势正趋向缓和。苏联方面提出“和平竞赛”的口号。这种形势对“大跃进”运动也起了一定的促进作用。

应该说，赫鲁晓夫提出“和平竞赛”的口号，本身即含有向西方资本主义国家挑战的意味。1957 年莫斯科会议期间，赫鲁晓夫又提出在今后 15 年内赶上和超过美国，已经有些自不量力了。但毛泽东的气魄更大，在这次会议上作了“东风压倒西风”的论断，并提出中国在 15 年内赶上和超过英国的口号。年底，刘少奇将这个口号正式公开出来。全国一片欢欣鼓舞。后来“赶超”时间一再缩短，1958 年 5 月，毛曾决心再过一年在钢产量上“首先超过英国”，预计到 1962 年时，“达到 6000 万吨钢，超过美国就不难了”。

在赶超英美的同时，自然也就超过苏联了。多年以来，对苏联憋了一口气，早在八届三中全会上，毛就说过：“我们是不是把苏联走过的弯路避开，比苏联搞的速度更要快一点，比苏联的质量更好一点？应当争取这个可能。比如钢的产量，我们可不可以用三个五年计划或者更多一点的时间达到两千万吨？经过努力，是可能的”。到1958年，就这样谈到：“我们比苏联早进入共产主义，也不对外公布”。因此，毛要为“发明‘跃进’这伟大口号的人授一号博士头衔”。前文已经提到，苏联在斯大林时期集中发展重工业的经济模式，使它在相当长的时间内获得了两位数的高增长率。这已经是超高速发展了。沙俄时期，尽管经济落后，但已奠定了较为强大的资本主义工业基础。30年代斯大林大力发展工业，使苏联经济迅速强大起来。相形之下，旧中国的经济基础要薄弱得多，据西方的统计，我国50年代人均国民生产总值仅及苏联1928年时的1/5稍强，工业设备、技术也落后于苏联约三四十年，人口则为苏联四倍左右（马寅初至1959年仍坚持说：“我们要快，人多就是个大负担”）。这些差距都是实实在在的，绝非单凭主观愿望就能一蹴而就之事。在这样的基础上实行“赶超”战略，其状况必然是打破平衡，疾进疾退，伤了整个经济的元气。《论十大关系》中提出的平衡思想、辩证关系，时隔两年到1958年已经丢得无影无踪了。美国研究中国的著名学者麦克法夸尔在论述这个问题时，也感到大惑不解，他判断说：“或许，毛从未完全接受他在《论十大关系》中阐述的经济思想，那些思想看上去不像他自己的”。《论十大关系》中的思想当然应该说是源自于毛，是他当时听取各经济部门汇报后深入思考的产物。但随后形势发生了变化，毛本人既为1957年反右派斗争的“胜利”所鼓舞，又为求强求快的思想所催促，迷信群众运动等经验，在一系列自制的假象面前，主观主义日益膨胀起来。加之1956年年底以后，由于复杂的国内外原因，我们实际上已从批判斯大林个人崇拜的立场上后退，放弃了八大对个人迷信、个人专断的批评与警惕，从而助长了党内个人意见至上的传统，随即扩大了对毛泽东的迷信、盲从，柯庆施、康生等人在中央会议上，正式鼓吹“相信毛主席要相信到迷信的程度，服从毛主席要服从到盲从的程度”，这正是造成“大跃进”错误的一个决定性的条件。

回顾起来，当全党工作重心向社会主义建设作战略性转移，需要特别小心警惕之时，毛泽东却日渐骄傲、自负起来。他越来越把自己凌驾于党中央之上，发展一人专断的局面。这也同回顾历史正面经验有关，促使他只迷信自己的一套，赞赏“与其你独裁，不如我独裁”（此话列宁说过，斗争王明路线时毛也说过）这样的话，表示过“只要正确，就不要推，不如我独裁”的想法。因此，批判“反冒进”同反右派斗争相联系，早已越过了经济发展方针的分歧本身；实质上是毛个人否定党中央其他领导同志的正确意见，是个人凌驾于党之上的严重事件。而对“既反保守，又反冒进，在综合平衡中稳步前进方针”的否定，则基本上改变了当年切合中国实际的经济发展战略。在这种状态下，毛个人无论怎样发挥想象，把中国经济的发展速度提到快得不能再快的地步，也不会再受到任何制约了。终于形成上上下下察颜观色的局面。如钢产指标一再加码，粮食产量一升再升；在几年之内，不仅超过英国不算回事，就是超过美国也理所当然。回顾起来，这是多么荒谬可笑的事情！郑州会议开始提出所有制方面乱来的问题之后，毛仍不愿降低钢产量的指标。1959 年庐山会议一个“反击”，“大跃进”又起高潮。直到 1960 年 9 月，局面明显严重了，才被迫同意调整，而此时国家的经济已沉痛难起了。1960 年钢产量达到 1866 万吨，1961 年猛降到 870 万吨，1962 年又降到 667 万吨，粮食产量 1958 年实际只有 4000 亿斤（公布 7500 亿斤），1959 年降到 3400 亿斤，1960 年又降到 2870 亿斤，1961 年 2800 亿斤，降到 1951 年水平。因此，发生人口年减少以千万计的严重情况。这种猛增猛降、大起大落自是违反客观经济规律的结果，欲速而不达，“大跃进”事实上变成了“大跃退”。

“大跃进”年代还提出了“向共产主义过渡”的问题。这是当年毛泽东所试图进行的一次“最伟大”的“超越”。这个“超越”在思想和理论根源上，要比经济上的急于求成和超高速发展深远得多。它的目的，是要进行一次社会性的大改造，或者说在改造社会主义方面进行一次前无古人的实践。在这一过程中，毛的许多具有代表性的思想和认识，都全面表露了出来，使我们得以窥其堂奥。应该指出的是，这个“超越”性的实践，并不如一般所说，仅指人民公社化运动——那只是最集中的表现而已；这个“超越”是毛泽东对未来社会模式的摹写或设想，包括了城市、农村、思想理论、道德、政治经济制度乃至每一个人自身。因此。它是极其广大和复杂的党国体制和思想体系，是新旧观念交织在一起，又从主观出发而进行的社会改造运动。这个改造运动不仅在中国，而且在整个世界都引起了震动。遗憾的是，当时许多“观潮派”、“算账派”和“攻击者”、“诋毁者”的话，却被历史证明是逆耳忠言，是真知灼见。

“大跃进”时期，毛围绕人民公社而构想的向共产主义过渡，或称设计的共产主义的远景，主要以旧的思想材料为源泉，例如关于“大公社”的思想，毛的设想大多从康有为的《大同书》和日本学者武者小路实笃的新村主义而来。1958年二、三月间，他在同陈伯达的谈话里，就说过公社政社合一，将来就是共产主义雏形，什么都管，工农商学兵。4月在广州同刘少奇谈公社问题，提到康有为的《大同书》。人大二次会议上陆定一转述了毛对人民公社的具体构想，即乡村中的公社有自己的农业、工业，有各级学校、科研机构、各种服务行业、公共食堂，应有尽有，若干农村围绕着城市，又成为更大的共产主义公社。前人的乌托邦的梦想将实现，并将被超过，但仍能看到“新村主义”的明显遗痕。1958年7月，陈伯达的《在毛泽东同志的旗帜下》一文中，正式公布了毛对建立这种新的社会基层组织的构想，即逐步地有秩序地把工农商学兵组成一个大公社，从而构成我国社会的基本单位。这也没有超出上述旧思想材料。毛的这些想法一经透露，全国上下一片响应之声，徐水、七里营、范县等便率先“急闯”生产军事化，生活集体化，甚至消灭家庭都成了一时的议题。城市也开始大办公社，家庭妇女和老少幼儿统统组织起来，尝试新的集体生产、集体生活。似乎整个中国社会一下就到了“大同”之境。

现在人们一般都承认，毛泽东上述关于通过“公社”向共产主义过渡，是一种社会主义建设中的“乌托邦”、“空想论”。这种判断当然是对的。但毛为什么特别钟情于未来中国社会组织的“大”(政社合一，乡社合一）和“公”(扩大公有制范围，实行统收统支，统一核算，统一分配，共负盈亏，向全民所有制过渡）？为什么他要从旧的思想素材中汲取养料，塑造今天中国的“社会主义”和“共产主义”的理想面貌呢？直到去世时，他毫无反悔之意，还惟恐后人否定了他的这些作为。这个问题的确值得我们深入研究。从恩格斯《社会主义从空想到科学的发展》一文的基本思想看来，空想社会主义的“空想”，本身可能并非是错误的，如追求人的平等、社会的公正等等。其谬误性在于“空想”是从单纯的想象出发，把社会主义看作是可以不依赖时间、空间和历史条件而发展的社会形态。再深入一层分析，我们可以看到，凡空想社会主义者所想象的公正、平等和对公有制的追求，正是对贫穷、分散、分化、偏私的一种反动。也就是说，空想的美好，正是对社会丑恶的折射。无论西方的空想论者如欧文、傅立叶、圣西门，还是东方的康有为等等，无不从此出发去阐述自己的理想和设计。对他们说来，公有制度或共有制度是解决社会不公正和贫富分化的最佳选择。简言之，空想社会主义者并不把解决生产力问题放在改造社会的首位，而是寄希望于在分配原则上实现较高的社会公平，认为这是解决国家和民族生存与贫穷的关键。事实上，这是一种“社会拉平”主义，即平均主义。经济落后的国家和民族易于接受公有制的原因，恐怕亦在于此。科学社会主义要始终同平均主义作斗争的根源，也出于这个原因。

毛泽东在深层意识上，是否受这种产生于落后经济条件下的空想影响，实值得后人研究。早年，由于家庭身世的原因，他对旧中国特别严重的阶级压迫和社会不公正现象，已有了深刻的感触和一定的思考。1918 年以前，他在自学和作为学生寄身于湖南第一师范的五六年中，曾读了大量的经世济民的书籍。从孔孟儒家、宋明理学到王船山、颜习斋，从康有为、梁启超、谭嗣同、严复、孙中山到陈独秀、胡适、李大钊，从赫胥黎、斯宾塞尔宣扬的进化论，康德的二元论到 18、19 世纪欧洲的民主主义、空想社会主义乃至托尔斯泰《泛劳动论》和日本的新村主义，他都有深浅不同的接触和研究。这些思想材料无疑给他的思想带来长期深远的影响。他曾这样描述自己的思想状况：“在这个时期，我的思想是自由主义、民族改良主义、空想社会主义等等思想的大杂烩。我憧憬‘十九世纪的民主’，乌托邦主义和旧式的自由主义。但是我反对军阀和反对帝国主义是明确无疑的”。可见旧思想材料中的乌托邦在他心目中引起了很强的共鸣。在成为马克思主义者之后，他即投身于长期的革命斗争，激烈的武装斗争，人类历史罕见的艰苦环境，尤其是在“左”倾错误路线下，长期受压制受委屈的处境，使他经受了极大的锻炼，也积蓄了很高的才智，他终于创造了一整套在落后国家推翻反动统治，建立无产阶级专政的方式和经验，这几乎使他享有世界最伟大的革命家和“武装斗争之父”的声誉。但是，武装夺取政权是一回事，实行大规模经济建设又是一回事，对于建造新的社会，他的思想认识是复杂的，既有马克思主义的东西，又有来源于其他方面的影响。但毛在马克思主义的修养方面，最不熟悉、未彻底接受的恰恰是马克思的经济学说，即“生产力是社会发展的根本动力”、“生产力是第一性的”这些唯物史观的基本命题。他希望大力发展生产，希望“向地球开战，甚至是以冒进的形式、牺牲平衡方式，短时间内达到一定的经济指标”；但那更多地是从“求强”，从“自立于民族之林”的愿望出发。至于如何科学地发展生产力，求得人民的富足，在社会生产力大大发展的基础上再考虑向新的社会阶段过渡，则是非第一位的构想。相反，他甚至顾虑人富了要变质、“变修”，因此要“搞穷过渡”等等。他留恋的、肯定的是战争年代的平均主义的供给制生活，他认为这种生活可以使人的精神境界纯洁高昂，使人的精神得到某种升华。

“搞穷过渡”具有典型的“空想”特征，也表现了毛宁愿以一种更高的公有制，而不是通过发展生产力，在物质极大丰富的基础上来解决社会差别的意识。显然，在经济条件十分低下的状态中，设计和追求社会组织的“大”和“公”，是典型的“空想主义”和乌托邦——因为它们是离开了时间、空间和历史条件的“空中楼阁”。早在合作化初期，毛就主张迈开快步伐，其主要的担忧，就是如搞不及时，会出现两极分化。1953 年关于山西合作化的争论，1955 年对“小脚女人”的批判，无不反映了他的这种求“公”意识。于是，农村的合作化运动和城市生产资料所有制改造完成之后。在中国建设社会主义和共产主义的任务真正提上了日程。对于发展经济的重要性。毛当然不是未予理解，但他更有兴趣的，是对社会的改造，是社会关系和所有制的改造，是求得真正的公正、共有与平等。认为只有这样，才能促进生产。所以后来那样钟情于搞“学大寨”运动。可以说，这是他晚年的愿望所在。当群众中出现生产上的联合愿望，他立即捕捉到这一“深刻”的社会动向，提出了“人民公社”和一整套“向共产主义过渡”的设想。而人民公社的实质，就是在生产力尚未得到应有的发展时，人为地提高所有制的程度，或人为地拉平人们之间的财富差别，以为如此一来，社会的共有和公正就实现了。说到底，这仅仅是一种小农的“共产主义”。

果然，在“共产主义”的招牌下，一切落后的东西都破网而出，最典型的就是破坏性极大又屡禁难止的“共产风”，“你的也是我的，我的也是你的”，县共社的产，社共队的产，队共农民的产，打的都是共产主义的旗号。于是，较为富裕的农民杀猪卖牲口，有的生产队干脆组织起来进行“瞒产”，站岗放哨，像战争中对待敌人一样。由于那些类似“新村”的做法，如生活集体化、公社食堂等等，不久即引起农民的反对，只是在政治压力下强行维持一时而已，毛泽东的“共产主义”实验，可以说在几个月中就遭到失败。

1958 年 11 月以后，他开始了解到农村中急于过渡已引起了一片混乱，于是提出在全民所有制和集体所有制之间划线的问题。1959 年年初，又不得不确立基本队有制（大队）的原则，以解决平均主义的问题。但即使如此，他还是对人民公社的“共产主义”实践寄予深情和厚望。例如 1958 年 11 月 6 日对《山东范县提出 1960 年过渡到共产主义》一文的批语说：“此件很有意思，是一首诗，似乎也是可行的。时间似太促，只三年，也不要紧，三年完不成，顺延可也”。范县在两年内过渡到共产主义的规划是什么呢？还是那一套所谓“把全县九百九十三个自然村在三年内合并为二十五个合乎共产主义的新乐园”的吹牛皮，所谓“人人进入新乐园，吃喝穿用不要钱，鸡鸭鱼肉味道鲜，顿顿可吃四大盘”，这套小农式的“共产主义”，毛泽东确实始终极感兴趣。1958 年 12 月 7 日、10 日，他又在印发《张鲁传》的批语中写道：“道路上饭铺里吃饭不要钱，最有意思，开了我们人民公社公共食堂的先河”。又说：“现在的人民公社运动，是有我国的历史来源的”。可见其感情与意识中同传统中国的空想主义有很深的沟通。他希望在中国尽快实现共产主义，而又始终解脱不开经济、文化都处于很低水平的农民空想运动这个情结，当然是无法实现“超越”的。有人说，他晚年的社会主义实践，是点燃了一个幻想，希望通过“大跃进”、人民公社乃至《五七指标》（《五七指示》是人民公社的继续发展），来达到那个“圣境”，结果屡遭挫折。我则认为，在建设社会主义方面，他既有十分高远的想象，又有丰厚的历史素养，独独缺少对人类（特别是西方资本王主义）

经济发展普遍规律的了解，其中有为马克思所总结过的，也有马克思以后一百多年尤其是二次大战后新发展的，他都不熟悉，或者茫无所知；同时又违背革命年代自己的经验，急于求成，不是脚踏中国实际，用科学的实事求是的态度探索落后国家社会主义建设规律，终于造成了晚年的悲剧。

当然，仅仅从旧的思想材料和中国特殊的社会历史状况对毛的影响，去分析他空想社会主义思想的根源，这还是很不够的。毛泽东信奉马克思主义，他读过马克思的一些重要著作，但有些马克思主义的东西，也曾对他的空想论产生了重要影响，或者说，他对马克思主义的理解往往形成了某种“发展”了的状态，很多人把这称为对马克思主义的误解。在这方面，“破除资产阶级法权”（“法权”应译“权利”），即是一个最明显的例子。1958 年 11 月，毛在一份摘录斯大林论过渡到共产主义三个基本条件的材料上，写有如下一段批语：“基本点是极大地增加社会生产力和社会产品，问题是怎样多快好省地增加社会生产力和社会产品，没有政治挂帅，没有群众运动，没有全党全民办工业、办农业、办文化教育，没有几个同时并举，没有整风运动和破除资产阶级法权的斗争，斯大林的三个条件是不易达到的”。这番话表明，毛并非不了解共产主义要有极大增加社会生产力作基础的道理。但问题是，毛感觉到文章要做在如何发展生产力，怎样多快好省地增加社会产品上面，即寻找一条具体和“创新”的道路来达到这个目的。而这恰恰是斯大林未能解答的。毛泽东认为，全党大办工农业、几个并举和群众运动，是高速发展生产的最有效办法。而在上层建筑特别是观念形态领域，“破除资产阶级法权”的斗争，则是向共产主义过渡的必要途径。因为马克思和列宁都有这个思想。

从“大跃进”到发动“文化大革命”，直到垂暮之年，毛泽东几乎从未放弃“破除资产阶级法权”的斗争。其执著简直达到了百折不挠的境地。1975 年提出了学习马克思主义理论问题，可以说把他的这种观念推向最后的高潮。毛的这种执著确实值得加以分析。马克思的《哥达纲领批判》提出共产主义要划分为两个阶段，具有理论上的科学预见性。但他又提出资产阶级权利的问题，认为在共产主义的初级阶段（社会主义阶段），资产阶级权利造成了人与人之间事实的不平等。到了列宁的《国家与革命》中，资产阶级的权利问题就被说死了，即在生产资料所有制方面的资产阶级权利已被剥夺了，但在交换范围内的资产阶级权利还存在着，由此造成的事实的不平等是产生资产阶级的温床，而国家则成为“没有资产阶级的资产阶级国家”。这在理论上就成了难翻之案。马克思、列宁的这些理论，在当时已建成或实践中的社会主义国家，如苏联、东欧的党内，并没有引起后来像中国那样高度的理论重视，却在毛的思想里产生巨大的反响，以致把“破除资产阶级法权”当作向共产主义过渡的必要条件，这是有深刻思想背景的。其中最重要的原因，就是毛空想式的社会主义观念同破除资产阶级法权发生了“共鸣”。

前文说过，“空想”的错误性不在于“空想”本身，而在于它脱离了时间和条件，把目前不可能实现的事情当作一种真实。毛泽东受小农经济影响而产生的空想论，刚好可以马克思、列宁的“资产阶级权利论”为“武装”。毛的这种空想，既企求在低物质水平上实现社会平均与公正的特征的思想，终于在这里找到了依据，因此，他试图在现阶段就消灭一切形式的不平等，例如级别、地位、薪水，乃至商品、货币等等，甚至认为这些差别是万恶之源。“大跃进”和人民公社化运动，在毛看来，是破除资产阶级法权的实践，于是，提出恢复供给制，通过所谓教育革命缩小脑力劳动与体力劳动的差别；通过干部下放，来缩小城乡差别，等等做法风行于世。似乎这样一认真推行，马上就可以达到理想之境了。毛泽东在倡导破除法权时，又常常带着对以往的革命战争时期经验的依恋，认为：“过去搞军队，没有薪水，没有星期天，没有8小时的工作制，上下一致，官兵一致，军民打成一片，成千上万的人调动起来”。“过去实行供给制，过共产主义生活，22年战争都打胜了，为什么建设共产主义不行呢?”“进城后，后退了”。于是，要填补这些“鸿沟”，要超越。这些想法同他脱离实际的空想论，在逻辑上都是一致的。但这种貌似“超越”的做法和追求，并不能使社会前进，而是向低经济水平的社会形态靠拢，其平均主义的目标模式，同社会主义所要求的高速发展生产力，实行商品生产，更同今天实践的市场经济都是格格不入的。如果马克思主义的经典作家们能再世的话，他们面对当今世界科学技术的高度发展和社会所呈现的复杂变化，相信也会重新考虑“资产阶级权利”问题的。至少我们原来估计的资本主义已处于其最后阶段，通过暴力革命消灭资产阶级政权和国家，进入一个完全公有制，没有商品，只用“劳动券”的社会构想，已是不现实的了。在一个贫穷落后的国家中实现无产阶级革命，夺取了政权，再通过商品生产和市场经济的途径，首先达到发展生产力的目的，允许一部分人先富，再进一步追求均富，而不是立即消除一切不平等，取消商品、货币，采取“穷过渡”的方式，这种观点已逐渐为我们今天的社会主义实践所证实、所认同。至于何时才能实现《哥达纲领批判》和《国家与革命》中对共产主义第一阶段的描述，那还是极其遥远的事情，甚至应该不做现实的考虑。在这样的意义上，除必须指出毛泽东晚年思想中固有的空想主义一面外，还应承认他所接受的理论的历史局限，他毕竟也只是一个时代的的思想家和领袖。他发动“大跃进”、“文化大革命”所遭到的失败，应该成为整个社会主义实践的教训。

我在《龙胆紫集》中有这样的句子：看事容易做事难，事非经过不知艰，束修或少或多付，须戒倾囊赌棍然。这是指毛晚年许多违背经济规律和社会发展规律的做法，并希望大家能引以为鉴。不要用“付学费”一语对错误曲折辩护。“大跃进”的教训是深刻的，甚至我们的子孙后代都应不断从中吸取教训。除需要在加强党内民主、政治民主方面去反思以外，更应研究我们怎样违背了客观规律和为什么会违背客观规律的问题。正如我开篇所说，历史为人们提供的活动舞台是有限度的，任何试图跨出这个舞台，作“超越历史”的努力，最终都不可避免地要遭败绩。就此而言，《中国共产党中央委员会关于建国以来党的若干历史问题的决议》判断是完全正确的：“总路线、大跃进夸大了主观意志和主观努力的作用”，“忽视了客观的经济规律”，因而使以高指标、瞎指挥、浮夸风和“共产风”为主要标志的左倾错误严重地泛滥开来。遗憾的是，党没有有效地制止毛泽东错误的思想和错误的行为，以致他将这些东西发展到了极端。“大跃进”作为人们对历史的“主观超越”，已经由历史来证明是办了蠢事。但是如果我们不对导致这种错误的主观意志论和不负责的政治随意性，加以彻底清算，那么我们党或者某个人（掌权的人）还会不会再干类似的蠢事？我们这个民族还会不会再次陷入类似的“狂热”（请不要忘记1978年经济上的新冒进）？这个问题似很难作肯定或否定的答案。尤其因为事实上还有“理论家”或“权威人士”在写洋洋大文，想根本否定邓小平的改革开放的国策和建设有中国特色的社会主义理论；想根本否定十一届三中全会以来国家经济发展的大好局面。他们认为中国已经复辟了资本主义，国家的安全已经受到威胁；他们留恋过去的以阶级斗争为纲的毛泽东时代，认为对“文化大革命”也要一分为二等等。

恩格斯说得好：“一个民族要想站在科学的最高峰，就一刻也不能没有理论思维”。关于毛泽东晚年所犯的两大错误：“大跃进”运动与“文化大革命”，虽然党已经做了彻底否定的正式《决议》，但是想翻案的确还大有人在。因此，我们必须进一步从理论上对之加以彻底的总结，经过这样的总结之后，以邓小平同志为代表的具有中国特色的社会主义理论、真正发展了马克思主义的科学的理论，才能从彻底批判错误中建立起来。

（原载《马克思主义与现实》，1997年第3期）

编者后记

“大跃进”运动是中国共产党领导中国人民进行社会主义建设的有益探索，尽管由于“左”倾思潮的影响而遭受了重大挫折，但却给后人留下了极为宝贵的经验教训。中共中央在十一届六中全会上通过的《关于建国以来党的若干历史问题的决议》中，就对“大跃进”作了客观评价：由于社会主义建设经验不足，对经济发展规律和中国经济基本情况认识不足，更由于毛泽东同志、中央和地方不少领导同志在胜利面前滋长了骄傲自满情绪，急于求成，夸大了主观意志和主观努力的作用，没有经过认真的调查研究和试点，就在总路线提出后轻率地发动了“大跃进”运动和农村人民公社化运动，使得以高指标、瞎指挥、浮夸风和“共产风”为主要标志的“左”倾错误严重地泛滥开来。

在“大跃进”运动过去五十年之际，我们编辑这部《“大跃进”亲历记》的目的，是想通过回顾那段“激情燃烧的岁月”，从中汲取惨痛的经验教训，让后人永远铭记急于求成与夸大主观意志的严重危害，永远铭记那个因“左”倾思潮泛滥而带来的沉重灾难，以警示后人要严格遵循客观经济规律，永远杜绝“大跃进”之类荒唐事情的重演。

“大跃进”运动后，尤其是20世纪80年代以后，那些当年参与该运动的各级领导者、人民群众及作家或记者，抱着对历史和后人负责的态度，以自己的亲历、亲见与亲闻，用生动的文字将“大跃进”运动各方面的情况描述出来，为后人留下了大量宝贵资料。本书选编的28篇文章，是我们从众多公开发表的回忆文章中反复比较遴选出来的。这些文章的叙述，有的是某地整个“大跃进”的情况，有的则是某地“大跃进”的某些方面的情况，内容上涉及大炼钢铁、人民公社、公共食堂、兴修水利、文教科技、体育卫生等，地域上涵盖华北、华东、中南、西北及西南等地，力争将当年“大跃进”的状况进行全方位反映。

参加本书资料整理工作的还有：左玉河、李凯灿、贾朝业、梁丰、罗锋、李自更、白贵一等。

由于篇幅限制，我们不得不割舍了很多优秀文章。即便是本书遴选上的这些文章，由于个人能力有限，也未必一定具有代表性，恳请读者谅解与批评。由于时间匆忙，我们无法与这些入选文章的作者逐一联系，在此首先表示衷心的感谢，我们将尽快联系并酬谢。

责任编辑：王世勇
装帧设计：曹　春
责任校对：湖　傕

图书在版编目（CIP）数据

“大跃进”亲历记 / 王梦初 编．— 北京：人民出版社，2008.11（2023.3 重印）

ISBN 978－7－01－007380－4/02

I. ①大…　II. ①王…　III. ①大跃进运动－史料　IV. ① D651.9

中国版本图书馆 CIP 数据核字（2008）第 155495 号

“大跃进”亲历记

“DAYUEJIN” QIN LI JI

王梦初　编

人民出版社 出版发行
（100706　北京市东城区隆福寺街 99 号）

北京旺都印务有限公司印刷　新华书店经销

2008 年 11 月第 1 版　2023 年 3 月北京第 3 次印刷
开本：710 毫米 ×1000 毫米 1/16　印张：18.25
字数：276 千字

ISBN 978－7－01－007380－4/02　定价：78.00 元

邮购地址 100706　北京市东城区隆福寺街 99 号
人民东方图书销售中心　电话（010）65250042　65289539